高校科技创新与物流产业耦合协调发展研究

刘紫玉　王红霞　赵恩婷　王　晴
许丽祺　乾文慧　闫凯悦◎著

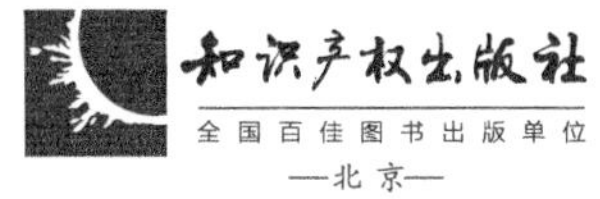

知识产权出版社
全国百佳图书出版单位
—北京—

图书在版编目（CIP）数据

高校科技创新与物流产业耦合协调发展研究/刘紫玉等著. —北京：知识产权出版社，2024.9. —ISBN 978-7-5130-9418-4

Ⅰ. G644；F259.22

中国国家版本馆 CIP 数据核字第 2024AB5559 号

责任编辑：栾晓航　　　　**责任校对**：王　岩

封面设计：邵建文　马倬麟　　　　**责任印制**：孙婷婷

高校科技创新与物流产业耦合协调发展研究

刘紫玉　王红霞　赵恩婷　王晴　许丽祺　乾文慧　闫凯悦　著

出版发行：知识产权出版社有限责任公司　　**网　　址**：http://www.ipph.cn

社　　址：北京市海淀区气象路 50 号院　　**邮　　编**：100081

责编电话：010-82000860 转 8382　　**责编邮箱**：4876067@qq.com

发行电话：010-82000860 转 8101/8102　　**发行传真**：010-82000893/82005070/82000270

印　　刷：北京九州迅驰传媒文化有限公司　　**经　　销**：新华书店、各大网上书店及相关专业书店

开　　本：720mm×1000mm　1/16　　**印　　张**：14

版　　次：2024 年 9 月第 1 版　　**印　　次**：2024 年 9 月第 1 次印刷

字　　数：240 千字　　**定　　价**：89.00 元

ISBN 978-7-5130-9418-4

本书受石家庄市科技计划项目“河北省高校创新链与石家庄产业链协同发展对策研究”（项目编号：235790115A）和河北省教育厅人文社会科学研究重大课题攻关项目“数字化转型赋能河北省高等教育高质量发展策略与实施路径研究”（项目编号：ZD202307）资助。

前言

随着全球经济的持续发展和信息技术的快速进步，物流产业作为连接生产与消费的关键纽带，在现代经济体系中扮演着日益重要的角色。同时，随着科技的快速发展，科技创新在促进产业发展方面发挥着巨大的作用。在科技创新系统中，高校是一个关键的环节，它可以通过新思路、新专利、新工艺、新产品等一系列的成果转化进程，来提升生产效率和优化经济结构。与此同时，它还可以通过节约资源，减少能源消耗，促进工业生态化，加快生态经济的发展，达到提高绿色效益的目的，从而促进经济的高质量发展。高校科技创新在物流行业的发展中起到了举足轻重的作用，而高校作为我国科技创新的主体，为我国科技创新的发展与提升注入了源源不断的新鲜血液，同时也推动着物流业的发展。

高校科技创新与物流产业已经成为推动社会经济发展的重要动力，如何更好地推动高校科技创新与物流产业的发展成为近年来的研究热点。然而，当前物流产业与高校科技创新在对接合作中仍存在诸多问题和挑战。如何有效整合双方资源，促进产学研用深度融合，实现物流产业与高校科技创新的良性互动和协同发展，已成为摆在我们面前的一项紧迫课题。在此背景下，探讨物流产业与高校科技创新之间的耦合协调发展，不仅对于提升物流产业的竞争力和创新能力具有重要意义，也是实现高等教育服务社会、推动区域经济发展的必然要求。河北省作为京津冀中的一员，同时也是高校科技创新与区域物流产业匹配度较弱的区域，因此有必要研究如何促进河北省高校科技创新和物流产业的深度融合。

基于此，本书从高校科技创新与物流产业耦合协调发展的角度出发，对高校科技创新与物流产业耦合作用机理、高质量发展视角下联动分析等方面进行研究，并以河北省作为实证对象，提出高校科技创新与物流产业耦合协调发展的对策建议。本书主要从以下七个方面进行了研究。

1. 高校科技创新和物流产业评价指标体系构建

本部分旨在构建一套适用于评价高校科技创新和物流产业发展的指标体系，指标体系的构建是后面各章的基础。首先基于历史文献和产业特征构建了高校科技创新和物流产业的评价指标体系，然后选取河北省为研究对象，利用熵值法并依据所构建的指标体系测算出河北省近八年高校科技创新和物流产业评价指数，借助冗余度和灵敏度检验的统计方法对指标体系及其测算结果进行检验。

2. 高校科技创新能力与物流产业发展的关联度分析

本部分以物流产业为研究对象，探究河北省高校科技创新能力对物流产业发展的影响。通过对高校科技创新能力评价指标与物流产业发展的灰色关联分析，观察高校科技创新能力指标与物流产业发展的关联程度，并根据高校科技创新能力指标对物流产业发展的关联度，有针对性地提出促进物流产业高质量发展的对策建议。

3. 高校科技创新能力与物流产业发展的系统动力学分析

本部分利用系统动力学理论，建立了高校科技创新能力影响物流产业发展的影响模型，通过对河北省数据的仿真模拟，研究高校科技创新投入能力、产出能力和转化能力对物流产业发展的影响。

4. 高质量发展视角下物流产业评价研究

本部分旨在深入分析现有评价指标体系，并在此基础上构建一套科学、全面、可操作的评价指标体系。通过对国内外相关文献的梳理和分析，结合中国物流产业的实际情况，构建符合社会发展的物流产业高质量发展评价指标。

5. 高校科技创新对物流产业高质量发展的影响研究

本部分采取理论与实证相结合的研究方法，以我国东部地区 10 个省份为研究对象，时间跨度为 2015—2021 年，利用熵值法分别测度 10 个省份高校科技创新和物流产业高质量发展的综合水平，然后通过面板回归模型验证高校科技创新是否对物流产业高质量发展产生影响，并由此提出促进物流产业高质量发展的针对性建议。

6. 高质量发展视角下高校科技创新与物流产业联动系统仿真研究

本部分从高质量发展视角出发，探讨高校科技创新与物流产业的联动效应，并通过系统仿真研究，分析二者之间的相互作用机制。首先，梳理河北省物流产业与高校科技创新的相关研究和发展现状，并构建两者之间的关系框架，分析二者之间的相互作用关系；其次，构建物流产业与高校科技创新联动系统仿真模型，通过模拟不同情景下的系统动态行为，分析二者之间的相互作用机制；最后，提出促进河北省物流产业与高校科技创新联动发展的对策建议。

7. 高校科技创新与物流产业耦合协调发展对策研究

本部分对高校科技创新与物流产业之间的耦合关系进行研究，并以河北省作为实证对象，探讨二者的相互关系，计算河北省高校科技创新与物流产业之间的耦合度和耦合协调度，并对其进行分析，有针对性地提出河北省高校科技创新与物流产业耦合协调发展的对策建议。

目录

第 1 章

绪 论

1.1 研究背景及意义

1.1.1 研究背景

随着全球经济的持续发展和信息技术的快速进步，物流产业作为连接生产与消费的关键纽带，在现代经济体系中扮演着日益重要的角色。同时，高校作为科技创新的摇篮，拥有丰富的研究资源和创新能力，对于推动产业升级和技术革新具有不可替代的作用。

2023 年，我国经济在波动中恢复，稳定因素有所累积，物流运营环境持续改善，行业整体恢复向好。其中，2023 年我国全年社会物流总额达到了 352.4 万亿元，按可比价格计算，同比增长 5.2%，增速比 2022 年全年提高 1.8 个百分点；物流行业总收入为 13.2 万亿元，较 2022 年同比增长 3.9%；物流业景气指数平均 51.8%，高出 2022 年 3.2 个百分点。随着数字化转型加快，各大物流企业都在积极探索应用大数据模型、智能算法分析等数字化手段，实现全流程物流监控调度，助力效率提升、服务优化。在企业数字化转型的进程中，科技创新必不可少，高校承担着培养创新人才的巨大使命，是提高科技创新能力，推动物流企业数字化转型发展的动力来源。

随着科技的快速发展，科技创新在促进产业发展方面发挥着巨大的作用。在科技创新系统中，高校是一个关键的环节，它可以通过新思路、新专利、新工艺、新产品等一系列的成果转化进程，来提升生产效率和优化经济结构。与此同时，它还可以通过节约资源，减少能源消耗，促进工业生态化，加快生态经济的发展，达到提高绿色效益的目的，从而促进经济的高质量发展。随着科技在现代社会的飞速发展，其作为第一生产力在全球经济发展中所扮演的重要角色逐渐凸显，高校科技创新在物流行业的发展中起到了举足轻重的作用，而高校作为我国科技创新的主体，为我国科技创新的发展和提升注入了源源不断的新鲜血液，同时也推动着物流产业的发展。

根据《2020智能物流产业研究报告》，我国物流产业在经历了一段时间的高速增长后，现已进入稳定增长期。在此背景下，加快物流产业高质量发展刻不容缓，这反映出人们开始更加关注提升物流效率、降低物流成本以及加强物流服务质量。物流产业是我国经济增长的关键支撑之一，其高质量的发展对推动我国经济的稳定与长期发展扮演着至关重要的角色，物流产业的高质量发展对于推动国民经济整体高质量发展和构建“双循环”新发展格局具有深远的影响。然而，物流产业的高成本问题成为阻碍其高质量发展的主要因素。为了解决这一问题，科技创新成为推动经济增长和转型的重要力量，也是促进物流产业高质量发展的关键因素，并且是目前推动物流产业高质量发展的主导力量。

然而，当前物流产业与高校科技创新在对接合作中仍存在诸多问题和挑战。如何有效整合双方资源，促进产学研用深度融合，实现物流产业与高校科技创新的良性互动和协同发展，已成为摆在我们面前的一项紧迫课题。在此背景下，探讨物流产业与高校科技创新之间的耦合协调发展，不仅对于提升物流产业的竞争力和创新能力具有重要意义，也是实现高等教育服务社会、推动区域经济发展的必然要求。

基于此，本书从高校科技创新与物流产业耦合协调发展的角度出发，对高校科技创新与物流产业耦合作用机制、高质量发展视角下联动分析等方面进行研究，并以河北省作为实证对象，提出高校科技创新与物流产业耦合协调发展的对策建议。

1.1.2 研究意义

高校是创新的源泉和载体。河北省作为京津冀中的一员，是高校科技创新链与区域产业匹配度较弱的区域。随着协同发展这一重大战略的深入实施，势必促进河北省高校科技创新和物流产业的深度融合。

产业发展与科技创新是两个不可分割的系统，两者只有在互为支撑、相互影响的过程中才能共同发展。因此，单纯依靠产业转移和产业空间重新布局，或仅仅依靠科技资源重新配置和协同创新，都无法从根本上支撑区域协同发展和河北省全面发展建设的需要，要想解决此问题还需立足产业发展与科技创新尤其是高校科技创新资源之间的耦合关系，这也是本课题提出的目的和意义所在。

1. 理论意义

第一，开展此项研究不仅能够系统地拓展科技创新与产业发展理论与方法，丰富数据决策研究范式，还能为构建更科学、更合理的协同发展理论体系奠定基础。

第二，高校科技创新与物流产业耦合作用机制、高质量发展视角下联动分析等方面的研究，丰富和完善了高质量发展相关理论。

2. 实践意义

第一，对河北省物流产业高质量发展具有重要指导意义。通过构建高质量发展背景下物流产业与高校科技创新联动系统仿真模型，通过模拟不同情景下的系统动态行为，分析二者之间的相互作用机制，提出促进物流产业与高校科技创新联动发展的政策建议，为我国物流产业高质量发展提供支持。

第二，是河北省制定高质量发展相关政策措施的重要依据。本课题所得研究结论尤其提出的河北省高校创新与物流产业发展对策建议，对于制定河北省产业发展政策和措施具有参考价值。

1.2　国内外文献综述

1.2.1　基于文献计量的高校科技创新研究可视化对比分析

高校科技创新是指在大学和其他高等教育机构中进行的科学与技术研究和开发活动，旨在推动新知识的产生、新技术的开发和新产品的创造。这些活动对于推动社会经济发展、提升国家竞争力以及解决人类面临的各种挑战至关重要。高校是基础研究的主要场所，因为这里有自由探索未知的学术氛围，以及培养创新思维的教育体系。高校还通过各种课程、实验室活动、项目工作和创业指导，培养学生的创新意识和能力。高校通常与企业和研究机构合作，共同进行科技开发项目，有助于将研究成果快速转化为生产力。许多高校设有科技园区和孵化器，为创新创业提供物理空间、资金、咨询和其他资源。

本研究以 2005—2024 年的高校科技创新相关文献为研究对象，运用

Citespace 6. 2. R7 软件对国内外高校科技创新领域的学术论文进行了量化分析与对比。本项工作旨在剖析当前各国高等教育机构在科技创新方面的研究动态和特点，进而为高校科技创新的影响要素探索和相关技术进步提供理论上的借鉴和指导。

1. 数据来源和研究方法

（1）数据来源

本研究通过中国知网（CNKI）数据库，以“高校科技创新”为关键词进行文献检索，时间跨度定为 2005—2024 年，筛选标准为 CSSCI 期刊来源，经过去除重复项后，共获得 283 篇相关文献。为确保数据的质量和有效性，对国际文献的搜集采用 Web of Science 核心合集数据库，检索策略为“主题=‘Technological innovation in universities’ and 标题=‘Technological innovation’”，文献类型限定为“Article” OR “Review article”，语种为英语，同样覆盖 2005—2024 年。通过 Citespace 软件的去重功能，最终得到 130 篇有效的国际文献样本。检索完成日期为 2024 年 2 月 20 日。

（2）研究方法

研究采用的主要工具是 Citespace（6. 2. R7 版本），这是一款专门用于通过可视化技术综合分析特定领域知识信息的软件。该软件通过计量分析文献中的信息，能够生成时序性、多维的知识图谱，揭示领域知识的发展历程和前沿趋势。在 Citespace 中，选择“keyword”作为网络节点，构建关键词的时间线、聚类和关键词的突变图谱等，对国内外高校科技创新研究的概况进行深入分析。运用聚类功能和关键词突变频率检测功能，辅以 LLR（对数似然比）算法，形成聚类图谱，旨在解析高校科技创新领域的研究趋势。参数设置如下：研究时间跨度设定为 2005—2024 年；时间分片设为每年一个间隔，采用 Pathfinder 算法优化网络结构；节点选择标准为每个时间分片的 Top N% 为 10%，即选取每个时间片段频次最高的前 10% 节点，Top N 设定为 50，即每个时间片段选取频次最高的 50 个节点进行分析。

2. 研究的基本特征分析

发文量分析。根据发文量折线图（见图 1-1）可知，将高校科技创新的国内发文量大致分为三个阶段进行分析。第一阶段：成长期。这个阶段可以从 2006 年开始，到 2008 年结束。在此阶段，我们可以看到发文量从 6 篇逐渐增加到 30 篇，显示出一个明显的上升趋势，表明在这个时期，高校科技创新开始得到重视，研究活动逐渐活跃，发文量持续增长。这个时期的研究方向主要包括以科技创新提升高校科研水平、对地方高校培养创新型人才。第二阶段：波动发展期。从 2009 年到 2018 年，这个阶段的发文量波动较大，但总体上呈现一种上下波动的趋势。发文量从 2009 年的 22 篇开始下降到 2013 年的最低 12 篇后趋于平稳。此阶段反映了高校科技创新在发展中遇到的挑战和机遇，以及受到政策变动、资金投入的不稳定性等因素的影响。这一阶段研究开始聚焦高校科技创新能力比较和评价研究、提升高校科技创新效率。第三阶段：稳定期/调整期。从 2019 年到 2023 年，这个阶段受疫情、全球经济等因素的影响，发文量相对较少，也不太稳定，整体上呈现下降趋势。尤其是 2019 年由于疫情的影响导致了研究和发文的减少。这一阶段主要研究方向包括高校基本职能与科技创新效率的关系、高校科技创新效率、高校科技创新高质量发展。高校科技创新正经历一段调整期，随着疫情的控制和经济的逐步复苏，相信 2024 年相关文献的发表会有很大的提升。

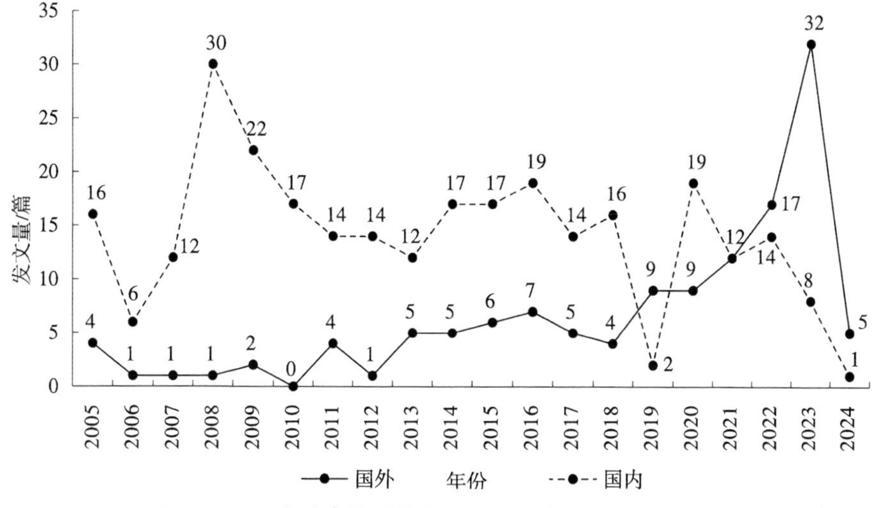

图 1-1　国内外高校科技创新相关研究文献发文量对比

由图 1-1 可以观察到，2005—2024 年的高校科技创新相关文献的发文量，可以将高校科技创新国外发文量的变化分为三个阶段。第一阶段：起始期。从 2005—2012 年。这个阶段的发文量相对较低，由于科技创新的国际交流和合作刚开始起步，高校在国际科研领域的参与度较低。这个时期的研究包括使用 ICT（信息和通信技术）的必要性及其对高等教育的影响。第二阶段：波动增长期。从 2013—2018 年。在这一阶段，发文量有所起伏，但整体上呈现稳定态势。反映出在这个时期高校开始更加重视国际合作，科技创新活动逐渐增多，但同时也受到全球经济和政治环境变化的影响。研究方向包括大学已成为创新过程中的战略要素。第三阶段：调整下降期。从 2019—2023 年。这个阶段从 2020 年的 9 篇升至 2023 年的 32 篇，发文量出现了显著上升。目前 2024 年刚进入，发文量还不具代表性。在这个时期，研究包括区域知识创新与技术创新效率比较、高校科技创新与经济可持续发展的耦合协调度。

3. 研究动态分析

（1）研究热点分析

1）国内研究热点分析

关键词共现分析是一种常用的文本分析方法，它通过识别和评估关键词在文本中同时出现的频率，来揭示不同概念或实体之间的关系。在分析国内高校科技创新研究时，我们发现科技创新、高校、地方高校、高等学校、创新能力等是研究中的常见词汇（见表 1-1）。从中心度数值来看，科技创新、高校在共现网络中的位置尤为重要，它们可以被视为研究网络中的核心节点。经过分析发现，高校科技创新领域的研究内容多聚焦科技创新方面。

表 1-1　2005—2007 年国内关键词频次

序号	频次	中心度	年份	关键词
1	100	0.92	2005	科技创新
2	67	0.39	2005	高校
3	23	0.18	2007	地方高校
4	12	0.11	2007	高等学校
5	12	0.03	2007	指标体系
6	9	0.03	2008	人才培养
7	9	0.02	2005	评价
8	7	0.13	2008	创新能力
9	6	0.03	2007	对策
10	6	0.01	2008	因子分析
11	5	0.06	2012	协同创新
12	5	0.02	2009	实证研究
13	4	0.05	2014	评价模型
14	4	0.02	2015	影响因素
15	4	0.01	2016	评价体系

续表

序号	频次	中心度	年份	关键词
16	4	0.00	2013	高等教育
17	4	0.01	2016	综合评价
18	4	0.01	2015	区域经济
19	4	0.01	2009	信息服务
20	3	0.00	2012	专利信息
21	3	0.10	2007	高校科技

通过使用 Citespace 软件的 LLR（Log-Likelihood Ratio）算法对选取的 283 篇国内研究文献的关键词进行聚类分析后，生成了国内高校科技创新研究热点的关键词主题聚类图（见图 1-2）。其中：Q 值为 0.622>0.3，表明此次聚类是有效的且聚类结构显著；S 值为 0.9021>0.5，表明聚类的效率很高。根据聚类主题图谱显示，研究领域内的关键主题共计 10 个，表 1-2 为关键词聚类成员表。文章进一步对编号为 0，1，2，3 的四个较大聚类主题进行了深入的分析和讨论。这些聚类主题代表了当前国内高校科技创新研究中最为集中和热门的领域，为理解该领域的研究趋势和焦点提供了重要视角。

①聚类# 0：科技创新。这个聚类团主要包括图书馆、高校图书馆、高等教育、信息服务、科研机构。在这个聚类下，学者们主要关注如何通过高校图书馆促进科技创新，以及这种促进作用对高等教育和科研机构的影响。朱佳林通过分析当前高校图书馆科技创新服务现状和面向区域开展科技创新服务存在的不足，提出高校图书馆在提供科技创新服务时应深入了解区域用户需求，强化资源整合、更新服务方式，并增强服务深度，以更有效地支持地区经济发展。杨木容通过对我国高校专利的申请、授权与转化情况以及高校图书馆专利信息服务情况进行调研，提出高校图书馆建设专利信息服务平台的必要性和策略，以促进高校的专利成果产出与转化，增强高校科技创新能力。刘志会等提出改革省属高校科研机构，建立多学科交叉、全开放组织模式的运行机制，以提升省属高校科技创新水平。综上所述，高校图书馆在促进科技创新方面扮演着重要角色，通过提供专业的信息服务，整合科技资源，以及创新服务模式，高校图书馆不仅能满足区域用户的创新需求，还能支持区域经济的发展。此外，建立专利信息服务平台是提升高校专利成果产出与转化的有效策略，有助于增强高校的科技创新能力。同时，对于省属高校科研机构的改革，建立多学科交叉、全开放的组织运行机制，也是提升科技创

新水平的关键措施。这些研究表明，高校图书馆和科研机构的发展与改革，对于提高高等教育质量和科研机构的创新能力具有直接和积极的影响。

②聚类# 1：高校。这个聚类团主要包括影响因素、评价模型、产学研、高校、创新体系。在这个聚类下，主要关注的是高校在科技创新体系中的作用，以及影响高校科技创新的因素和评价模型的构建。学者们探讨了高校如何更有效地参与到产学研合作中，以及这种合作如何促进科技创新体系的完善。郭淑兰探讨了制约我国欠发达地区高校科技创新能力的具体因素，指出提升欠发达地区高校科技创新能力的建议：倡导自由主义的时尚，营造创新型文化环境；利用相对优势，强化人才结构的发展；增强科学研究的资金支持，优化资源的使用效率；完善服务架构，增强科研成果的转化效力。高擎等通过对产学研协同创新背景下高校科技创新效率的研究表明：研究生教育与大学科技创新的效能之间呈显著的逆 N 形联系；高校与企业的合作程度与科技创新的效能之间存在显著的逆 U 形 关系；在大学科技创新活动中，倾向于进行基础科学研究有助于提高科技创新的效率；学术声望对于大学科技创新效率有着显著的正面作用。邓恒等建议着手完善大学知识产权的管理架构，改进科研成果的转化途径，强化知识产权信息服务平台的构建，并且增强对创新型人才培养的投入，这将有助于提升大学科技创新系统的效能，并为推动教育强国、科技强国以及知识产权强国的战略实施提供支持。学者们探讨了提升高校在科技创新中的角色，分析了影响因素、合作模式及其对创新效率的影响，并提出了针对性地改进措施，旨在强化高校创新体系，支持国家教育与科技发展战略。

③聚类# 2：地方高校。这个聚类团主要包括对策、反思、地方高校、问题、创新平台。这个聚类涉及地方高校在科技创新中的问题、反思、对策以及创新平台的构建。在这一聚类下，研究者们主要关注地方高校在科技创新体系中的定位和作用，探讨了这些高校在创新过程中遇到的挑战。齐书宇建议对不同定位的地方高校科技创新能力进行分类评估：研究型高校应重点考量其在科技引导、研究贡献和创新成果方面的表现；应用型高校的评价应聚焦其对经济的贡献及人才培养能力；技能型高校则应主要评价其在培养实用技能人才方面的效能。张玉碧指出我国地方高校的科技创新平台建设存在着创新平台分布不均、重复性、资源共享度低和缺乏保障性经费等问题，对此提出以下对策：清晰划分国家与地方创新平台的职能，确保双方协同发展；协调宏观政策和微观执行，避免平台功能重叠，实现分类管理；推动地方政

府建立共享机制，提高信息透明度，促进资源有效利用；完善创新平台体制，构建政府、高校及企业共同参与的资金支持体系。由上述可以看出，学者们主要探讨提升地方高校在科技创新中的作用与效能。针对存在的问题提出了具体对策，以促进地方高校在科技创新领域的协同发展和绩效提升。

④聚类# 3：高等学校。这个聚类团主要包括高等学校、科技资源、综合评价、科技效率。学者们主要关注高等学校作为科技资源的集聚地在科技创新中的角色，研究集中在对高等学校科技创新能力的综合评价，以及如何提升科技效率，以促进地方科技创新和经济发展。巩莹莹通过分析影响高校科技资源投入与产出效率的主要因素，提出高校科技资源投入产出的范式创新、产品及服务创新、定位创新、流程创新和机制创新四种措施建议，以提升高校科技创新的效率与水平。黄建国等对天津市高校科技创新能力进行综合评价及深入分析，提出创新能力提升对策：提升产学研协作水平，聚焦共同创新，促进科技成果的应用转换；提高科研资金的投资，优化高等教育资源分配；关注国家科技发展趋势，着重于关键研究项目的深入探讨；采取跨学科的发展方法，充分利用大学的学科竞争力。由此可以看出，学者们主要探讨高等学校在科技创新领域的核心作用，尤其是作为科技资源集中地的重要性。研究集中在评估和提高高校在科技创新方面的能力，以及如何通过提高科技效率促进区域科技进步和经济增长，这些研究为如何有效利用高等教育资源并提高科技创新效率提供了宝贵见解。

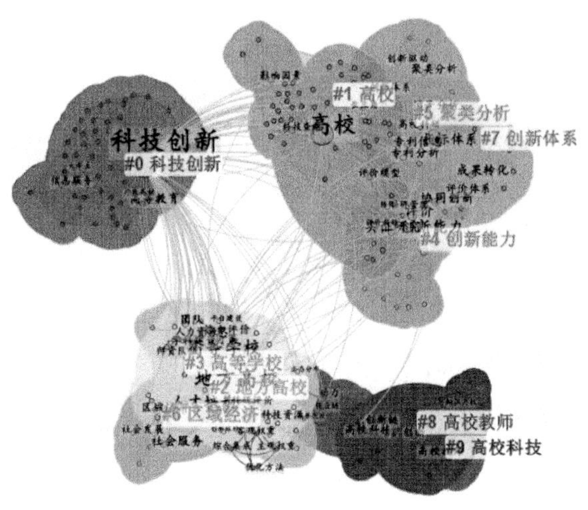

图 1-2　国内关键词聚类图谱

表 1-2　2010—2015 年国内关键词聚类成员表

序号	频次	子聚类轮廓值	年份	关键词
0	51	0.963	2015	图书馆；高校图书馆；高等教育；信息服务；科研机构
1	47	0.779	2013	影响因素；评价模型；产学研；高校；创新体系
2	28	0.915	2010	对策；反思；地方高校；问题；创新平台
3	20	0.913	2013	高等学校；科技资源；甘肃省；综合评价；科技效率
4	17	0.809	2010	实证研究；区域；创新能力；本科生；计量研究

2）国外研究热点分析

通过对关键词的分析可以发现，国外高校科技创新研究的高频关键词包括研究与开发、技术创新、模型、知识、影响、大学、吸收能力、表演等 21 个高频关键词（见表 1-3）。其中研究与开发、技术创新、模型、知识等在整体网络结构中占据重要位置，是研究网络的中心节点，主要是对技术创新进行研究。

表 1-3　2005—2021 年国外关键词频次表

序号	频次	中心度	年份	关键词
1	19	0.31	2005	research and development
2	32	0.27	2009	technological innovation
3	11	0.25	2011	model
4	17	0.24	2005	knowledge
5	12	0.23	2014	impact
6	15	0.22	2005	university
7	8	0.17	2015	absorptive capacity
8	16	0.15	2014	performance
9	5	0.13	2015	adoption
10	5	0.11	2014	capability
11	6	0.07	2013	determinants
12	3	0.05	2014	creation

续表

序号	频次	中心度	年份	关键词
13	2	0. 05	2018	complementary assets
14	2	0. 05	2017	organizations
15	2	0. 05	2011	future
16	6	0. 04	2005	firms
17	4	0. 04	2018	education
18	7	0. 03	2014	higher education
19	6	0. 03	2014	industry
20	6	0. 03	2021	economic growth
21	6	0. 03	2021	productivity

在使用 CiteSpace 软件进行文献关键词聚类分析时，通过 LLR 算法对选取的 130 篇国外期刊文献中的关键词进行处理，得到高校科技创新研究热点的关键词聚类图谱（见图 1-3）。聚类图谱的 Q 值为 0. 6399>0. 3，表明聚类结构具有明显的显著性；同时，S 值为 0. 8829，超过了 0. 5 的标准，说明聚类效率是较高的。从关键词的聚类图谱中可以看出，国外关于高校科技创新的主题聚类共有 10 个，表 1-4 为关键词聚类成员表。鉴于文章的篇幅限制，本次分析将仅针对最大的四个聚类主题（标号为 0，1，2，3）进行讨论。

①聚类# 0：创新速度（innovation speed）。这个聚类团主要包括技术创新、创新速度、手机游戏、人为因素、协作学习、经济表现。Evita Milan 等考察了开放式创新企业所关注的组织、技术和关系偶然性对创新速度的影响程度，结果表明，促进创新的文献所强调的许多偶然性可能会减缓创新的速度。因此，通过适应突发事件来加强竞争力可能会阻碍时间关键型适应，同时创新资产和能力可以成为技术创新型企业的负债。Mivehchi，Leila 等通过研究手机游戏、技术创新和协作学习对学生学习动机的影响，发现手机游戏对学生的学习动机有重要影响；此外，技术创新变量（智能系统、物联网、云服务和新的学习模式和学生发展）对学生动机的影响是显著和积极的，同时协作学习被认为是影响学生学习动机的重要因素。这个聚类下的研究表明，技术创新和创新速度的提升不仅受到企业内部组织、技术和关系偶然性的影响，还受到外部教育实践如手机游戏和协作学习的积极影响。这些研究为理解创新速度的复杂性提供了多维度的视角，并为企业和教育机构如何促进技术创新和学习动机提供了宝贵的洞见。

②聚类# 1：技术创新（technological innovation）。这个聚类团主要包括技术创新、大学企业孵化器、可持续发展、可持续发展目标。学者们重点研究技术创新以及它与大学企业孵化器、可持续发展、可持续发展目标之间的关系，研究集中在如何通过大学企业孵化器这一平台促进技术创新，以及这些创新如何帮助实现可持续发展目标。M. Almansour 研究认为，HEI 的孵化器和创业培训与相关的可持续发展目标和最新技术创新保持一致，将更有助于培养未来的企业家，为可持续发展议程做出贡献。研究指出，高等学校现有的孵化器和创业培训在多大程度上符合可持续发展目标 4（提倡普及优质教育和终身学习）、目标 9（鼓励建立可持续的工业基础设施和创新）、目标 11（致力于打造包容和安全的城市生活环境）和目标 12（倡导实现可持续的消费和生产行为）；它还揭示了企业家对高等教育如何利用数字营销等技术创新来提高创业生态系统中相关利益相关者对可持续发展目标的认识，并使创业培训和企业更加注重可持续性的看法。上述研究强调了技术创新在推动可持续发展目标实现中的关键作用。通过大学企业孵化器等平台，可以将技术创新与培养具有可持续发展意识的企业家相结合，这不仅有助于教育领域的发展，也促进了工业、城市发展和环境保护等多个方面的可持续进展。

③聚类# 2：高等教育（higher education）。这个聚类团主要包括技术创新、能源转换、可再生能源、可持续发展的环境、新兴国家。在这个聚类下主要探讨高等教育如何促进技术创新，以及这些创新如何有助于能源转换和可再生能源的发展，同时为新兴国家的可持续发展提供支持。Kihombo S 等探讨了技术创新、金融发展和经济增长（GDP）对生态足迹（EF）控制城市化的影响，表明技术创新与企业效益之间存在单向因果关系，技术创新与企业效益之间存在双向因果关系。学者研究建议加大研发投入，加强大学和企业之间的合作，以提高可持续发展和生态可持续性的技术创新水平，同时在不降低城市化水平的前提下，制定城市可持续发展政策是必要的。Saqib，Najia 等的研究表明，新兴国家的创新技术和可再生能源应与金融包容性相结合，以实现长期减轻环境损害和可持续增长。研究建议新兴经济体应加快技术创新，同时加强金融发展，以减少生态问题，不妨碍可持续经济增长的步伐。

④聚类# 3：技术创新中心（technological innovation centers）。这个聚类团主要包括实物期权方法、技术创新、产品生命周期、市场力量、教育创新。在这个聚类下，学者们关注高校如何通过采纳新兴技术和创新管理方法来提高其科研能力和教学质量，以及如何在产品和技术开发过程中有效地应对市

场变化。Hernandez-de-Menendez M 等指出将信息通信技术用于教育目的有助于高等教育机构应对如何改善现在和未来学生的学习体验和学习成绩这一挑战，对教育创新起推动作用。Johnson T S，Cheng 等采用实物期权方法来分析最优投资决策，它强调了当投资项目具有不可逆性、不确定性以及等待或退出的选项时，传统的净现值（NPV）方法可能会低估投资的价值，因为它忽略了时机选择和运营灵活性的价值。因此，学者们强调了在教育和投资决策中采用新技术和方法的重要性。

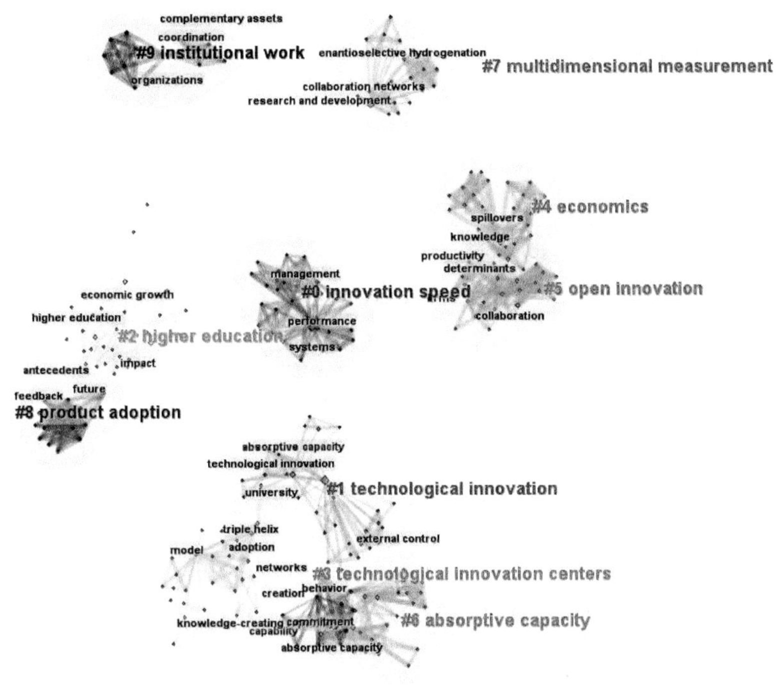

图 1-3　国外关键词聚类图谱

表 1-4　2011—2019 年国外关键词聚类成员表

序号	频次	子聚类轮廓值	年份	关键词部分
0	33	0.801	2017	technological innovation; human factors; collaborative learning; innovation speed; mobile games; economic performance
1	32	0.906	2019	technological innovation; university business incubators; sustainable development; sustainable development goals

续表

序号	频次	子聚类轮廓值	年份	关键词部分
2	32	0.818	2017	technological innovation; energy transition; renewable energy; sustainable environment; emerging countries
3	29	0.86	2019	real options approach; technological innovation; product life cycle; market power; educational innovation
4	27	0.908	2011	knowledge; competition; transitions; coordination; dynamics technological innovation; factor allocation
5	27	0.857	2016	models; universities; count data; science; research and development

（2）国内外高校科技创新研究趋势分析

1）国内高校科技创新演进趋势分析

利用 Citespace 得到关键词聚类的时间线图（见图 1-4），分析高校科技创新研究的高频关键词之间的交互关系，通过上述关键词的时间序列变化，分析国内高校科技创新的演进趋势。第一阶段：2005—2009 年。在这个阶段，高等教育和科研机构在创新系统中是起始角色。在这个时期，高校科技创新主要聚焦科研能力的构建和创新人才的培养，重点是提升科研水平，增强科研人员的创新能力，以及完善科研评价体系，确保科研质量和效率。第二阶段：2010—2017 年。这个时期，展现了政策对高校科技创新的影响。在这一阶段，政策支持和执行成为推动高校科技创新的重要因素；协同创新的概念开始受到重视，意味着高校、企业和政府之间的合作变得更加紧密，旨在形成有效的创新生态系统；影响因素和分析的关注表明了对创新过程中各种动态和复杂性的深入理解。第三阶段：2018—2024 年。在这个最新的阶段，点明了高校科技创新的新方向。高校不仅是知识的生产者，也成为政策建议的提供者，即“高校智库”的角色。此外，“区域创新”和“产业政策”的提及显示了高校在地方经济发展中的作用。这个阶段的高校科技创新更加注重效率和实际影响力，关注如何通过创新活动促进产业发展和区域经济增长；同时也注重集中优质资源和重点发展特定领域或优势学科。总体来看，高校科技创新的演进趋势从最初的科研能力和人才培养，发展到政策驱动和协同创新，再到智库作用和区域经济贡献。这个演进过程反映了高校在科技创新体系中角色的扩展和深化，以及创新活动与社会经济发展之间联系的加强。

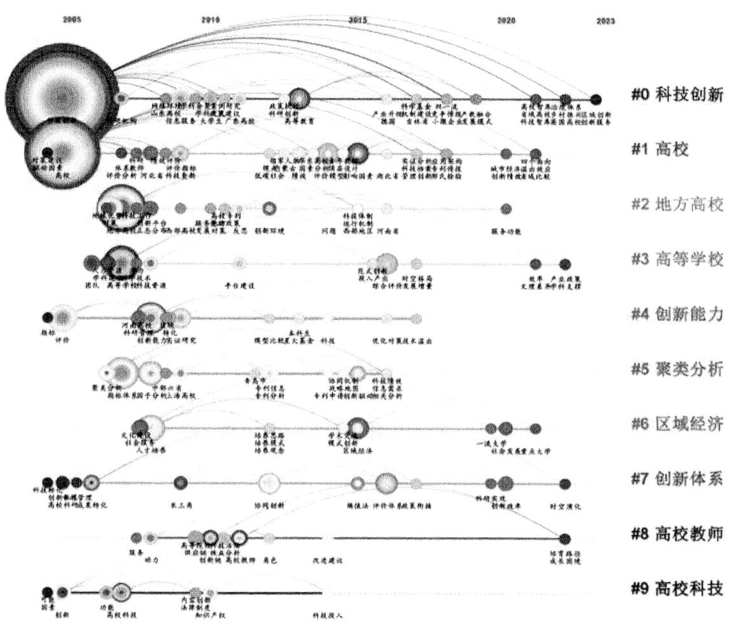

图 1–4　国内关键词时间线图

2）国外高校科技创新演进趋势分析

从国外高校科技创新的关键词时间线图（见图 1–5）中，我们可以看出高校科技创新的演进趋势大致可分为三个阶段，每个阶段都有其特定的焦点和发展特征。第一阶段：2005—2012 年。在这个阶段，高校的科技创新活动重点在于技术的发明和改进，以及将这些技术转化为经济增长的潜在因素。管理在这个过程中扮演了关键角色，因为它涉及如何组织和协调资源以促进创新。此外，高校与经济体系的联系开始加强，表现为产学研合作，以及高校在地方和国家经济发展中的作用开始受到重视。第二阶段：2013—2017 年。这一时期的科技创新更加注重执行力和信息技术的应用。同时，开放创新的概念开始兴起，高校不再是封闭的知识生产单位，而是通过与外部企业、政府和其他研究机构的合作，共同推动科技创新。第三阶段：2018—2024 年。在此阶段，科技创新的焦点转向了教育的角色，强调教育在培养创新人才和推动科技成果转化方面的重要性。系统商业化表明高校科技创新的成果更多地转化为可持续的商业产品，与产业界的联系更加紧密。同时此阶段也体现出对高校知识产权和研究成果管理的重视，以及如何有效利用这些资源以促进科技创新和经济增长。总体来看，高校的科技创新趋势是从技术开发和管理向更加开放的创新生态系统转变，其中执行力、合作和知识管理成为关键要素。同时，教育和系统商业化的重要性日益凸显，表明高校科技创新不仅是科研活动，也是经济和社会发展的一个重要推动力。

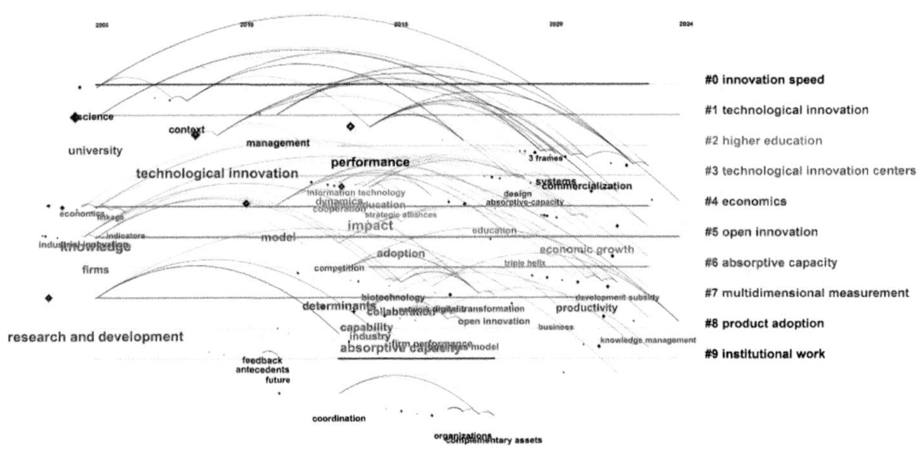

图 1-5　国外关键词时间线图

（3）国内外高校科技创新研究前沿分析

1）国内高校科技创新研究前沿分析

从国内关键词突变图（见图 1-6）可以看出，国内高校科技创新研究的趋势和演变可以分为三个阶段。第一阶段：探索和基础设立（2005—2010年）。在这个阶段，表现出对高校科研环境和科研团队的关注。特别是“地方高校”的引文爆发力度较大，反映了对地方高校科研能力提升的重视。同时，表明了科研成果转化的重要性、跨学科研究的兴起以及大学生在科研创新中的角色。第二阶段：系统化评价（2011—2017 年）。这一阶段，关键词显示了对科研创新系统性评价和管理的关注。这意味着高校开始更加注重科研成果的质量和影响力，以及创新能力的培养。评价体系的建立和实证研究的进行，表明了对科研成果评价方法的探索和完善。第三阶段：驱动和融合（2018—2024 年）。在这个阶段，通过关键词显示了科技创新不仅局限于学术界，而且是与社会和经济发展紧密相连的。这一阶段的研究前沿更加关注如何将高校的科技创新与社会需求和区域经济发展结合起来，实现知识的有效转移和应用。通过分析可以帮助我们理解国内高校科技创新的发展脉络，以及未来可能的研究方向。例如，当前和未来的研究可能更多地关注科技创新与社会实践的结合，以及如何更好地促进科研成果的社会化和产业化。同时，这也表明了高等教育在促进科技创新中的核心作用，以及高校在培养创新人才和推动区域经济发展中的重要性。

Keywords	Year	Strength	Begin	End	2005—2024年
高校科研	2005	1.3	**2005**	2006	
团队	2006	1.57	**2006**	2008	
地方高校	2007	3.43	**2007**	2008	
转化	2009	1.08	**2009**	2010	
学科交叉	2010	1.15	**2010**	2011	
大学生	2010	1.15	**2010**	2011	
信息服务	2009	1.49	**2011**	2013	
评价	2005	0.73	**2011**	2013	
协同创新	2012	1.99	**2012**	2014	
创新能力	2008	1.67	**2012**	2014	
因子分析	2008	0.86	**2014**	2016	
对策	2007	0.86	**2014**	2016	
创新驱动	2015	0.96	**2015**	2016	
综合评价	2016	1.97	**2016**	2018	
评价体系	2016	1.52	**2016**	2017	
实证研究	2009	0.68	**2016**	2017	
评价模型	2014	1.58	**2017**	2018	
人才培养	2008	0.23	**2017**	2018	
高等教育	2013	1.1	**2018**	2019	
社会发展	2020	1.23	**2020**	2021	
区域经济	2015	1.07	**2020**	2021	
知识转移	2021	1.22	**2021**	2022	
高等学校	2007	0.38	**2021**	2022	

图 1-6　国内关键词突变图

2）国外高校科技创新研究前沿分析

从国外关键词突变图（见图 1-7）可以看出，国外高校科技创新研究的趋势和演变可以分为三个阶段。第一阶段：2005—2014 年。在此阶段科研社区对知识传播、科学研究的衡量指标和知识产权的外溢效应特别感兴趣。“information technology”（信息技术）的出现，表明了这一时期科技创新与 IT 的融合趋势。第二阶段：2015—2020 年。在这个阶段展现了对组织如何吸收新知识、通过合作网络进行创新以及如何利用互补资产来增强创新能力的研究兴趣的增加。“educational technology”（教育技术）和“higher education”（高等教育）关键词的出现，说明教育领域的技术创新开始受到重视。第三阶段：2021—2024 年。这一阶段可以看到“technological innovation”（技术创新）的引用突增强度很高。这反映了当前科研界对提高生产力、技术创新的商业应用以及消费模式变化的强烈关注。通过这三个阶段的分析，可以看出科技创新研究的重点是通过各种手段促进科学和技术的进步，以及将这些进步转化为经济和社会的发展。这些关键词的变化也反映了不同时期科研社区的焦点和兴趣的转移。

Keywords	Year	Strength	Begin	End	2005—2024年
spillovers	2005	1.94	**2005**	2006	
science	2005	1.13	**2005**	2008	
knowledge	2005	0.98	**2005**	2008	
indicators	2006	1.31	**2006**	2009	
determinants	2013	1.85	**2013**	2015	
dynamics	2013	1.61	**2013**	2015	
information technology	2014	1.17	**2014**	2015	
absorptive capacity	2015	1.49	**2015**	2017	
collaboration networks	2015	1.18	**2015**	2016	
organizations	2017	1.18	**2017**	2018	
model	2011	1.01	**2017**	2019	
developing country	2018	1.19	**2018**	2019	
complementary assets	2018	1.06	**2018**	2020	
design	2019	1.15	**2019**	2020	
educational technology	2019	1	**2019**	2021	
adoption	2015	0.8	**2019**	2020	
higher education	2014	1.13	**2020**	2021	
economics	2005	0.98	**2020**	2021	
productivity	2021	1.78	**2021**	2024	
impact	2014	1.36	**2021**	2022	
commercialization	2021	0.88	**2021**	2024	
consumption	2021	0.88	**2021**	2024	
technological innovation	2009	2.91	**2022**	2024	

图 1-7　国外关键词突变图

4. 结论与展望

(1) 结论

采用文本分析及可视化软件 CiteSpace，处理筛选后的国内外高校科技创新相关文献，分析得出了相关发表文章的发文量、关键文献、关键词聚类、时序线图以及关键词突变图。基于这些信息，本研究对高校科技创新领域的研究热点、发展态势和前沿动态进行了概述分析，进而得出下列结论。

第一，从研究的发文量来看，高校科技创新的研究经历了三个明显的发展阶段。初期，即成长期，从 2006 年至 2008 年，发文量呈现出稳健的增长态势，这一时期高校科技创新开始得到重视，研究活动日益活跃。随后进入波动发展期，即 2009—2018 年，这一时期内发文量波动显著，反映了高校科技创新在面对政策、资金等外部环境变化时的不稳定性，研究重点转向创新能力的比较与效率评价。最后一个阶段，即稳定期/调整期，从 2019 年至 2024 年，受全球经济、疫情等因素影响，发文量虽有波动但总体呈下降趋势，研究方向更加聚焦于高校基本职能与科技创新效率的关系，以及如何激发协同创新的潜力。国际上，高校科技创新的研究呈现出起始期的探索、波动增长期的国际合作重视，以及调整下降期中对效率与可持续发展关系的深入分析。整体来看，高校科技创新的研究发文量反映了科技创新对于高校发展的关键作用，以及它在不断变化的外部环境中的适应与调整，同时也预示着随着全球经济复苏和疫情的控制，相关研究可能会迎来新的增长点。

第二，从研究热点来看，我们可以得出这样的结论：高校作为科技创新的关键节点，在推动科技进步和区域经济发展中扮演着至关重要的角色。高校图书馆通过整合科技创新资源、提供专业信息服务、建立专利信息服务平台等方式，不仅满足了区域用户的创新需求，也促进了专利成果的产出与转化，增强了高校的科技创新能力。此外，高校在产学研合作中的作用不容忽视，它们通过合作提升科技创新效率，同时对高等教育资源的优化配置和科研资金的增加，也显著提升了科技创新的效能。地方高校在科技创新体系中同样占有一席之地，尽管面临一些挑战，但通过对科技创新平台的建设和管理改革，可以有效提升其在科技创新中的作用。在技术创新方面，研究表明，高校的孵化器和创业培训是实现可持续发展目标的重要工具，而在高等教育领域，技术创新对于能源转换、可再生能源发展及新兴国家的可持续发展具有关键影响。总体而言，这些研究强调了高校在科技创新中的多重作用，包括资源整合、合作促进、平台建设和创新能力提升等多个方面，这些都对于推动科技创新和实现可持续发展目标至关重要。

第三，从研究演进趋势来看，国内高校科技创新经历了从科研能力和人才培养的基础建设，到政策驱动和协同创新的深化发展，再到智库角色和区域经济贡献的阶段性演化。这个过程不仅展示了高校科技创新角色的扩展和深化，还反映出创新活动与社会经济发展之间联系的加强，强调了高校在促进产业发展和区域经济增长方面的重要作用。而国外高校科技创新则从技术发明和管理的角色转变为开放创新的一部分，强调了教育在培养创新人才和推动科技成果转化方面的重要性。随着时间的推移，高校科技创新更多地与产业界紧密联系，注重知识产权和研究成果的管理，以促进科技创新和经济增长。总体而言，无论是国内还是国外，高校科技创新的演进都呈现出从封闭到开放，从单一到多元，从基础研究到应用研究以及商业化转化的趋势。这些变化表明，高校正在成为全球知识经济中更加活跃和关键的参与者，其科技创新活动不断适应经济社会发展的需求，成为推动社会进步和经济增长的重要力量。

第四，从研究前沿来看，无论是国内还是国外，高校科技创新研究的趋势和演变体现了科研活动从初步探索到成体系管理，再到与社会经济发展紧密结合的过程。在国内，高校科技创新的研究从关注基础科研环境和能力提升，逐渐转向科研成果的系统化评价和管理，最终聚焦科研与社会需求和区域经济的融合。而在国外，研究重点从知识传播和科研衡量转向了教育技术和高等教育的融合，再到技术创新的商业应用和对生产力的提升。这些变化反映了高校科技创新研究的深化和宽广，不仅局限于学术界内部的进步，而是越来越多地关注科技创新如何服务于社会和经济的全面发展。高等教育机构在这一过程中扮演着重要角色，它们不仅是知识和创新的孵化器，也是连接学术研究和社会实践的桥梁。总的来说，高校科技创新研究的发展趋势显示了一个从内向型到外向型，从单一学科到跨学科，从理论研究到实践应用的转变。未来，预计这一领域将继续朝着多元化、综合化的方向发展，更多地强调创新与实践的结合，以及科研成果转化的社会价值和经济效益。

（2）展望

第一，科技创新与教育融合的深化。未来，高校科技创新将更加注重与高等教育的融合，通过创新教学方法和课程设计，培养具备创新思维和实践能力的人才。这种融合将促进学生的创新精神和实际动手能力，为社会和经济发展提供更多的创新人才。

第二，产学研合作的进一步加强。高校将进一步加强与企业和研究机构的合作，通过联合研发项目、共享研究设施和资源等方式，促进科技创新成果的转化和应用。这种紧密的合作关系将有助于高校科技创新成果更快速地转化为实际生产力，推动产业升级和区域经济发展。

第三，创新生态系统的构建与完善。高校将继续在构建和完善创新生态系统方面发挥关键作用，通过建立孵化器、加速器等平台，为创新创业提供必要的支持和服务。这将有助于创造一个有利于知识产权保护、技术交流和创业精神培养的环境，推动科技创新的持续发展。

第四，对外开放与国际合作的扩展。随着全球化的深入发展，高校科技创新将更加注重国际视野和合作。通过与海外高等教育机构和研究组织的合作，共享资源、交流经验，高校能够在更广阔的舞台上推广自己的科研成果，同时吸收国际上的先进技术和管理经验，提升自身的科研水平和国际竞争力。

1.2.2 基于文献计量的物流产业发展研究可视化对比分析

物流作为一种经济活动，其历史可以追溯到古代贸易和运输。但作为一个独立的产业概念，物流在 20 世纪中叶随着军事物流管理的发展而逐渐形成，之后迅速扩展到商业领域。物流产业是指涉及商品从生产地到消费地过程中的包装、运输、仓储、装卸、流通加工、配送和信息处理等环节的服务业。物流产业作为现代经济的重要支撑，对提高经济效率、降低交易成本、促进贸易发展等方面起着至关重要的作用。随着信息技术的发展，特别是互联网、物联网、大数据、云计算等技术的应用，物流产业经历了巨大的变革。这些技术提高了物流效率，降低了错误率，同时也降低了成本。物流产业的发展是一个持续变化的过程，受到技术、经济、政策和环境等多方面因素的影响。随着技术的不断进步和全球经济的深度融合，物流产业将继续演变，以适应新的挑战和机遇。

本研究采集了 2005—2024 年关于物流产业进展的文献资料作为分析样本，通过运用 Citespace 6. 2. R7 软件，对国内外物流产业的发展相关文献进行了计量学分析与对比。研究的目的旨在探究当前物流产业研究的动态趋势和特点，为物流产业发展的影响因素分析和相关技术的进一步完善提供理论上的支持和参考。

1. 数据来源和研究方法

（1）数据来源

本项研究通过中国知网（CNKI）数据库，以“物流产业”为关键词进行文献检索，时间跨度设定为 2005—2024 年。选取 CSSCI 来源的期刊文章进行筛选，经过去除重复项后，共获得 615 篇相关文献。为确保数据的质量和有效性，对国际文献的搜集采用了 Web of Science 核心集合数据库，检索条件设置为主题和标题均含“Logistics industry”，并限定文献类型为“Article”或“Review article”，语言为英语，同样选取 2005—2024 年时间段。使用 Citespace 软件进行数据去重后，最终得到 574 篇国际文献样本。数据检索截至 2024 年 2 月 20 日。

（2）研究方法

研究工具采用 Citespace（版本 6. 2. R7），这是一款专门分析特定领域科学文献信息，并通过可视化展现知识结构和发展趋势的软件。利用该软件的关键词分析功能，我们构建了基于关键词的网络节点图，包括关键词时间线、聚类图谱以及突变词分析，从而系统地审视了国内外物流产业研究的整体框架和进展。通过结合软件的聚类和突变词频检测功能，辅以 LLR 算法，进一步绘制了聚类图谱，旨在深入探讨物流产业研究领域的最新动态。参数设置如下：研究时段设为 2005—2024 年；时间分段采用每年一次的间隔；使用 Path-finder 算法进行网络优化；关键节点的选取标准为每个时间段内前 10%的节点以及每个时间段中出现频次最高的前 50 个节点。

2. 研究的基本特征分析

发文量分析。由统计得到发文量折线图（见图 1-8）可知，国内发文量水平大致分为三个阶段。第一阶段：2005—2007 年。这一阶段是物流产业发展的起步阶段。在这个时期，发文量较少，显示出该领域的研究和实践刚开始获得关注。这一阶段研究方向包括物流产业的发展问题、物流行业的政策体系，以及物流信息化的初步探索。此阶段的研究为后续物流产业的发展奠定了基础。第二阶段：2008—2015 年。这个阶段的物流产业发文量呈现出稳定增长的趋势，这与国内外经济环境的变化、电子商务的兴起以及物流行业政策的支持有关。这一阶段研究开始聚焦物流系统优化升级、物流发展与国内经济同步提升等方面，提出要推进我国现代物流产业的健康发展，用创新路径和改革策略突破中国现代物流发展中的挑战。第三阶段：2016—2023 年。此阶段物流产业的研究进入了快速发展期。随着智能化、自动化技术的发展，物流产业开始集中研究如何利用大数据、人工智能、物联网等技术来提升物流效率和服务质量。提出物流产业转型升级和高质量发展，顺应新需求，打造与需求布局相适应的物流布局调整新格局，实现现代物流以“链”为特征的实体制造业服务模式创新，按照物流产业高质量发展构建物流产业新体系。

我们可以观察到 2005—2024 年的国外物流产业相关文献的发文量，国外发文量水平大致分为三个阶段。第一阶段：2005—2009 年。国外物流产业的文献发文量相对较低，表明这个时期是国外物流产业研究的初期阶段。这一时期学者们的研究主要包括高科技产业第三方物流市场份额影响因素、外商直接投资对中国物流业区位决策的企业效应。第二阶段：2010—2016 年。数据显示发文量有了缓慢增长，这与全球化和电子商务的快速发展有关。此阶段的研究包括整合供应链设计的战略决策和年度运营计划的战术决策、通过侧重于长期制度变革或转型的综合方法实现循环经济。第三阶段：2017—2023 年。这个阶段的文献发文量继续增长，并且增长速度加快，表明物流产业的研究进入了一个快速发展期（2024 年仅有部分发文量，不具代表性）。在这个时期，随着技术的进步，特别是大数据、人工智能和物联网技术的应用，物流产业的研究更加集中于如何通过技术提升物流效率和服务质量。此阶段的研究包括企业在 T&L 中采用物联网技术的水平受到企业规模、企业吸收能力和企业家对相关技术利益的感知的积极影响，从智能自动化和智能化方面对工业 5.0 中智能物流的特点进行深入的内容分析。

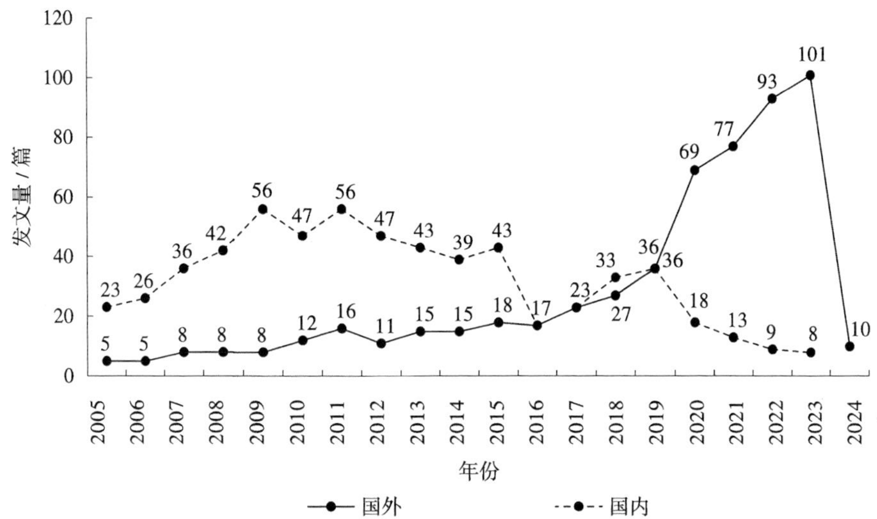

图 1-8　2005—2024 年国内外物流产业相关研究文献发文量对比

3. 研究动态分析

(1) 研究热点分析

1) 国内研究热点分析

通过关键词共现分析发现，在国内关于物流行业发展的研究中，出现频率较高的关键词包括物流产业、物流业、物流、区域经济、区域物流、现代物流等（见表 1-5）。观察这些关键词的中心度数值，明显可以看出物流产业、物流业、物流和区域经济在整个共现网络知识图谱中占据较为重要的节点位置。通过进一步分析，可以发现物流产业的发展研究主要集中在物流产业的议题上。

表 1-5　2005—2017 年国内关键词频次表

序号	频次	中心度	年份	关键词
1	145	0. 74	2005	物流产业
2	80	0. 36	2008	物流业
3	39	0. 19	2005	物流
4	38	0. 18	2005	区域经济

续表

序号	频次	中心度	年份	关键词
5	38	0. 14	2007	区域物流
6	27	0. 10	2005	现代物流
7	27	0. 10	2006	物流产业集群
8	18	0. 06	2006	产业集群
9	18	0. 05	2009	经济增长
10	14	0. 11	2005	第三方物流
11	14	0. 04	2009	制造业
12	14	0. 02	2015	物流产业集聚
13	13	0. 06	2015	物流产业效率
14	13	0. 06	2017	长江经济带
15	12	0. 04	2006	产业关联
16	10	0. 03	2008	产业集聚
17	9	0. 04	2007	产业结构
18	9	0. 03	2008	全要素生产率
19	9	0. 02	2010	产业融合
20	8	0. 03	2006	物流企业
21	8	0. 02	2010	产业转移
22	7	0. 03	2008	影响因素
23	7	0. 03	2011	协同发展
24	6	0. 03	2005	城市物流
25	6	0. 01	2006	产业发展

通过使用 Citespace 软件的 LLR 算法对国内 615 篇文献中的关键词进行了聚类分析，生成了物流产业发展研究的热点关键词主题聚类图（见图 1-9）。聚类有效性的 Q 值为 0. 5939，超过了 0. 3 的标准，表明聚类结果具有显著性和有效性；同时，聚类效率的 S 值为 0. 8737，远高于 0. 5 的基准值，说明聚类效率较高。从聚类图谱中可以看出，国内物流产业发展研究的主题聚类共有 10 个，表 1-6 为关键词聚类成员表，本研究对其中的前四个较大的聚类主题，即标号为 0，1，2，3 的聚类，进行了深入的分析和探讨。

①聚类# 0：物流产业。这个聚类团包括信息技术、融合、物流产业、产业融合、对策。在这个聚类下学者们主要关注信息技术如何与物流产业相结

合，以及这种融合对物流产业发展的推动作用。东方指出智慧物流产业发展行业面对的挑战包括过时的行业规范、不畅通的物流网络、供应链的不均匀发展、跨境物流的复杂性以及专业人才短缺。为了促进该行业的可持续发展，迫切需要更新行业规范，以常态化智能物流改善农村地区的物流服务以实现供应链的平衡，加强基础设施建设以优化跨境物流，并通过创新教育模式来培养更多的专业人才以支持行业需求。何娟等指出与发达国家相比，中国的物流行业还面临许多限制。因此，分析当前我国物流行业的发展状况和面临的挑战，探讨未来的发展方向和发展策略，对于确保物流行业的健康和持续发展至关重要。邓小瑜等指出在“两化融合”即信息化和工业化融合的政策背景下，现代物流业的发展需求和现状被密切审视。从现代物流的发展特点出发，研究涵盖了技术整合、产品整合、业务整合和产业扩展四个关键领域，探讨了信息化建设在现代物流产业中的应用。通过推进信息化，旨在提升物流服务的效能和品质，同时增强产业群体的市场份额和竞争力。通过这些研究，学者们旨在揭示信息技术和物流产业融合的内在逻辑，分析挑战和机遇，并提出针对性的建议，促进物流产业的创新和发展。

②聚类# 1：物流业。这个聚类团包括制造业、产业关联、投入产出、物流业、投入产出分析。这一聚类聚焦物流业与制造业之间的相互作用和依存关系，涵盖了产业关联、投入产出分析、物流业发展，以及这两个行业之间的协同效应。钟祖昌通过区位熵理论分析了我国31个省（区、市）物流产业集聚状况，指出物流行业在不同省份间呈现出显著的地域联系性；地区的经济发展状况显著促进了物流业的集中发展；政府的介入在早期阶段对物流业的聚集有一定的抑制作用，但这种影响会随着时间的推进而逐步弱化；而外国直接投资（FDI）对物流业的影响则需要一个逐步的消化和吸收过程。王艳玲构建了区域物流业与其他行业产业联动发展模型，指出有必要增强政府在提升区域物流合作发展中的决策和调节能力，打造一个综合的区域物流市场架构和公共信息交流平台。同时，应当加速区域内产业集群的制造和商贸企业物流服务的社会化进程，促进产业的互联互通，并改善本地产业的结构布局。黄福华通过投入产出方法分析了我国现代物流产业在国民经济中的产业结构关系及其关联效应，指出物流产业应确定为国民经济的主导产业和瓶颈产业。由以上研究可知，区域物流业的高效运转不仅依赖于供应链管理的优化和技术的进步，还需要政府决策和调控的加强。中国可以通过吸引专业人才和加强政策制定，来推动物流与制造业的协同增长，进而促进区域经济的

均衡发展和提升整体经济的竞争力。

③聚类# 2：现代物流。这个聚类团包括低碳物流、对策、现代物流、区域经济、体系构建。在这个聚类下，学者们集中研究现代物流在促进区域经济发展中的作用，以及构建起符合低碳发展需求的物流体系的策略和方法。刘聪等采用固定效应模型从经济视角分析了低碳物流与区域经济的关系，指出低碳物流的确能改善区域经济发展水平。徐玲玲指出现代物流行业的增长受到金融和交通等领域的显著推动，并且其发展在很大程度上取决于来自这些行业的中间输入；与其他行业相比较，现代物流业对整体经济的贡献更为显著；此外，消费和出口活动对于激发现代物流产业的生产活动具有重要的影响。从上述研究中可知，学者们希望能够为现代物流的发展提供理论指导和实践方案，以促进低碳经济的发展和区域经济的全面提升。

④聚类# 3：区域物流。这个聚类团包括 VAR 模型、区域物流、互动关系、发展模式。在这个聚类团下，学者们主要研究物流产业如何促进产业发展和经济增长，以及物流企业在这一过程中的作用和影响。赵晓敏等基于综合评价数据建立 VAR 模型，通过计量经济学方法分析物流业与经济发展之间的互动关系，研究显示，中国的经济增长水平对物流行业有着明显的正面作用，经济增长在一定程度上是物流行业增长的单向 Granger 原因，尽管其促进效果相对较弱。目前阶段，中国物流业对经济增长的作用尚不突出，物流业的规模相对有限，其整体的社会经济效益还未完全显现出来。刘明等发现相邻城市对中心城市的物流产业发展起着正向推动作用，总体上呈现正向溢出效应，区域间的物流产业协同朝着相互促进的积极方向发展，城市可以根据其特征被划分为四种基本类型：集聚型、发展型、稳定型和均衡型。基于这种分类，可以构建一个区域物流的空间效应分类模型。针对这些不同类型的城市，可以分别提出整合策略、扩充策略、追进策略和分布策略，以此作为区域物流和谐发展战略模型的基础。文启湘等提出鼓励物流企业通过整合、并购和合作来强化其市场地位，促使物流企业采纳集约化和节能化的发展模式。通过对区域物流发展模式的深入研究和 VAR 模型的应用，学者们提出了优化区域物流结构、加强区域间物流合作、推动智能物流技术应用等建议，以促进区域物流的高效发展和区域经济的整体优化。

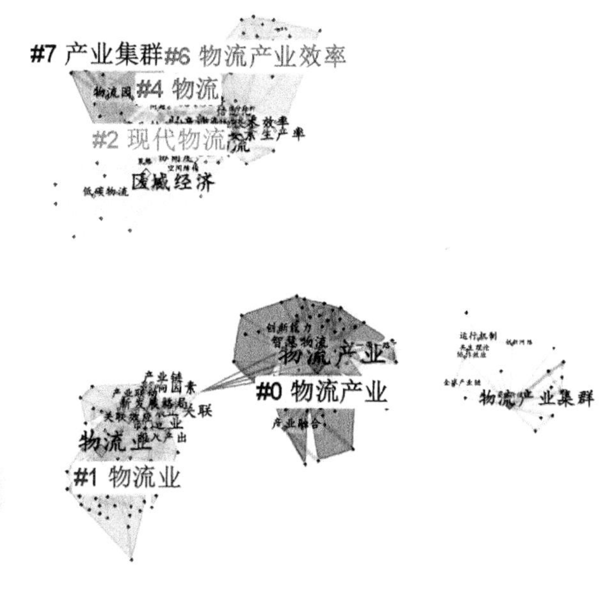

图 1-9　国内关键词聚类图谱

表 1-6　2010—2015 年国内关键词聚类成员表

类别	频次	子聚类轮廓值	年份	关键词（部分）
0	73	0.861	2013	信息技术；融合；物流产业；产业融合；对策
1	55	0.814	2013	制造业；产业关联；投入产出；物流业；投入产出分析
2	38	0.88	2010	低碳物流；对策；现代物流；区域经济；体系构建
3	37	0.846	2013	var；var 模型；区域物流；互动关系；发展模式
4	32	0.928	2012	中部地区；产业转移；产业集聚；预测；投入产出
5	31	0.884	2015	物流产业集聚；产业集聚；中国；面板数据；黑龙江

2）国外研究热点分析

通过对关键词的分析可以发现，国外物流产业发展研究的高频关键词包括影响、绩效、逆向物流、管理、供应链管理、供应链等 25 个高频关键词（见表 1-7）。其中影响、绩效、逆向物流、管理等在整个网络节点中有较高中心地位，属于关键节点，主要是对供应链管理进行研究。

表 1-7　2005—2020 年国外关键词频次表

序号	频次	中心度	年份	关键词
1	60	0. 17	2009	impact
2	90	0. 15	2005	performance
3	59	0. 13	2006	reverse logistics
4	68	0. 12	2012	management
5	59	0. 12	2009	supply chain management
6	45	0. 09	2006	supply chain
7	25	0. 08	2012	design
8	68	0. 07	2006	model
9	63	0. 06	2006	logistics industry
10	19	0. 06	2012	strategy
11	40	0. 05	2010	framework
12	25	0. 05	2008	implementation
13	21	0. 05	2017	innovation
14	15	0. 05	2006	transport
15	13	0. 05	2013	energy
16	5	0. 05	2005	location
17	25	0. 04	2016	sustainability
18	21	0. 04	2009	capability
19	18	0. 04	2008	barriers
20	17	0. 04	2005	internet
21	16	0. 04	2015	network
22	15	0. 04	2011	challenges

续表

序号	频次	中心度	年份	关键词
23	13	0. 04	2020	green logistics
24	9	0. 04	2006	distribution management
25	9	0. 04	2017	perspective

通过使用 Citespace 软件和 LLR 算法对选定的 574 篇国外期刊文章进行关键词聚类分析，生成国外物流产业研究热点的关键词聚类图谱（见图 1-10）。该分析的 Q 值达到了 0. 5076，大于 0. 3，即此聚类结构显著。同时，S 值为 0. 7751，远高于 0. 5 的基准线，说明聚类效率较高。通过这些聚类，我们确定了国际物流产业研究的 11 个聚类主题，表 1-8 为关键词聚类成员表。鉴于文章的篇幅限制，我们将专注于分析标号为 0，1，2，3 的前四个较大的聚类主题。

①聚类# 0：配送管理（distribution management）。这个聚类团主要包括竞争优势、国际物流业、供应商园区、配送管理、物流中心设计等。该主题主要探讨了配送管理在当代物流产业中的重要性和实践应用。Y An 等建立了精细化物流供应链系统（RLSCS）及多配送中心物流车辆跨区域调度优化模型，设计了一种基于三次映射机制（IHBA）的自适应精英蜜獾目标算法来求解该模型。结果表明，相关模型和算法可以为工业产品数字供应链系统提供研究基础。由此指出数学模型的创新和应用在物流调度中发挥着关键作用，而优化算法的选择和改进是数学模型求解中不可或缺的环节。Bennett D 等提出的整合模型的一个主要问题是现有的企业间关系理论的延伸，认为通过在企业间关系中增加空间维度，企业边界的概念必须得到转变，也指出物流问题是供应商共同选址背后的驱动因素。学者们的分析主要集中在配送管理在现代物流行业中的核心作用，以及如何通过创新的数学模型和优化算法来提高物流供应链的效率。同时，它也强调了在企业间关系中考虑空间维度的重要性，以及物流问题在供应商选址决策中的关键作用。

②聚类# 1：工业 4. 0（industry 4. 0）。这个聚类团主要包括循环经济、绿色物流、供应链柔性、绩效管理、工业 4. 0、可持续性。该聚类下学者主要研究在第四次工业革命背景下，物流产业如何实现可持续发展。Chieh-Yu L 等指出中国经济的增长在很大程度上取决于物流行业在全球供应链系统中高效和有效地运作的能力，物流公司应推进 RFID 在供应链中的应用。Bag S 等指出与工业 4. 0 对互联物流和仪器化物流的影响相比，工业 4. 0 资源对智能物

流的影响更大。与互联物流和仪器化物流相比，智能物流对动态再制造和绿色制造能力的影响非常大。同时，发现动态再制造能力和绿色制造能力对企业物流可持续性有正向影响。因此，在工业 4.0 背景下，物流行业的可持续发展依赖于高效的全球供应链管理和先进技术的应用，如 RFID。智能物流通过增强动态再制造和绿色制造能力，对企业物流的可持续性产生积极影响。

③聚类# 2：物流产业（logistics industry）。这个聚类团主要包括物流业、碳排放、可持续发展、资本要素投入、绿色运输。Guo X 等指出能源短缺和碳排放过高已成为制约中国物流业可持续发展的主要因素，提高物流业效率对促进区域生态环境保护和物流业可持续发展至关重要。其研究表明，经济发展水平、产业结构和技术水平等因素对中国中部地区物流业效率具有显著的正向影响，而政府支持和物流基础设施等因素对中部地区物流业效率具有显著的负向影响。从以上分析可知物流产业的可持续发展的重要性，特别是在能源短缺和碳排放控制的背景下，提升物流效率的重要性。

④聚类# 3：逆向物流（reverse logistics）。这个聚类团主要包括废弃物管理、供应链、层次分析法、逆向物流、线性。这个领域专注于如何有效地将退货、废品或废弃物从消费点送回生产或处理点，以实现资源的再利用、回收或适当的废弃物处理，进而提升供应链的整体效率和环境可持续性。Lau K H. 等指出与发达国家逆向物流主要由企业主导不同，中国等发展中国家需要政府和制造商共同努力，以促进整个行业的逆向物流发展。逆向物流的驱动力主要与外部环境有关，其主要制约因素包括缺乏可执行的法律和立法来激励公司实施逆向物流或规范回收程序；国家几乎没有经济控制，比如严厉的处罚或沉重的污染税，以防止企业违反环境保护指令；政府缺乏支持性的经济政策阻碍了小企业投资逆向物流；缺乏宣传和知识的逆向物流阻碍了公众的环保意识；发展中国家回收基础设施和技术的不发达也是逆向物流广泛实施的障碍。从以上分析可知逆向物流的发展需要政府和制造商的共同努力，以及改善外部环境，如法律、经济激励和基础设施建设，以促进环境保护和逆向物流的有效实施。

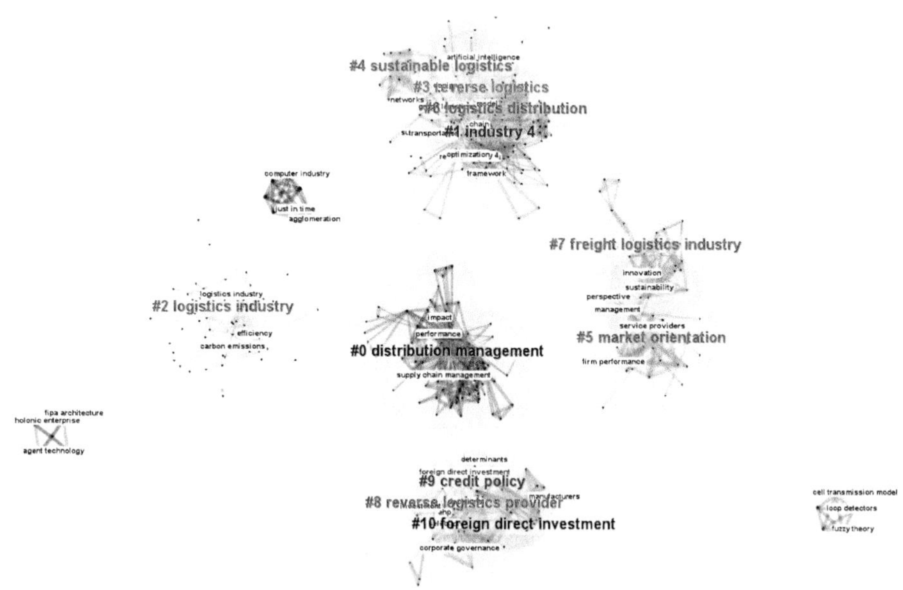

图 1-10　国外关键词聚类图谱

表 1-8　2013—2018 年国外关键词聚类成员表

类别	频次	子聚类轮廓值	年份	关键词（部分）
0	82	0. 648	2013	resource-based view; competitive advantage; international logistics industry; institutional theory; supplier park | distribution management; case studies; electronics industry; developing countries; logistics center design
1	76	0. 711	2015	circular economy; green logistics; institution pressure; supply chain flexibility; performance management | supply chain; structural equation modeling; partial least squares; industry 4; sustainability
2	60	0. 667	2018	logistics industry; carbon emissions; road countries; economic complexity; non-directional distance | sustainable development; capital factor input; capital investment; green transportation; marine transportation

续表

类别	频次	子聚类轮廓值	年份	关键词（部分）
3	43	0.787	2013	waste management; supply chain; product recovery; manufacturing industry; analytical hierarchy process I reverse logistics; automatic teller machine; percentage diversion method; linear programming; reference process model
4	31	0.908	2013	artificial intelligence; deep learning; academic-industry partnerships; clinical data ownership; machine learning I literature review; bibliometric analysis; smart logistics; green logistics; electricity vehicles
5	28	0.78	2016	knowledge; generation; insights; lead users; user toolkits I supply chain performance; supply chain integration; disaster management; logistics provider; relational view

（2）国内外物流产业发展研究趋势分析

1）国内物流产业发展演进趋势分析

利用 Citespace 得到关键词聚类的时间线图（见图 1-11），分析物流产业发展研究的高频关键词之间的交互关系，探析国内物流产业发展研究的演进趋势。第一阶段：2005—2011 年。在这个阶段，物流产业的发展重点在于产业结构的优化和现代物流的发展。物流企业开始关注产业的发展重点，探索策略以适应市场的影响因素。这个时期，物流产业处于从传统物流向现代物流转变的初期阶段，侧重于提升物流产业的整体结构和效率。第二阶段：2012—2017 年。物流市场开始关注科技创新和产业需求，强调协同发展和产业升级。这表明物流产业开始整合新兴技术如信息技术和自动化技术，以提高物流效率和响应市场需求。此外，产业升级意味着物流行业开始从低端服务向高附加值服务转变，如提供定制化和综合物流解决方案。第三阶段：2018—2024 年。最近的阶段物流产业正在经历数字化转型，利用大数据、云计算、物联网等技术来提高物流效率和透明度。冷链物流的兴起表明对特定类型的物流服务需求增加，尤其是在食品和医药行业。同时，“一带一路”倡议的提出则推动物流产业的国际合作和全球网络建设，促进跨国物流服务的发展。总体来看，物流产业的发展趋势是从传统物流向现代物流的转变，再到数字化和全球化物流的发展。物流行业正在变得更加高效、智能化和国际化，同时也在不断地适应新的市场需求和技术变革。

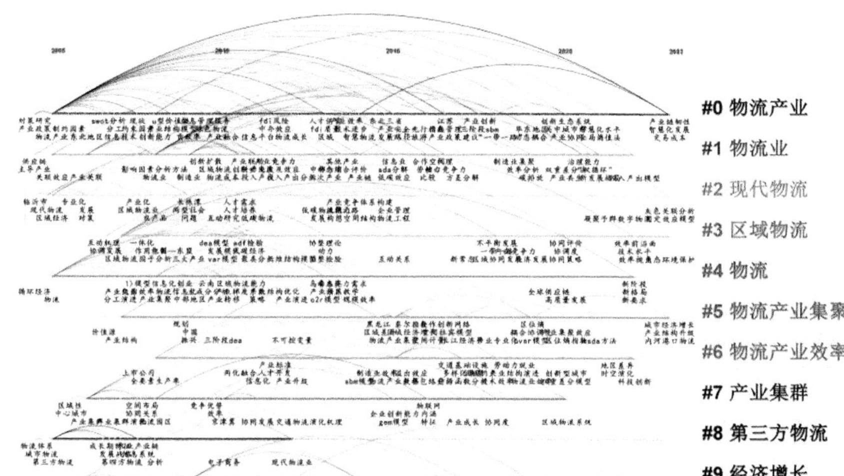

图1-11 国内关键词时间线图

2）国外物流产业发展演进趋势分析

利用Citespace得到关键词聚类的时间线图（见图1-12），探析国外物流产业发展研究的演进趋势。第一阶段：2005—2007年。在这一阶段，物流产业开始广泛应用信息技术来提升效率，如采用电子数据交换、管理信息系统等技术来优化运输路线、库存管理和订单处理。逆向物流的概念也开始得到重视，它关注产品在结束其生命周期后的回收、再利用和环保处理，这也反映了社会对可持续发展的关注。运输优化则是通过更高效的路线规划、车辆调度和货物整合来降低成本和提高服务水平。第二阶段：2008—2016年。这个时期物流产业的发展更加注重企业管理，包括供应链管理和客户关系管理等方面。第三方物流（3PL）服务商的兴起标志着物流企业开始外包物流活动，以便专注于其核心业务。技术网络的概念是指通过技术的整合和网络化来提升物流服务的效率和质量。此外，对影响物流效率和效果的各种因素进行了更为深入地分析和研究，以便更好地管理和优化物流活动。第三阶段：2017—2024年。在这一阶段，物流产业的技术革新达到了新的高度。物联网（IoT）技术的应用让实时追踪和监控货物变得可能，大数据分析帮助物流企业从海量的物流数据中提取有价值的洞见，以优化决策过程。人工智能（AI）在自动化、预测分析和智能决策支持系统中扮演了重要角色。物流4.0

则是对工业 4.0 概念的延伸，强调智能化、自动化和数据驱动的物流系统，以实现高度的效率和适应性。总体来看，物流产业的演进趋势是从较为基础的信息技术应用和运输优化，发展到更为复杂的供应链管理和第三方物流服务，再到当前的智能化和数据驱动，整个产业呈现出从数字化到网络化，再到智能化的演进路径。随着新技术的不断涌现和应用，物流产业将继续向更为高效、透明和灵活的方向发展。

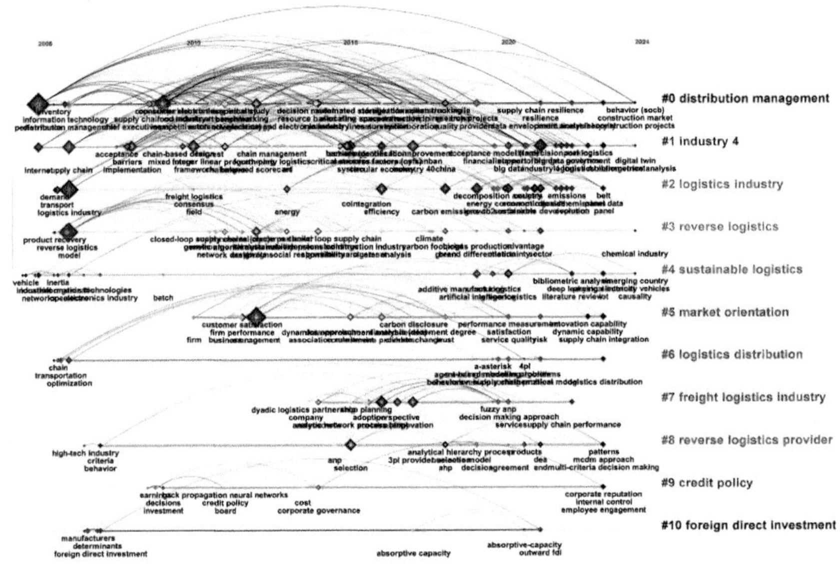

图 1-12　国外关键词时间线图

（3）国内外物流产业发展研究前沿分析

1）国内物流产业发展研究前沿分析

通过关键词聚类的突变图（见图 1-13）可以看出，国内物流产业的发展经历了几个显著的阶段，每个阶段都有其关键词的突发和衰减，反映了该时期学术和实践领域的重点关注。第一阶段（2005—2010 年）：物流企业和第三方物流的兴起。此阶段关键词显示了对物流企业和第三方物流的早期兴趣和研究，这时期的研究集中在物流行业的基础建设和业务模式的发展上。业界关注如何通过物流企业的成长来提升供应链效率，以及第三方物流如何作为一个新兴领域在全球化背景下发展。物流产业集群的概念在这个时期也开始受到关注，研究者探讨物流业务如何通过地理上的集中来实现协同效应和规模经济。第二阶段（2011—2015 年）：协同发展。此阶段关键词显示了研究的焦点转向了物流产业如何与其他产业相互影响和转移之间的关系。这表明了对产业内部以及产业之间相互作用的深入分析。协同发展和互动关系的出现反映了研究者开始更多地关注物流产业内部以及与其他产业之间的合作和协同效应。第三阶段（2016—2023 年）：发展智慧物流。这个阶段的研究开始聚焦智慧物流，表明对利用信息技术、自动化和大数据来提升物流效率和响应速度的兴趣。碳排放的出现反映了对环境影响和可持续性的关注，这与全球对气候变化和绿色物流的关注相符合。协调发展的持续关注表明研究者在探索如何平衡物流产业的经济效益与环境责任。这三个阶段显示了物流产业研究的演进，从物流企业的基础和业务模式发展，到产业集聚和协同效应的探索，最后到智慧物流和可持续发展的现代议题。

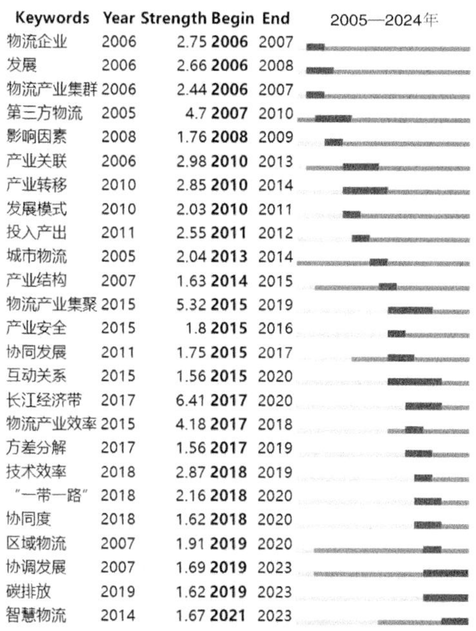

图 1-13　国内关键词突变图

2）国外物流产业发展研究前沿分析

从关键词突变图 1-14 可以看出，国外物流产业发展经历了如下三个阶段。第一阶段：2005—2015 年。在这一阶段，物流产业的关键词显示出对“分布管理”和“产品回收”的强烈关注。这表明了物流行业在这段时间内对提高分布效率和循环利用资源的重视。这与增强的环境意识和对资源优化的需求有关。第二阶段：2016—2022 年。这个时期的关键词包括“供应链管理”“工业 4.0”，以及“大数据”。这些关键词的爆发表明了物流行业正在经历数字化转型，强调了技术在优化供应链、提高透明度和效率方面的作用。行业 4.0 和大数据的应用表明物流业正在迈向更智能、自动化的运营模式。第三阶段：2022—2024 年。此阶段关键词“循环经济”“可持续发展”和“物流产业”的强度增加，显示了一个趋势，即物流行业正转向更可持续的操作模式，涉及改进资源利用、减少废物和碳排放，以及增加供应链的透明度和可追溯性。通过分析这些关键词及其爆发强度，我们可以得出物流产业在过去几年中经历了显著的变化，从提高分布和回收效率，到数字化和技术集成，再到可持续性和循环经济的实践。这些变化反映了全球经济、环境挑战以及消费者需求的演变，同时也揭示了未来物流产业可能的发展方向。

Keywords	Year	Strength	Begin	End	2005—2024年
distribution management	2006	5.33	**2006**	2011	
firms	2009	2.81	**2009**	2013	
automotive industry	2011	2.94	**2011**	2016	
issue	2006	2.46	**2012**	2014	
product recovery	2006	2.27	**2012**	2015	
framework	2010	4.05	**2015**	2017	
supply chain management	2009	3.38	**2015**	2017	
capability	2009	2.27	**2016**	2019	
strategy	2012	3.17	**2017**	2019	
trust	2018	2.94	**2018**	2020	
design	2012	2.75	**2018**	2019	
impact	2009	2.57	**2018**	2019	
location	2005	2.35	**2018**	2019	
industry 40	2017	3.43	**2019**	2021	
providers	2019	2.86	**2019**	2020	
transportation	2006	2.49	**2019**	2020	
model	2006	3.50	**2020**	2021	
big data	2020	2.97	**2020**	2021	
sector	2021	2.60	**2021**	2022	
efficiency	2016	2.56	**2021**	2022	
internet	2005	2.14	**2021**	2022	
industry 4	2021	5.95	**2022**	2024	
circular economy	2016	3.81	**2022**	2024	
logistics industry	2006	2.86	**2022**	2024	
sustainable development	2021	2.79	**2022**	2024	

图 1-14　国外关键词突变图

4. 结论与展望

(1) 结论

通过运用文本挖掘和可视化软件 Citespace，对筛选的国内外物流产业相关文献资料进行处理，我们获得了有关该行业的发表论文数量、关键文献、关键词聚类、时间线图及关键词突变图。基于这些信息，我们对物流产业的研究热点、发展进程和前沿进行了详尽的梳理和分析，进而提出了相应的结论。

第一，从研究的发文量来看，通过分析物流产业的发文量可以总结出物流产业的发展经历了从起步到快速发展的三个阶段。起初，研究和实践刚开始受到关注，随后随着经济环境变化和电子商务的兴起，物流产业开始稳步增长，并聚焦系统优化和与经济发展的同步提升。进入第三阶段，物流产业的研究迎来了快速发展期，特别是在智能化和自动化技术的推动下，研究开始集中在利用先进技术提升物流效率和服务质量上。国内外的发展趋势虽有相似之处，但各有侧重点，反映了不同的市场环境和技术应用的差异。总体而言，物流产业的发展特征体现了技术创新和经济环境变化对产业发展的深刻影响，以及对高质量和效率提升的持续追求。

第二，从研究热点来看，物流产业的发展研究热点集中在如何通过信息技术和工业化的融合推动智慧物流的发展，提升物流效率，以及如何在全球供应链中实现可持续发展。这包括对现代物流业的技术整合、产业扩展、低碳物流体系构建、区域经济互动关系等方面的研究。同时，配送管理、工业 4.0、逆向物流等领域的研究亦表明，优化供应链、提高物流业的环境可持续性和经济效益是未来物流产业发展的关键。这些研究强调了政府政策、企业战略、技术创新和教育培训在推动物流产业发展中的重要作用。

第三，从研究演进趋势来看，物流产业的研究演进趋势显示了从基础的物流服务和技术应用到现代化、智能化物流系统的转变。在国内，物流产业经历了从产业结构优化和现代物流发展的初期阶段，到科技创新与产业升级的中期阶段，再到最近的数字化转型和全球网络建设的现代阶段。国外物流产业的研究则从信息技术的广泛应用和逆向物流的关注开始，发展到企业管理的深化，特别是供应链和客户关系管理，以及第三方物流服务的兴起，最终达到技术革新的新高度，如物联网、大数据和人工智能的应用。整个物流产业的研究趋势体现出了对效率、透明度和灵活性的不断追求，以及对新技术整合和智能化系统的深入探索和应用。这一演进过程不仅提升了物流服务的质量和效率，还为物流产业的未来发展提供了新的可能性，使其在全球范围内更加紧密地联系和协同工作。

第四，从研究前沿来看，物流产业的发展经历了从基础设施建设和业务模式创新，到产业内部及跨产业协同，再到智慧物流和可持续性实践的演变过程。在 2005—2010 年，物流企业和第三方物流的崛起标志着对物流基础设施和业务模式创新的关注。2011—2015 年，产业关联和转移成为研究焦点，反映了对物流产业与其他产业相互作用的深入探讨。2016—2023 年，智慧物流的概念兴起，强调了信息技术在提升物流效率中的关键作用，同时碳排放和协调发展的关注点揭示了对环境责任的重视。进入2022—2024年，循环经济和可持续发展成为物流产业发展的新趋势，反映了对资源优化、废物减少和供应链透明度的更加关注。上述阶段性的发展体现了物流产业在响应全球经济、环境挑战和消费者需求变化中的适应性和创新能力，同时预示着未来物流产业将继续朝着更加智能化、可持续化的方向发展。

（2）展望

第一，智能化与自动化技术的深度融合。物流产业将继续深化智能化和自动化技术的应用。随着人工智能、机器学习、物联网（IoT）和自动化设备的进步，预计物流产业将变得更加高效和响应迅速。自动化的仓库管理系统、无人机配送、自动驾驶运输车辆等技术的实际应用将进一步优化供应链，减少人为错误，提高物流效率。

第二，供应链的全球化和网络化。物流产业将加强全球供应链的网络化建设，提高全球物流协同效率。随着数字化转型的推进，跨境电子商务和国际贸易的增长将推动供应链的全球化。通过先进的信息系统和通信技术，物流企业将能够实现跨国界的实时数据共享和流程协调，从而实现更加紧密和高效的全球网络。

第三，可持续性和环境友好型物流。随着环境保护意识的增强，物流产业将更加注重可持续发展。低碳物流、绿色包装、循环经济等概念将被进一步整合进物流产业的各个环节。物流企业将采用更多环保材料，优化运输路线以减少碳排放，并实施循环利用策略以减少废物。

第四，客户体验和服务个性化。随着消费者需求的多样化和个性化，物流产业将更加注重提升客户体验。通过数据分析和人工智能，物流企业将能够提供更加定制化的服务，如预测性配送、实时跟踪和个性化的物流解决方案。同时，物流企业将更加注重与客户的互动，以及提供增值服务，以提升客户忠诚度和市场竞争力。

1.3 研究内容与方法

1.3.1 研究内容

随着全球经济的不断发展，科技创新与物流产业已经成为推动社会经济发展的重要动力，因此如何更好地推动高校科技创新与物流产业的发展成为近年来的研究热点。本书从高校科技创新与物流产业耦合协调发展的角度出发，对高校科技创新与物流产业耦合作用机制、高质量发展视角下联动分析等方面进行研究，并提出高校科技创新与物流产业耦合协调发展的对策建议。本书主要从以下 7 个方面进行了研究。

（1）高校科技创新和物流产业评价指标构建

本部分旨在构建一套适用于评价高校科技创新和物流产业发展的指标体系，该体系的构建是后面各章的基础。首先基于历史文献和产业特征构建了高校科技创新和物流产业的评价指标体系，然后选取河北省为研究对象，利用熵值法并依据所构建的指标体系测算出河北省近八年高校科技创新和物流产业评价指数，借助冗余度和灵敏度检验的统计方法对指标体系及其测算结果进行检验。

（2）高校科技创新能力与物流产业发展的关联度分析

本部分以物流产业为研究对象，探究河北省高校科技创新能力对物流产业发展的影响。通过对高校科技创新能力评价指标与物流产业发展的灰色关联分析，观察高校科技创新能力指标与物流产业发展的关联程度，并根据高校科技创新能力指标对物流产业发展的关联度，有针对性地提出促进物流产业高质量发展的对策建议。

（3）高校科技创新能力与物流产业发展的系统动力学分析

本部分利用系统动力学理论，建立了高校科技创新能力影响物流产业发展的影响模型，通过河北省数据的仿真模拟，研究高校科技创新投入能力、产出能力和转化能力对物流产业发展的影响。

（4）高质量发展视角下物流产业评价研究

本部分旨在深入分析现有评价指标体系，并在此基础上提出一套科学、全面、可操作的评价指标体系。通过对国内外相关文献的梳理和分析，结合中国物流产业的实际情况，构建符合社会经济发展的物流产业高质量发展评价指标。

（5）高校科技创新对物流产业高质量发展的影响研究

本部分采取理论与实证相结合的研究方法，以我国东部地区 10 个省份为研究对象，时间跨度为 2015—2021 年，利用熵值法分别测度 10 个省（区、市）高校科技创新和物流产业高质量发展的综合水平，然后通过面板回归模型验证高校科技创新是否对物流产业高质量发展产生影响，并由此提出促进物流产业高质量发展的针对性建议。

（6）高质量发展视角下高校科技创新与物流产业联动系统仿真研究

本部分从高质量发展视角出发，探讨高校科技创新与物流产业的联动效应，并通过系统仿真研究，分析二者之间的相互作用机制。首先，梳理河北省物流产业与高校科技创新的相关研究和发展现状，并构建两者之间的关系框架，分析二者之间的相互作用关系。其次，构建物流产业与高校科技创新联动系统仿真模型，通过模拟不同情景下的系统动态行为，分析二者之间的相互作用机制。最后，提出促进河北省物流产业与高校科技创新联动发展的对策建议。

（7）高校科技创新与物流产业耦合协调发展对策研究

本部分对高校科技创新与物流产业之间的耦合关系进行研究，并以河北省作为实证对象，探讨二者的相互关系，计算河北省高校科技创新与物流产业之间的耦合度和耦合协调度，并对其进行分析，有针对性地提出河北省高校科技创新与物流产业耦合协调发展的对策建议。

1.3.2 研究方法

（1）文献综述和系统分析法

利用文献综述方法查阅国内外有关研究成果，利用系统分析方法分析高校科技创新与物流产业协同发展两大系统构成要素及其各要素之间关系，构建高校科技创新与物流产业协同发展的耦合体系。

（2）模型构建和综合评价法

采用专家咨询、熵值法、多属性决策等多种方法，构建河北省高校科技创新与物流产业关联度模型以及耦合度模型和耦合协调度模型，采用灰色关联度、面板回归分析、时间序列分析等多种方法，进行关联度和耦合度评价。

（3）系统动力学仿真分析法

采用系统动力学方法，探讨高校科技创新与物流产业之间的关系框架，分析二者之间的相互作用关系，并构建物流产业与高校科技创新联动系统仿真模型，通过模拟不同情景下的系统动态行为，分析二者之间的相互作用机制。

1.4 研究思路与创新之处

1.4.1 研究思路

本书从高校科技创新与物流产业耦合协调发展的角度出发，对高校科技创新与物流产业耦合作用机制、高质量发展视角下联动分析等方面进行研究，并提出高校科技创新与物流产业耦合协调发展的对策建议。研究思路技术路线如图 1-15 所示。

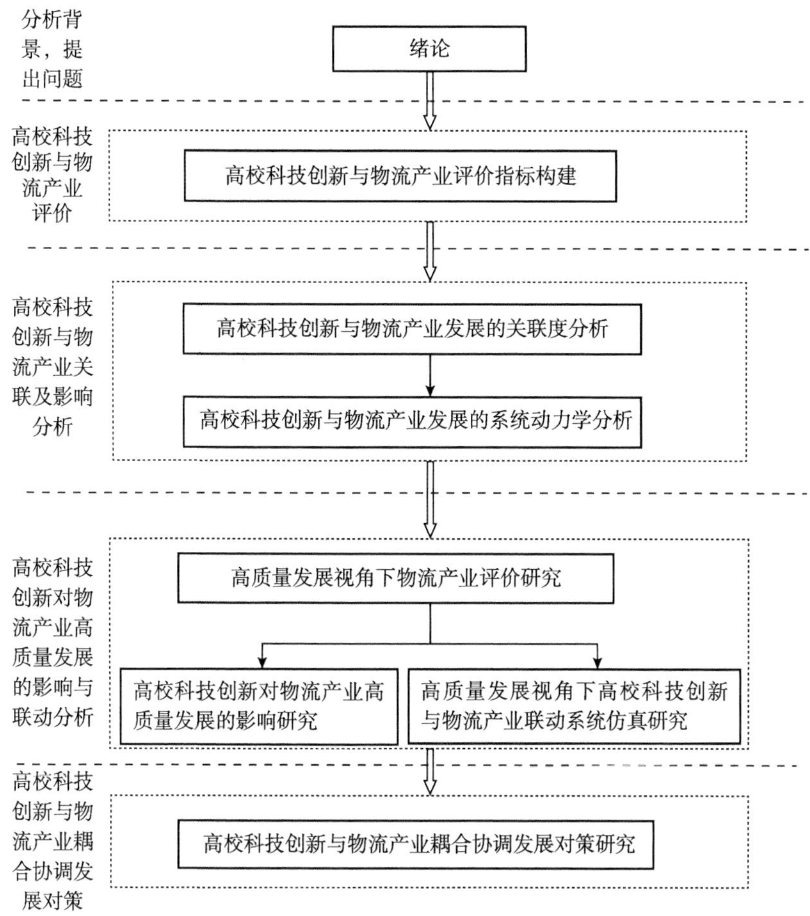

图1-15　研究思路技术路线图

1.4.2　创新之处

（1）独特的研究视角

本研究将打破仅站在高校科技创新角度看产业发展支持和仅站在产业发展角度看高校科技创新支撑的研究格局，从高校创新资源与产业发展耦合作用机制角度出发，重新审视两者之间的关系，这有别于以往其他研究。

（2）集成多种研究方法

本研究将集成利用计量分析、建模测算等方法，综合分析河北省高校科技创新与物流产业协同发展之间的耦合需求及其存在问题，这是本书区别其他研究的一个特色。

（3）耦合协调发展视角

目前大部分学者对科技创新与物流产业之间关系的研究主要集中在科技创新对物流产业发展和物流企业的单向促进作用，而对于物流产业对科技创新的影响及二者之间可能存在的相互作用关系并未深入研究。本书从高校科技创新与物流产业耦合协调发展的角度出发，对高校科技创新与物流产业耦合作用机制、高质量发展视角下联动分析等方面进行研究，这是本书区别于其他研究的内容创新。

本章参考文献

[1] 潘保田，李万里，徐鹏彬．以科技创新提升高校科研水平——兰州大学科研实践的思考［J］．研究与发展管理，2008（02）：118-121.

[2] 蒋开东．提升地方高校科技创新能力的思考与实践［J］．科技与管理，2008（05）：89-91.

[3] 吴军华，张晓磊，陆根书．我国高校科技创新能力省际比较研究［J］．高等工程教育研究，2009（01）：66-73，98.

[4] 施星国，张建华，仲伟俊．区域高校科技创新能力的评价研究［J］．研究与发展管理，2009，21（04）：106-113.

[5] 华恩顺，吕建秋，蒋艳萍，等．广东高校科技创新能力评价——基于2006—2013年高等学校科技统计数据的分析［J］．科技管理研究，2016，36（11）：63-66.

[6] 高擎，何枫，吕泉．产学研协同创新背景下高校科技创新效率研究——基于我国重点高校面板数据的实证分析［J］．研究与发展管理，2020，32（05）：175-186.

[7] 许敏，孙笑，王慧敏，等．两阶段视角下我国世界一流大学建设高校科技创新效率研究——基于“十二五”至“十三五”期间数据观测［J］．科技管理研究，2022，42（24）：101-110.

[8] 安雅梅，王明生．坚持以“四个面向”引领高校科技创新的高质量发展［J］．中国高等教育，2022（Z2）：24-26.

[9] GHILIC-MICU B，MIRCEA M AND STOICA M. Knowledge based economy-technological perspective：implications and solutions for agility improvement and innovation achievement in higher education［J］. Amfiteatru economic journal，2011，13（30）：404-419.

[10] FARRÉ-PERDIGUER M, SALA-RIOS M and TORRES-SOLÉ T. Network analysis for the study of technological collaboration in spaces for innovation. Science and technology parks and their relationship with the university [J]. Int J Educ Technol High Educ, 2016, 13 (8).

[11] SHI Z, WU Y, CHIU Y, et al. Comparing the efficiency of regional knowledge innovation and technological innovation: a case study of China [J]. Technological and economic development of economy, 2022, 28 (5): 1392-1418.

[12] YANG J, CHENG H. Coupling Coordination between University Scientific & Technological Innovation and Sustainable Economic Development in China [J]. Sustainability, 2023, 15: 2494.

[13] 朱佳林. 区域创新背景下高校图书馆科技创新服务策略研究——以天津市高校图书馆为例 [J]. 图书馆工作与研究, 2023 (02): 90-97.

[14] 杨木容. 面向科技创新的高校图书馆专利信息服务平台建设 [J]. 图书馆理论与实践, 2010 (01): 82-84, 102.

[15] 刘志会, 刘钊. 省属高校科技创新的机制障碍与改革策略——以吉林省省属高校科研机构为例 [J]. 黑龙江高教研究, 2017 (02): 92-94.

[16] 郭淑兰. 欠发达地区高校科技创新能力影响因素研究 [J]. 生产力研究, 2010 (02): 103-105.

[17] 高擎, 何枫, 吕泉. 产学研协同创新背景下高校科技创新效率研究——基于我国重点高校面板数据的实证分析 [J]. 研究与发展管理, 2020, 32 (05): 175-186.

[18] 邓恒, 刘奇. 面向 2035: 构建高校科技创新体系的路径与对策研究 [J]. 中国软科学, 2022 (S1): 34-45.

[19] 齐书宇. 新时代地方高校科技创新能力评价趋势与指标设计 [J]. 北京工业大学学报 (社会科学版), 2022, 22 (05): 159-172.

[20] 张玉碧. 地方高校科技创新平台建设的问题与对策——以河南省为例 [J]. 中国高校科技, 2016 (06): 76-77.

[21] 巩莹莹. 新形势下我国高校科技资源投入产出的实证研究——以高校科技投入产出数据为例 [J]. 科技管理研究, 2016, 36 (14): 89-94.

[22] 黄建国, 李云. 区域高校科技创新能力评价研究——以天津市 22 所高校为例 [J]. 中国高校科技, 2016 (09): 7-9.

[23] EVITA MILAN, FRANK ULRICH, LOURENCO G D et al. Exploring the impact of organisational, technological and relational contingencies on innovation speed in

the light of open innovation [J]. Industry and innovation, 2020, 27 (7): 804-836.

[24] MIVEHCHI LEILA, RAJABION LILA. A Framework for Evaluating the Impact of Mobile Games, Technological Innovation and Collaborative Learning on Students Motivation [J]. Human systems management, 2020 (1): 27-36.

[25] M ALMANSOUR. Business Incubators and Entrepreneurial Training: Leveraging Technological Innovations and Digital Marketing [J]. Transactions on engineering management, doi: 10.1109/TEM.2022.3180212.

[26] KIHOMBO S, AHMED Z, CHEN S et al. Linking financial development, economic growth, and ecological footprint: what is the role of technological innovation? [J]. Environ sci pollut res, 2021, 28: 61235-61245 .

[27] SAQIB NAJIA, ILHAN OZTURK, MUHAMMAD USMAN. Investigating the implications of technological innovations, financial inclusion, and renewable energy in diminishing ecological footprints levels in emerging economies [J]. Geoscience frontiers, 2023, 14 (6): 101667.

[28] HERNANDEZ-DE-MENENDEZ M, MORALES-MENENDEZ R. Technological innovations and practices in engineering education: a review [J]. Int J Interact Des Manuf, 2019, 13: 713-728 .

[29] JOHNSON T S CHENG, I-MING JIANG, YU-HONG LIU. Technological Innovation, Product Life Cycle and Market Power: A Real Options Approach [J]. International journal of information technology and decision making, 2015, 14 (1): 93-113.

[30] 海峰，张丽立，孙淑生. 我国现代物流产业政策体系研究 [J]. 武汉大学学报（哲学社会科学版），2005 (05): 639-644.

[31] 李佳民. 我国物流信息化的现状及对策 [J]. 情报科学，2006 (04): 526-530.

[32] 陈文玲，崔巍. “十二五”时期中国现代物流产业的深层挑战与发展路径 [J]. 江海学刊，2011 (02): 66-72.

[33] 汪鸣. 我国物流产业转型发展路径研判 [J]. 北京交通大学学报（社会科学版），2019，18 (03): 9-15.

[34] TSAI MC, WEN CH, CHEN CS. Demand choices of high-tech industry for logistics service providers-an empirical case of an offshore science park in Taiwan [J]. Industrial marketing management, 2007, 36 (5): 617-626.

[35] HONG JJ. Firm-specific effects on location decisions of foreign direct investment in China's logistics industry [J]. Regional studies, 2007, 41 (5): 673-683.

[36] ZHU XY, LI XP, CHEN YR. Challenges and models in supporting logistics system design for dedicated-biomass-based bioenergy industry [J]. Bioresource technology, 2011, 102 (2): 1344-1351.

[37] MANGLA SK, GOVINDAN K, LUTHRA S. Critical success factors for reverse logistics in Indian industries: a structural model [J]. Journal of cleaner peoduction, 2016, 129: 608-621.

[38] REY A, PANETTI E, FERRETTI M. Determinants in adopting the Internet of Things in the transport and logistics industry [J]. Journal of business research, 2021, 131: 584-590.

[39] JAFARI N, AZARIAN M, YU H. Moving from Industry 4.0 to Industry 5.0: What Are the Implications for Smart Logistics? [J]. Logistics-basel, 2022, 6 (2).

[40] 东方. 新发展格局下智慧物流产业发展关键问题及对策建议 [J]. 经济纵横, 2021 (10): 77-84.

[41] 何娟, 朱健梅, 曹洪. 我国物流产业现状、约束因素和未来发展重点分析 [J]. 中央财经大学学报, 2008 (08): 81-84.

[42] 邓小瑜, 马维旻. “两化融合”下现代物流产业信息化建设内容研究 [J]. 开发研究, 2011 (01): 52-55.

[43] 钟祖昌. 空间经济学视角下的物流业集聚及影响因素——中国 31 个省 (区、市) 的经验证据 [J]. 山西财经大学学报, 2011, 33 (11): 55-62.

[44] 王艳玲. 区域物流整合与产业集聚联动发展 [J]. 经济理论与经济管理, 2011 (11): 78-87.

[45] 黄福华, 谷汉文. 我国物流产业发展的经济学分析 [J]. 财贸经济, 2005 (02): 79-81, 97.

[46] 刘聪, 李珍珍. 长三角低碳物流对区域经济发展的影响分析 [J]. 华东经济管理, 2023, 37 (01): 33-40.

[47] 徐玲玲. 国内现代物流产业联动发展效应分析 [J]. 人民论坛·学术前沿, 2017 (17): 94-97.

[48] 赵晓敏, 佟洁. 基于 VAR 模型的中国物流业与经济发展互动关系研究 [J]. 工业技术经济, 2019, 38 (03): 123-130.

[49] 刘明, 杨路明. 区域物流的产业效率、空间互动与协调发展——基于全国

277个地市级城市的数据实证［J］．中国流通经济，2019，33（08）：34-44．

［50］文启湘，赵杰．基于能源价格的我国物流业发展策略研究［J］．中国流通经济，2011，25（09）：28-32．

［51］Y AN，Y HAN，Y XU et al．An Auxiliary Model of Intelligent Logistics Distribution Management for Manufacturing Industry Based on Refined Supply Chain［J］．in IEEE Access，2023，11：47098-47111．

［52］BENNETT D，KLUG F．Logistics supplier integration in the automotive industry［J］．International journal of operations and production management，2012，32（11）：1281-1305．

［53］CHIEH-YU L，YI-HUI H．RFID technology adoption and supply chain performance：an empirical study in China's logistics industry［J］．Supply chain management，2009，14（5）：369-378．

［54］BAG S，YADAV G，JOSHI S．Industry 4．0 and the circular economy：Resource melioration in logistics［J］．Resources policy，2020，12：68．

［55］GUO X，LI B．Efficiency evaluation of regional logistics industry and its influencing factors under low-carbon constraints［J］．Environ dev sustain，2024，26：15667-15679．

［56］LAU K H，WANG Y．Reverse logistics in the electronic industry of China：a case study［J］．Supply chain management，2009，14（6）：447-465．

第2章

高校科技创新和物流产业发展评价指标体系构建

随着全球经济一体化的深入发展，科技创新与物流产业在国家竞争力和经济增长中的地位日益突出。特别是在高校环境中，科技创新的推动与物流产业的优化升级在推动国家创新能力提升和产业结构转型方面具有重大意义。

首先，高校作为科技创新的重要基地，其科研成果和创新活动在推动国家科技进步与经济增长中发挥着关键作用。然而，如何准确衡量和评价这些科技创新活动的质量和影响力，是一个具有挑战性的问题。这不仅需要考虑到科技创新的直接产出，如发表的论文、申请的专利等，还需要考虑其间接影响，如对经济社会发展的贡献、对人才培养的作用等。

其次，物流产业作为国民经济的重要支柱，其发展水平直接影响着国家的经济运行效率和国际竞争力。如何通过科学的评价指标体系，全面、客观地评价物流产业的发展状况，对于制定合理的物流产业发展政策和提升国际竞争力具有重要的现实意义。

本章旨在构建一套适用于评价高校科技创新和物流产业发展的评价指标体系，以期为相关领域的决策和实践提供有益的参考。

2.1　相关研究

高校科技创新和物流产业发展一直是专家和学者关注与研究的重点，在科技创新与物流产业的研究领域，国内外学者已经取得了一定的研究成果。

针对高校科技创新，许多学者从不同角度对其评价体系进行了研究。Yaisawarng 和 Ng 用学术专著出版数量等四个指标因素去衡量高校科技活动的产出能力水平。彭良玉用创新投入和创新产出两个维度下的八个指标对高校的科技创新能力进行了评价，得出了安徽省的几十所高校中的绝大部分高校的创新能力处于中等水平的结论。王金国等从创新投入、创新产出、创新资源、创新环境、成果转化等方面进行评价指标设计和构建，基于因子分析法，对北京市属高校进行了科技创新能力的实证研究。王晓东等根据因子综合得分对河南省五所高校的科技创新能力进行评价，并从教育投入、创新投入、技术成果转化、创新环境等方面对提升高校科技创新能力提出了有针对性的建议。还有部分学者提出基于知识生产、技术转移和人才培养三个维度的评价体系，以全面衡量高校的科技创新绩效。

对于物流产业，国外学者大多把物流信息技术和科学、先进的供应链管理方法与物流产业的发展研究相结合。通过对物流产业的发展水平进行科学合理的评价，根据评价结果找出问题所在并针对问题提出相应对策。Nevem对欧洲企业进行调查研究，用送货时间、库存水平、送货的可靠性和灵活性四个指标对物流企业进行评价。Wood 从物流基础设施、人力资本、信息化发展程度和供货商服务水平四个方面来构建物流系统评价指标体系。Memedovic等从物流基础设施、贸易便利化条件、物流技术、物流服务水平等方面构建区域物流能力评价体系。

此外，在构建物流产业的指标体系上，国内也有不少学者进行了深入探讨。钟昌宝等从物流产业现状出发，基于高质量发展的内在要求，从质量效益、绿色发展、发展基础、创新能力四个维度，首先选出二级指标，然后通过信息显著性差异评估构建了一个评价物流产业高质量发展的指标体系。戴伟以大淘宝战略为背景，通过建立数学模型并进行分析，计算出各省份在基础设施、信息网络和政策法律等方面的物流产业评价指标得分，进而构建了适用于全国各省份的物流产业评价指标体系。刘卜榕等从物流供给能力、区域经济发展、信息化程度、基础设施四个维度对物流产业进行指标体系的构建，评估江苏省 13 个城市的综合物流发展水平。还有一些学者从产业竞争力、产业环境、产业结构等维度对物流产业的评价指标体系进行了构建，为物流产业的可持续发展提供了决策支持。

综上所述，通过对现有学术成果的研究不难发现，关于指标体系的研究，对于高校科技创新的指标，国外更注重产出方面，如专著出版量，而国内注重的范围相对较广，涉及创新投入、创新产出、创新环境、成果转化等方面；对于物流产业的评价指标，国外倾向于构建信息技术、物流服务水平等指标对物流发展水平进行分析，国内则把物流活动带来的经济效益、物流基础设施等平台建设需求等作为评判影响物流产业发展水平的因素。

本章旨在构建一个综合、系统的评价指标体系，建立多维度、多层次、更细致的评价指标体系，以做到更加全面、客观地评价高校科技创新和物流产业的发展状况。

2.2　相关概念和理论基础

2.2.1　基本概念界定

1. 高校科技创新的概念

郭俊华和孙泽雨认为高校的创新力是指高校在科学研究、教育培养和社会服务等方面，利用现有资源和平台，通过科研人员的创新性工作，将资源转化为创新产出的能力。刘建昌等指出，高校科技创新能力是指高校在科技创新方面的综合能力，包括对科技创新资源的整体规划、优化配置和高效利用，以及在知识创新、技术创新、管理创新等方面的成果转化和人才培养能力。

本章认为高校科技创新是指高校师生通过科学研究、技术创新、成果转化等方式，创造出具有经济效益或社会效益的新理论、新技术、新产品或新服务的过程。它包含科学研究、成果转化、技术创新等多个方面，是高校创新能力的重要组成部分。高校科技创新的目标是推动科技进步、促进经济发展和社会进步，同时也为培养创新型人才提供重要的平台和载体。

2. 物流产业的概念

田青等认为物流产业是指从事产品或服务从起始地到消费地的空间位移活动的商业组织。其主要目标是提高运作效率并降低成本，通过不断优化商业模式和提升效益来实现持续发展。赵莉指出物流产业是一个涉及运输业、包装业、配送业、仓储业、物流咨询服务业、物流研究和物流装备制造业的综合性服务产业，应属于第三产业的范畴，同时还兼具第二产业的特征。毛文富认为物流产业是由专业提供物流服务的企业集合而成的，是一个融合了仓储、运输、装卸、加工、整理、配送和信息等多个环节的产业，致力于为客户提供一体化的服务。还有学者认为物流产业是指专业从事物流活动的企业群体，这些企业提供运输、仓储等一系列物流服务，以确保商品和服务的生产与流通顺利进行。物流产业作为现代服务业的核心部分，其发展水平已经成为衡量一个国家现代化程度和综合实力的关键指标。因此，本章对物流产业的定义为：物流产业是由一系列专门从事物流活动的企业所组成的集合，这些企业专注于提供运输、仓储、装卸搬运、配送、包装、信息管理和流通加工等物流服务，以支持商品和服务的生产与流通，是现代服务业的重要组成部分。

2.2.2 多指标评价中赋权方法理论——熵值法

熵值法是一种基于产业基础数据信息的客观权重确定方法，其完全基于数据本身的离散程度，可以避免主观上对评价指标进行赋权，具有更高的可信度。熵则用于度量不确定性，一个指标的离散程度越大，其熵值就越大，表明该指标的不确定性越高；同时，这也意味着该指标值所提供的信息量越多。因此，为了更好地反映该指标的重要性，其权重也应该相应地增加。

熵值法确定指标权重的过程主要包括以下步骤：

①选取评价对象和评价指标。根据问题背景和评价目标，选取合适的评价对象和评价指标，并收集原始数据。

②数据标准化处理。在进行数据分析之前，由于各项指标的计量单位不统一，需要采用把指标的绝对值转化为相对值的方法来达到对数据进行标准化处理的目的。

③计算指标权重。根据各个指标的信息熵，计算出其熵值权重。熵值权重表示每个指标在综合评价中的重要程度。

④计算综合得分。根据各个指标的熵值权重和标准化数据，计算出各个评价对象的综合得分。

⑤结果分析。根据综合得分对评价对象进行排序或者分析各指标对评价对象的影响程度。

2.3 评价指标体系构建与指标权重计算

2.3.1 评价指标体系构建

1. 高校科技创新评价指标体系

部分文献研究中的高校科技创新指标选取参考见表 2-1。

表 2-1 部分文献研究中的高校科技创新指标选取参考

文献名称	研究学者	指标维度	具体指标项
《高校科技创新与工业企业创新的耦合协调发展》	王辉，陈敏	创新投入	教学与科研人员人数、研究生数量、科研经费投入
		创新产出	专著数量、论文数量、专利申请数、科研成果转让金额
《基于因子分析的高校科技创新能力评价》	王晓东，史丽敏，王亚子	创新基础能力	教学与科研人员人数、研发活动人员、研发全时当量人员
		创新投入能力	当年拨入的科技经费、当年内部支出的科技经费、科技课题总数、课题的投入人数、课题当年拨入经费、课题当年支出经费
		创新产出能力	成果的专著数、学术论文发表篇数、鉴定成果数、技术转让签订合同数、技术转让当年的收入、成果授奖（项）
《基于主成分分析的我国高校科技创新能力评价方法研究》	侯静，郑召丽	科技创新基础能力	教学与科研人员、研究与发展人员
		科研经费投入额度	资金投入
		科技成果产出水平	科技课题、科技成果、技术转让、成果授奖
《北京市属高校科技创新能力评价研究》	王金国，张经强，王娇	科技人力投入	教学与科研人员、教学与科研人员中高级职称人员、研究与发展人员、研究与发展人员中高级职称人员
		科技财力投入	当年科技经费投入、当年科技经费内部支出、
北京市属高校科技创新能力评价研究	王金国，张经强，王娇	科研项目投入	当年科研项目数项、当年科研项目人员投入、当年科研项目经费投入、当年科研项目经费支出、
		论文著作	科技专著数、学术论文数、学术论文中国外期刊论文数
		科技成果	成果授奖数（项）、签订合同数（项）、技术转让当年实际收入

根据对以往文献资料的统计分析（见表 2-1），从三个维度构建了高校科技创新评价指标，完整指标体系如表 2-2 所示。

表 2-2 高校科技创新评价指标体系

目标层	准则层	指标层	指标单位
高校科技创新能力	高校科技创新投入能力	研发人员数	人
		R&D 成果应用及科技服务人员数	人
		研发项目数	项
		发展机构数	个
		研发投入总额	千元
		科研事业费投入额	千元
	高校科技创新产出能力	专利申请数	项
		专利授权数	项
		发表学术论文数	篇
		出版科技著作数	部
		科技进步奖励数	项
		国家级项目验收数	项
	高校科技创新成果转化能力	专利出售数	项
		专利出售金额	千元
		其他知识产权数	项
		国际合作交流派遣数	人次

2. 物流产业评价指标体系

部分文献研究中的物流产业指标选取参考见表 2-3。

表 2-3 部分文献研究中的物流产业指标选取参考

文献名称	研究学者	指标维度	具体指标项
《云南省物流业与农业耦合协调发展研究》	刘娜	投入水平	物流业固定资产投资额、人力资源投入、总里程
		需求水平	货运量、货物周转量
		产出效益	市场流通规模、物流业增加值、物流业贡献率
		成长能力	物流业固定资产投资增长率、物流业业务增长率

续表

文献名称	研究学者	指标维度	具体指标项
《区域经济、科技创新与物流产业耦合协调发展研究》	张杰	物流发展规模	邮电业务总量、货物周转量（万件）、物流业增加值/第三产业增加值
		物流基础设施	邮政营业网点、铁路密度、公路密度
		物流发展潜力	物流业固定投资/全社会固定投资额、移动电话交换机容量、每万人物流从业人员
《新疆现代物流业发展水平评价研究》	李淑静	经济发展水平	GDP、人均 GDP、GDP 增长率、海关进出口总额
		物流需求状况	工业总产值、农业总产值、社会消费品零售总额、货运总量
		物流产业规模	物流业增加值、货物周转量、物流业固定资产投资额、物流业从业人数
		信息化水平	邮电业务总量、移动电话用户、互联网用户数
《我国物流产业与区域经济的协调发展评价研究》	毛文富	物流投资指标	物流基本建设投资、公路里程、铁路里程、内河航道里程、民用汽车拥有量
		物流运行效果指标	货运量、货物周转量、邮电业务总量
		物流规模指标	物流产业增加值、交通运输仓储从业人员数

根据对文献资料的统计分析（见表 2-3），从物流发展规模、物流基础设施、物流产出效益、物流数字化水平、物流业结构五个维度构建物流产业评价指标，完整指标体系如表 2-4 所示。

表 2-4　物流产业评价指标体系

目标层	准则层	指标层	指标单位
物流产业	物流发展规模	货运量	万吨
		货物周转量	亿吨千米
		物流产业固定资产投资额	亿元
		邮政业务量	亿元

续表

目标层	准则层	指标层	指标单位
物流产业	物流发展规模	物流业从业人数	万人
		物流业增加值	亿元
	物流基础设施	邮政营业网点数量	个
		总里程	万千米
		载货汽车总量	万辆
	物流产出效益	市场流通规模	亿元
		物流业贡献率	%
		出口总额	千美元
	物流数字化水平	企业拥有网站数	个
		互联网上网人数	人
		年末移动用户数	万户
		电子商务销售额	亿元
	物流业结构	物流产业占 GDP 比重	%
		物流产业增加值占第三产业比重	%
		物流从业人员占全部就业人员比重	%

2.3.2 数据处理与指标权重计算

1. 量化指标的预处理

2015—2022 年高校科技创新指标原始数据汇总见表 2-5，物流产业指标原始数据汇总见表 2-6。

表 2-5 高校科技创新指标原始数据汇总（2015—2022 年）

指标名称	2015 年	2016 年	2017 年	2018 年	2019 年	2020 年	2021 年	2022 年
研发人员数/人	10077	10218	9458	10882	11188	13048	13499	15358
R&D 成果应用及科技服务人员数/人	1116	1144	1095	1164	2098	2168	2089	2603
研发项目数/项	8576	8869	9886	10976	12083	13254	14392	15900
发展机构数/个	116	136	153	173	207	257	318	392

续表

指标名称	2015 年	2016 年	2017 年	2018 年	2019 年	2020 年	2021 年	2022 年
研发投入总额/千元	1860047	1954365	2187713	2714702	3205150	3809686	3909543	4352470
科研事业费投入额/千元	136550	153992	160000	184263	213893	231882	253346	315937
专利申请数/项	1873	3442	4533	4919	6095	6597	6836	6775
专利授权数/项	1354	2632	3165	3278	3895	4064	5775	5408
发表学术论文数/篇	21396	23586	24696	25934	26026	26745	24344	24788
出版科技著作数/部	416	456	576	470	502	419	432	432
科技进步奖励数/项	130	135	154	158	164	137	136	138
国家级项目验收数/项	24	34	27	16	22	26	12	0
专利出售数/项	85	39	57	103	128	167	477	496
专利出售金额/千元	20552	11610	6670	10342	9649	12161	36685	35309
其他知识产权数/项	306	373	965	819	1075	1255	1665	1977
国际合作交流派遣数/人次	764	850	769	996	1069	890	347	557

数据来源：历年《河北统计年鉴》《河北省国民经济与发展统计公报》等。

表 2-6　物流产业指标原始数据汇总（2015—2022 年）

指标名称	2015 年	2016 年	2017 年	2018 年	2019 年	2020 年	2021 年	2022 年
货运量/万吨	199192	210994	229211	249650	242866	247783	261679	241000
货物周转量/亿吨千米	12024. 94	12339. 25	13383. 62	13876. 71	13568. 30	13734. 86	14774. 56	15018. 40
物流产业固定资产投资额/亿元	2035. 7	2014. 5	2116. 3	2581. 9	2646. 4	3048. 7	2387. 1	2606. 8
邮政业务量/亿元	131. 5	196. 8	269. 0	380. 1	557. 4	853. 7	528. 1	536. 0

续表

指标名称	2015年	2016年	2017年	2018年	2019年	2020年	2021年	2022年
物流业从业人数/万人	291791	286719	242689	245802	274703	272669	289701	287506
物流业增加值/亿元	2612.9	2636.2	2680.0	2798.8	2722.2	2817.5	2968.4	2823.0
邮政营业网点数量/个	2470	2441	2460	2457	2450	2446	2452	2468
总里程/千米	187978.9	191944.2	195226.0	196890.2	200614.0	208252.7	210559.1	209000.0
载货汽车总量/吨	146.6	163.3	174.3	193.4	211.0	227.3	241.2	263.5
市场流通规模/亿元	2399.3	2410.3	2541.9	2606.5	2886.0	2780.1	3104.0	3056.0
物流业贡献率/%	1.4	1.1	2.3	6.4	0.3	9.2	3.4	4.2
出口总额/亿元	2041.0	2014.5	2126.2	2243.0	2370.3	2521.9	3029.8	3407.4
企业拥有网站数/个	1.632	1.675	1.738	1.636	1.586	1.637	1.780	1.699
互联网上网人数/人	3731	3956	4183	4522	4935	5375	5469	7579.0
年末移动用户数/万户	6139.9	7121.0	7581.8	8195.6	8315.6	8336.0	8643.5	8733.3
电子商务销售额/亿元	1440.0	2416.1	2441.1	2556.1	2726.3	4402.3	3790.8	3524.8
物流产业占GDP比重/%	9.1	8.5	8.3	8.0	8.3	7.7	7.9	7.8
物流产业增加值占第三产业比重/%	22.2	20.2	18.2	17.2	15.1	15.6	16.2	13.5
物流从业人员占全部就业人员比重/%	0.74	0.74	0.64	0.66	0.74	0.74	0.80	0.80

数据来源：历年《河北统计年鉴》《河北省国民经济与发展统计公报》等。

由于本章中指标的数据具有不同的数量级和量纲，为了消除指标之间由于计量单位不统一所造成的影响，必须对指标进行标准化处理。在此，对指标进行标准化处理时采用极差标准化法。

当指标为正向指标时

$$x'_{ij} = \frac{x_{ij} - \min\{x_{ij}\}}{\max\{x_{ij}\} - \min\{x_{ij}\}} \tag{2-1}$$

当指标为负向指标时

$$x'_{ij} = \frac{\max\{x_{ij}\} - x_{ij}}{\max\{x_{ij}\} - \min\{x_{ij}\}} \tag{2-2}$$

式中，$i=1,2,\cdots,m$，表示年份顺序；$j=1,2,\cdots,n$，表示指标共有 n 项；x_{ij} 和 x'_{ij} 分别表示指标的原始数值和标准化后的数值；max $\{x_{ij}\}$ 和 min $\{x_{ij}\}$ 表示第 j 项指标的最大值和最小值。一般而言，正向指标意味着影响是积极的，值越大评价越好，负向指标值则越小越好。为了保证数据运算正常进行，应避免负值与零值的干扰，故需进一步处理无量纲化后的指标数据，即 $x'_{ij} = x'_{ij} + \alpha$。但为了保持原始数据的内在规律，$\alpha$ 的取值应尽可能地小，本章取 $\alpha = 0.0001$。

2. 权重计算

通常，根据赋权方法的不同，可以将各种方法分为主观赋权法和客观赋权法两种。主观赋权法包括德尔菲法、层次分析法、模糊综合评判法等；客观赋权法则包括熵值法、主成分分析法、灰色关联评估法、最小二乘法、最大离差权数法、标准差权数法、标准差权数系数法等。

熵值法是指通过代入指标数据信息并用公式计算各个指标的权重值，熵权越大，代表评价指标被赋予的信息量越大，且为客观赋权法，故选择此方法来计算高校科技创新与物流产业发展评价指标的权重。

（1）计算第 i 年第 j 项指标在各自指标中的比重：

$$f_{ij} = \frac{x_{ij}}{\sum_{i=1}^{m} x_{ij}} \tag{2-3}$$

（2）计算第 j 项指标的信息熵：

$$e_j = -k \sum_{i=1}^{m} f_{ij} \ln f_{ij} \tag{2-4}$$

式中，k 与样本数量有关，$k>0$，常取 $k=1/\ln m$；$e_j \geqslant 0$。此外，补充定义：若 $f_{ij}=0$，则令 $f_{ij}\ln f_{ij}=0$。

然后，计算第 j 项指标的差异系数 g_j：

$$g_j = 1 - e_j \tag{2-5}$$

（3）计算第 j 项指标的权重 w_j：

$$w_j = \frac{g_j}{\sum_{j}^{n} g_j}, \sum_{j=1}^{n} w_j = 1 \tag{2-6}$$

（4）计算科技创新和物流产业发展指数 v_i：

$$v_i = \sum_{j=1}^{n} w_j f_{ij} \tag{2-7}$$

综上，用式（2-1）和式（2-2）对原始数据进行标准化处理，在此基础上，将标准化后的值代入式（2-3）~式（2-6），计算出高校科技创新与物流产业发展各指标的权重等数值（见表 2-7、表 2-8）。最后根据权重并运用式（2-7）得到产业发展指数值（见表 2-9、表 2-10）。

表 2-7　高校科技创新测度指标的权重

系统	高校科技创新测度指标	熵值	差异系数	权重
高校科技创新	x_1：研发人员数	0.815525	0.184475	0.092211
	x_2：R&D 成果应用及科技服务人员数	0.717841	0.282159	0.100553
	x_3：研发项目数	0.822735	0.177265	0.063172
	x_4：发展机构数	0.803709	0.196291	0.069952
	x_5：研发投入总额	0.813523	0.186477	0.066454
	x_6：科研事业费投入额	0.827564	0.172436	0.061451
	x_7：专利申请数	0.907404	0.092596	0.032998
	x_8：专利授权数	0.897085	0.102915	0.036676
	x_9：发表学术论文数	0.917733	0.082267	0.029317
	x_{10}：出版科技著作数	0.734531	0.265469	0.094605
	x_{11}：科技进步奖励数	0.815773	0.184227	0.065653
	x_{12}：国家级项目验收数	0.881133	0.118867	0.042361
	x_{13}：专利出售数	0.719510	0.280490	0.099958
	x_{14}：专利出售金额	0.767134	0.232866	0.082986
	x_{15}：其他知识产权数	0.842733	0.157267	0.056045
	x_{16}：国际合作交流派遣数	0.909981	0.090019	0.032080

表 2-8　物流产业发展测度指标的权重

系统	物流产业发展测度指标	熵值	差异系数	权重
物流产业发展	y_1：货运量	0.898051	0.101949	0.036189
	y_2：货物周转量	0.875899	0.124101	0.044052
	y_3：物流产业固定资产投资额	0.804685	0.195315	0.069330
	y_4：邮政业务量	0.847705	0.152295	0.054060
	y_5：物流业从业人数	0.875266	0.124734	0.044277
	y_6：物流业增加值	0.836941	0.163059	0.057881
	y_7：邮政营业网点数量	0.871863	0.128137	0.045484
	y_8：总里程	0.870698	0.129302	0.045898
	y_9：载货汽车总量	0.864605	0.135395	0.048061
	y_{10}：市场流通规模	0.809582	0.190418	0.067592
	y_{11}：物流业贡献率	0.845006	0.154994	0.055018
	y_{12}：出口总额	0.742088	0.257912	0.091550
	y_{13}：企业拥有网站数	0.869578	0.130422	0.046295
	y_{14}：互联网上网人数	0.796543	0.203457	0.072221
	y_{15}：年末移动用户数	0.916467	0.083533	0.029652
	y_{16}：电子商务销售额	0.892869	0.107131	0.038028
	y_{17}：物流产业占 GDP 比重	0.815224	0.184776	0.065589
	y_{18}：物流产业增加值占第三产业比重	0.863958	0.136042	0.048290
	y_{19}：物流从业人员占全部就业人员比重	0.885808	0.114192	0.040534

表 2-9　2015—2022 高校科技创新测度指标每年度发展指数值

年份	发展指数值
2015	0.029271
2016	0.049899
2017	0.95584
2018	0.093093
2019	0.148488
2020	0.142848
2021	0.196939
2022	0.243878

表 2-10　2015—2022 年物流产业发展测度指标每年度发展指数值

年份	发展指数值
2015	0. 069704
2016	0. 061671
2017	0. 079357
2018	0. 108082
2019	0. 118360
2020	0. 164280
2021	0. 191092
2022	0. 207453

2. 4　指标体系有效性检验

要衡量对一个产业构建的指标是否合理，是否能够发挥实际作用，还需要对指标进行有效性检验，进而确保最终评价结果的有效性与可靠性。当下，学术界用来检验指标体系是否合理的方法有以下三种：独立性检验、冗余性检验和普适性检验。本章参照付允和刘怡君与许涤龙和薛美荣对指标进行有效性检验的处理方法，用冗余度来考量构建的指标体系是否具备独立性并判断其冗余程度，用灵敏度来考量构建的指标体系的空间普适性是否良好。

2. 4. 1　评价指标体系冗余度分析

评价指标体系的冗余度分析可以识别出那些在反映评价对象特征上存在重复或相似性的评价指标，从而有助于减少指标体系的复杂性和冗余性，提高评价的效率和准确性。如果两个或多个评价指标高度相关，即如果它们在反映特定特征或性能方面具有很大的重叠，那么这些指标可能就是冗余的。在这种情况下，通过冗余度分析可以确定并删除这些冗余指标，从而简化指标体系。设指标体系相关系数矩阵为 $\boldsymbol{R}$：

$$\boldsymbol{R} = \begin{vmatrix} 1 & r_{12} & \cdots & r_{1n} \\ r_{21} & 1 & \cdots & r_{2n} \\ \vdots & \vdots & \vdots & \vdots \\ r_{n1} & r_{n2} & \cdots & 1 \end{vmatrix}$$

冗余度的计算公式如下：

$$RD = \frac{\sum_{n}^{i=1} \sum_{n}^{j=1} |r_{ij}| - n}{n^2 - n} \tag{2-8}$$

设冗余度 RD 的临界值为 0.5，当 $RD \leqslant 0.5$ 时，表示通过冗余度检验。利用 SPSS 27.0 进行相关性检验，得到高校科技创新指标相关系数绝对值之和为 77.094，$RD=0.26<0.5$，物流产业发展各个指标相关系数绝对值之和为 113.482，$RD=0.28<0.5$，表明两者的指标体系通过冗余度检验，同时说明构建的指标体系符合精简性与独立性。

2.4.2　评价指标体系灵敏度检验

灵敏度检验用来考量指标体系结果是否有效，灵敏度可以理解为测量系统对被测量的微小变化的反应能力。具体来说，如果一个或某些指标值发生微小的变化，而检验结果却有显著的变化，则说明灵敏度高，但被评价对象的普适性可能较低；反之，如果灵敏度较低，即微小的指标值变化不会导致检验结果的显著变化，那么被评价对象的普适性较高。

式（2-9）表示指标数据变化 1%，引起的评价结果的变化。评价结果（V）对指标 X_i 的灵敏度为：

$$SD_i = \frac{\Delta V(X_i)/V}{\Delta X_i/X_i} = \frac{X_i \cdot \Delta V(X_i)}{V \cdot \Delta X_i} \tag{2-9}$$

指标体系的灵敏度为：

$$SD = \frac{1}{n} \sum_{i=1}^{n} SD_i \tag{2-10}$$

最后得出高校科技创新指标体系的灵敏度 $SD=0.006<5$，物流产业发展指标体系的灵敏度 $SD=0.112<5$，表示指标体系通过灵敏度检验。

2.5　本章小结

本章首先基于历史文献和产业特征构建了高校科技创新和物流产业发展的评价指标体系，然后选取河北省作为研究对象，利用熵值法并依据本章所构建的指标体系测算出河北省 2015—2022 年高校科技创新和物流产业发展评价指数，借助冗余度和灵敏度检验的统计方法对指标体系及测算结果进行检验，得出如下结论：所构建的指标体系在结构上具有合理性。指标体系结构合理性结果显示，高校科技创新和物流产业发展指标体系的冗余度为分别为0.26、0.28，均小于0.5，即可认为指标体系具有较好的精简性；两者的灵敏度分别为0.006、0.112，远小于临界值，说明指标体系对特定对象的依赖性较弱，这表明指标体系具有普适性，是合理有效的。

本章参考文献

[1] YAISAWARNG S, NG Y C. The impact of higher education reform on research performance of Chinese universities [J]. China economic review, 2014 (31): 94-105.

[2] 彭良玉. 安徽高校科技创新能力评价指标体系 [J]. 中国科技资源导刊, 2017, 49 (1): 84-89.

[3] 王金国，张经强，王娇. 北京市属高校科技创新能力评价研究 [J]. 科技进步与对策，2017，34 (20): 108-112.

[4] 王晓东，史丽敏，王亚子. 基于因子分析的高校科技创新能力评价 [J]. 管理工程师，2016，21 (6): 48-51，74.

[5] Nevem. Performance Indicators in Logisties [M]. Bedford: IFS Publication, 1989.

[6] Wood. International Logistics [M]. New York: Chaplllan-Hall, 1995: 22-23.

[7] MEMEDOVIC O, OJALA L, RODRIGUE J, et al. Fuelling the global value chains: What role for logistics capabilities? [J]. International journal of technological learning, innovation and development, 2008, 1 (3): 353-374.

[8] 钟昌宝，蒋媛，程绍彬，等. 我国物流产业高质量发展评价指标体系构建 [J]. 物流工程与管理，2022，44 (7): 1-5.

[9] 戴伟. 大淘宝战略背景下的物流产业评价指标体系研究 [J]. 湖北理工学院学报（人文社会科学版），2014，31 (2): 71-74.

[10] 刘卜榕，杨力，韩静. 江苏省城市物流发展水平综合评价研究 [J]. 黑龙江工业学院学报（综合版），2019，19 (2): 76-80.

[11] 郭俊华，孙泽雨. 基于因子分析法的中国高校科技创新能力评价研究 [J]. 科技管理研究，2016 (3): 66-71.

[12] 刘建昌，石秀，江燕. 高校科技创新能力评价方法比较研究 [J]. 中国高校科技，2014 (6): 51-53.

[13] 田青，郑力，缪立新. 物流产业经济学 [M]. 南京: 江苏南京大学出版

社，2010.

[14] 赵莉. 中国物流产业与区域经济协调发展研究 [D]. 哈尔滨：哈尔滨商业大学，2013.

[15] 毛文富. 我国物流产业与区域经济的协调发展评价研究 [D]. 北京：首都经济贸易大学，2017.

[16] 王辉，陈敏. 高校科技创新与工业企业创新的耦合协调发展：基于我国 27 个省份的实证分析 [J]. 现代大学教育，2019 (4)：105-111，113.

[17] 侯静，郑召丽. 基于主成分分析的我国高校科技创新能力评价方法研究 [J]. 智库时代，2019，51：61-63，79.

[18] 刘娜. 云南省物流业与农业耦合协调发展研究 [D]. 昆明：昆明理工大学，2020.

[19] 张杰. 区域经济、科技创新与物流产业耦合协调发展研究 [D]. 天津：天津理工大学，2022.

[20] 李淑静. 新疆现代物流业发展水平评价研究 [D]. 乌鲁木齐：新疆财经大学，2021.

[21] 付允，刘怡君. 指标体系有效性的 RST 评价方法及应用 [J]. 管理评论，2009，21 (7)：91-95，112.

[22] 许涤龙，薛美荣. 虚拟经济发展评价指标体系的构建及测度效果检验 [J]. 统计与信息论坛，2014，29 (12)：3-7.

第3章

高校科技创新能力与物流产业发展的关联度分析

在科技创新系统中，高校是一个关键的环节，其可以通过新思路、新专利、新工艺、新产品等一系列的成果转化进程，来提升生产效率和优化经济结构。与此同时，高校还可以通过节约资源，减少能源消耗，促进工业生态化，加快生态经济的发展，达到提高绿色效益的目的，从而促进经济的高质量发展。随着科技在现代社会的飞速发展，它已经成为第一生产力，在全球经济发展中所扮演的重要角色日益凸显，高校科技创新在物流产业的发展中起到了举足轻重的作用。近几年来，在经济和社会飞速发展的同时，物流产业也受到了前所未有的冲击。为此，本章通过分析河北省高校科技创新能力对物流产业发展水平的影响，探讨如何从高校科技创新方面出发，提升物流产业发展水平。运用灰色关联分析方法，选取最能代表物流产业发展的变量因子，并与高校科技创新能力的各要素进行相关性分析，判定各要素的重要性，在此基础上，有针对性地提出对策建议。

基于此背景，本章的研究意义在于以下三个方面。第一，是对现有高校科研能力研究的补充和完善。当前，有关高校科技创新能力的研究，已有大量的研究结果，但在理论上仍不够完善，本研究科学、合理地选取高校科技创新能力评估指标，并对其构成进行深入解析，是对我国高校科技创新能力理论的补充，也是对国家与地区创新系统理论的补充。第二，有助于推动高校科技创新和物流产业在区域之间的协同发展。选取并计算出各省域、市域高校的科技创新能力指数，可以对各省域、市域、地区高校科技创新发展的状况和空间分布情况有一个全面的认识，让每所高校对自己的科技创新能力有一个清晰的认识，知道自己的科技创新能力水平、存在的问题和潜力，以此帮助高校确定自己的主要研究方向，对内部结构进行优化，对科研力量进行合理的配置，从而加强原始创新，整合创新能力，促进创新成果的转化。第三，促进了区域物流产业的结构性升级。面对日益加大的资源与环境压力，我国物流产业要实现转型升级，必须掌握内生的可持续核心技术。对一个地区高校创新状况和创新效能进行深度剖析，掌握其真实的发展状况，有助于其进行优化分配，实现“产学研”一体化的科学布局，进而推动物流产业的可持续发展。

3.1 相关研究

3.1.1 物流产业发展研究综述

中外学者主要从两个角度研究物流产业的成长：一是探讨影响物流产业发展的因素；二是分析相关技术的应用。从物流产业发展影响因素方面出发，以 Tongzon 和 Cheong 为代表的研究者对东盟国家在物流产业发展中所实施的政策进行了评估，并分析了这些政策的成效。研究表明，尽管各国政府和企业在物流发展方面采取了一些措施，但这些措施的执行效果普遍不佳，且政府和物流公司之间存在显著的认识差异。因此，建议政府增加对物流产业的扶持，并转变传统的思维方式，以促进东盟地区物流产业的进步。Heiko 和 Darkow 详细分析了能源与碳排放、消费者行为、未来的交通方式、未来的供应链设计以及创新五个关键环境因素如何影响供应链策略的演变，他们的研究为物流行业提供了战略规划的参考依据。Giuliano 等通过对美国加利福尼亚州四个大都市群的实证研究，揭示了随着发展强度和地价的提高，仓储配送活动逐渐向边远区域转移，从而增加了运输距离，对城市经济发展和居民就业产生了重要的影响。从物流业相关技术运用方面出发，Orji 等构建了“技术—组织—环境”的理论分析模型，运用网络 AHP 方法，对影响国家物流行业区块链的主要因素进行了实证研究，发现“区块链工具的可行性”“基础设施”“国家政策扶持”是物流行业运用区块链的主要原因。

目前，国内已有的关于物流产业发展的研究，主要从影响因素、评估和路径三个层面展开。在影响因素分析方面，赵雷运用 DEA 和曼奎斯特生产力指数（Manquist Factor Index）对我国省域物流产业效率进行客观评估，构建投入产出指标体系，运用 DEAP Version 2.1 对 31 个省（自治区、直辖市）的物流产业效率进行评估，并从物流资源投入水平、经济发展水平、城市化水平、区位专业化状况以及物流信息化水平五个维度评定物流产业效率。韩丹丹以投入产出理论为基础，以 31 个省（自治区、直辖市）为研究对象，通过实证研究，探讨经济发展水平、交通运输水平、科技信息水平等因素对地区物流要素投入与输出的影响。研究发现，经济发展程度、科技信息水平对我国物流产业的投入与产出都有明显的正相关关系，而交通水平与我国物流产业的投入与输出则存在明显的负相关关系。陈恒等从劳动力的投入角度分析了物流产业发展的驱动机制，将其分为劳动力规模的影响、劳动效率的影响以及劳动力地域分布的结构效应。他们结合我国不同地区物流发展的具体情况，指出劳动效率的提升是影响中国物流产业转型的关键驱动因素。

在发展评估方面，张旭等利用云计算环境下的 PDR 方法构建了一个用于评估地区物流能力的模型，并基于物流人才、物流基础设施、物流产出规模以及物流发展环境四个维度，对全国七个重点地区的物流能力进行了综合评价。唐建荣等采用重力模型，考虑了城市整体发展水平、市场供需状况和物流基础设施建设等多个因素，创建了一个用于评估江苏省各地级市物流质量的指标体系。刘桂云和骆璐瑶从港口的基础条件、集疏运能力、创新潜力、管理服务水平、创新生态环境和外部经济环境六个方面着手，对港口服务的创新能力进行了详细的评估和分析。在高质量发展路径方面，朱耿等和朱康文等都认为，为了推动物流产业高质量发展，最重要的是要通过数字化技术来提升物流产业各个环节的生产运营能力，同时还需要借助数字技术来提升物流产业的规模和效率，以此促进物流产业的高质量发展。陈旭芳等表示，要实现先进制造与现代服务业的有机融合，提高以物流为核心的生产性服务业与制造业的供给和融合度，更好地促进产业结构的升级，进而推动实体经济的优质、协调发展。最后，本章以德国为例，提出了构建实验平台、推进创新发展、强化人才培养、强化政府扶持等若干建议。

3.1.2 高校科技创新能力研究综述

国外对高校科技创新能力的研究更多是以实证的方式进行，其重点是高校科技创新和企业间的合作情况、高校研究成果转化能力、高校科技创新能力的研究业绩和产出效率。在高校与企业间的合作方面，Adams 研究表明，高校 R&D 活动对产业的外溢效应比地区要小，对高校和企业之间的合作应该给予足够的重视。Sigurdson 和 Redciy 对国际上喷墨技术商业化推广失败的案例进行了研究，并指出国家工业基础不雄厚、高校科研资金不足、企业和高校在科研领域的优势不能互相补充等因素，都可能是导致高校科研成果商业化推广失败的原因。在研究成果转化能力方面，Hicks 等认为高校与行业研究人员协同创新对促进高校科研研究水平的提升具有重要意义。Shane 对斯坦福大学专利转移情况进行剖析，并对高校科研成果转化条件的依据、途径和效能水平进行了深入研究。在研究绩效和产出效率等方面，Ahmad 等从高校科研成果转移效益的评估中获得了对其影响因素的分析。Miyata 对高校科学管理水平与科学研究效益进行了详细的研究。Thursby 和 Kemp 通过回归分析，得出了科学研究水平、企业与企业之间的关系是影响高校科技创新能力的重要因素。Feng 等研究发现，影响高校科技创新能力的关键内在因素是高校内部的科学管理水平。Nur Aziz 等以科研人员人数、营运经费投资比率、当年毕业生人数及论文批量出版指数为衡量指标，评价马来西亚国立高校科研效能。

目前，我国对高校科研创新能力的研究多集中在对其内涵的探讨、评价指标体系的设计和评价方法的选择等方面。在内涵探讨方面，郭俊华和孙泽雨对高校科技创新能力提出了这样的观点，即高校利用现有的资源和科技，通过大量的研究人员进行创造性的活动，从而将资源的利用转变成产出效果。刘小明和耿迪等学者认为，高校科技创新能力的含义是指高校通过有目的地运用其研究实力以及对外部环境的深刻理解，来实现科学技术的发展，并在此基础上按照科学技术和市场的变化，进行有创意的研发，让科研成果能够被有效地转化为生产力。蔡琳认为，高校科技创新能力实际上是指高校基于自身所拥有的创新性科技资源等方面的优势，在相应的标准系统下，高效地使用和配置所有类型的创新型优势资源，并通过系统地开展与科技创新相关的活动，最终取得相应的 R&D 成果，这对提高高校科技创新水平和支撑国家创新驱动发展战略有着重大的现实意义。

在评价指标体系的设计方面，蒋艳萍等构建了科技创新的基础条件、投入能力、产出能力、经营能力、国际交流协作能力五个维度的指标体系，并对我国科技创新能力进行了评估。而科技创新产出能力，通俗来说就是高校把科研经费转化为科研成果的过程。其他几个维度可以分别用高校科技创新的资源优势、基础条件和发展趋势来衡量。章熙春等运用 AHP 方法，从资源与基础能力、成果转化能力、知识创造和流动能力、外部环境支撑能力、技术创新能力五个维度来实现对高校科技创新能力的评价。

在评价方法的选择方面，蒋兴华通过灰色关联评价法，从科技创新资源与基础能力、技术创新能力、知识流动与创造能力、科技成果转化能力四个维度，对科技创新能力进行了全方位的评价。韩晓明和王洪燕采用熵权法，从资源投入、成果转化、科研成果和技术交流四个角度，对高校的科技创新能力进行了量化分析。李高扬和刘明在研究中建立了以知识创造、获取能力、社会创新环境、企业技术创新能力和创新经济效益为变量的结构方程模型，用于评估全国各地区的创新能力。李艺全运用因子分析、主成分分析和聚类分析等统计方法，构建了一套涵盖科技创新基础能力、产出能力和服务能力的评价指标体系，并对高校的科技创新能力进行了评估分析。赵黎明和刘猛在研究中构建了一个模型，包括技术创新支撑基础、投入水平、产出水平和经济业绩三个方面。其中，技术创新支撑基础和投入水平反映了地区的科技创新资源优势、基础条件和投入水平，而不同地区的产出水平和经济业绩反映了其将创新资源和投入有效转换成科技成果的能力，以及这些科技成果带来的经济收益。此外，他们还构建了一个熵权 TOPSIS 评估模型，用于对全国 31 个省份的科技创新能力进行实证研究。

3.1.3 科技创新能力与物流产业发展的关系

目前，关于科技创新与物流产业之间的相互影响，以及两者之间的相互作用的研究颇多。对于科技创新和物流产业之间的相互影响关系，Li 的实证研究证实了技术创新在物流产业发展中的引领作用。Zhang 等的研究通过分析物流标准的动态发展和理论假设，发现技术规范和管理规范都对物流产业进步产生了正面影响，尤其是技术标准的影响更为突出。此外，研究表明，自主创新能力能够促进物流服务品质的提升。张晏魁研究显示科学技术的进步对我国现代物流产业发展产生了积极的作用。刘国巍基于 2000—2015 年中国各省份的面板数据，采用杜宾（Dubin）面板数据，研究了技术创新与地区内外部技术创新之间的内在联系与外部溢出之间的内在联系。朱青山运用随机前沿分析法和岭回归法，选取 2018 年我国与物流产业和科技创新相关的省份数据并进行实证分析，以检验科技创新对物流产业发展的推动效果。研究结果表明，科研人才、专利质量以及专利数量等因素均对物流产业的发展产生了积极的促进作用。

对于两者之间的相互作用，Lin 以北京、上海和深圳三地的物流服务企业为例，收集相关资料进行实证分析，发现高质量的人力资源、高效率的经营模式是提升科技创新水平的有效途径。Nuchera 等认为通过创新性地运用通信技术，可以提升物流运输与物流服务质量。Goldsby 和 Zinn 分析了物流模式创新与物流技术创新的交互作用，指出了二者的良好融合能够有效地推动物流企业的发展与转型。

3.1.4 灰色关联分析法在物流产业中的应用综述

在物流领域的应用研究中，学术界普遍采用灰色关联分析法来评价绩效，并通过实证研究验证了该方法的有效性和合理性。王生凤等将灰色分析法引入物流产业绩评价的运作过程中，将生成的结果与由加权法等方法得到的评价结果相比较，在物流企业业绩评价工作中，灰关联分析法具有评价结果准确、程序简便、计算量小等优点，具有良好的应用前景。周秀欢构建了快递物流产业绩效评价指标体系，将产业评价中的“灰色特征”纳入其中，运用灰色综合评价方法，对非邮政企业的绩效进行了研究，并通过应用云计算技术进行统计分析，得出了更贴近物流企业实际业绩的评价结论，这为建立一个有效的物流企业绩效评估体系提供了重要的参考和指导。云虹和姜丽莎将灰色关联和方差分析方法相结合，建立了一个专门的指标权重体系，对物流企业的经营业绩进行评价。谢春英在对物流企业进行绩效评价时，考虑到其经营特征，将灰色关联分析方法应用于其经营活动中，对其进行绩效评价，针对其存在的问题，给出相应的改善措施。通过对实际资料的统计分析，结果表明，灰色关联分析法具有更高的准确性和有效性。灰色关联分析法不仅可以使操作更加简便，还能包含许多定量和定性的指标，可以反映出快递物流公司的实际发展状况。廖霁航运用灰色理论对申通阜阳分公司的业绩进行了评价，并对其结果进行了归纳，得出了该方法在企业业绩评价中较为有效的结论。

3.1.5 研究述评

通过对物流产业发展、高校科技创新与灰色关联分析法在物流行业中的应用的文献综述可知，学者们大多分析物流产业发展的影响因素、高校科技创新能力的内涵和评价指标，以及科技创新与物流产业发展之间的相互作用等，很少有学者研究高校科技创新能力指标是如何影响物流产业发展水平的。因此，本章以物流产业为研究对象，主要的研究内容是探究高校科技创新能力对物流产业发展的影响。通过对高校科技创新能力各个指标与物流产业发展的灰色关联分析，观察不同因素与物流产业发展的关联程度，并根据高校科技创新能力指标与物流产业发展的关联度比较，有针对性地提出促进物流产业高质量发展的有效建议。

3.2 相关理论基础

3.2.1 物流产业概念

物流产业融合了运输、仓储、装卸、包装、搬运、配送、流通加工、信息处理等多种功能，是一个多元化的综合体。我国物流产业经历了初步探索、快速发展以及当前的转型升级三个阶段。作为国家确定的十大战略性新兴产业之一，物流产业如今扮演着战略性、基础性和先导性的重要角色。物流产业并不仅是对运输、装卸和仓储等行为的简单集合，还是遵循分工与专业化的原则，对物流的各个环节进行全面的整合，这种整合使物流产业成为与国民经济发展紧密相连的关键产业。相较于传统制造业，物流产业在以下三个主要方面展现出其独有的特点。一是现代化特征。相比于传统的物流领域，随着现代物流技术的不断发展，整个行业的运营变得越来越智能，其物流管理技术也越来越成熟，这使得整个行业的信息化服务水平和运营效率得到了极大的提升。二是服务功能。物流产业中的物流行为实际上是指物品以顾客为中心，在时空上发生了转换，并添加了经济功能，其使用价值并未发生很大的变化。三是体制机制。物流不仅是仓储、装卸和运输的简单一体化过程，而是一个跨越多个部门和行业的领域，它与其他行业共同构成了一个相互合作、相互依赖的行业生态系统，从而积极推动国民经济的发展。

3.2.2 物流产业发展

在物流产业发展的早期，传统的物流以运输、仓储、邮政等条块分割的方式存在于企业的生产中，那时的企业是“大而全”“小而全”，基本是由公司自己设立的部门来提供其所需要的后勤服务。20 世纪 50 年代后期，为了实现利润的最大化，公司对生产成本进行了持续的压缩，当生产成本不再能够给企业带来价值的时候，公司就利用一体化的管理方式，对分散的、紧密联系的运输、仓储等部门进行了重新划分，找到了“第三利润来源”，使物流产业获得了更大的发展。20 世纪 80 年代，为了满足分工的深入和专业化的需要，物流公司打破了原本平衡的内部结构，将非核心业务剥离出来，把物流服务外包出去，集中精力提高核心能力，提高核心业务的专业化程度。随着市场的分工越来越细，第三方物流也随之快速地发展起来，从而使整个物流行业的规模进一步扩大。20 世纪 90 年代起，企业开始在整个产业链条上进行分工与合作，引入第三方物流将部分活动转移到外部市场，推动了产业专业化分工，提升了生产效率，并促进了供应链管理的一体化。新一代的信息技术如互联网、智能机器人的研究开发，给物流产业带来了更多的附加值。

3.2.3　高校科技创新能力概念

“科技”是科学技术的缩写，科技创新指的是一种新的科学技术的产生，包含科学创新和技术创新两个方面，所以科技创新的范围要大于技术创新，是对技术创新的深入与发展。科学创新是一种新的知识的产生，它是一种在科学研究中获取新的基础科学和科技知识的过程。其基本内容是对未来世界的了解，对事物的性质有更多的了解，从而提出新的观点和新的理论。而技术创新则是一种用新技术来制造新产品的行为，它的结果以新产品、新工艺、新方法以及开拓新市场为主要表现形式。高校科技创新可以归结为高校通过建立一套科学的管理制度，运用自身的科技创新资源，组织高校的科研人员，创造出高质量的科技创新成果，从而给高校以及相关社会群体带来经济效益和社会效益。

高校科技创新资源主要涵盖了高校的人力资本、实验室设施、图书文献(包括纸质和电子形式)，以及学校对科研的财政支持，还包括学校与各界科技需求者之间的互动联系。科技创新的成效主要体现在一系列成果上，包括学术论文、专著、专利、完成的纵向和横向科研项目，以及所获得的奖励等。这些成果是间接表现，涵盖了知识创新、技术创新、科技成果的应用与转化以及科技交流等多个方面。

3.2.4　灰色关联分析法

灰色关联分析法用于探究参考序列与比较序列之间的关联程度，通过量化的方式来衡量不同因素间的相关性，进而识别出推动经济体系发展的积极因素。与因子分析、主成分分析等方法相比，灰色关联分析法对数据精度和样本量的要求相对较低，能够明显地揭示初始值对被测变量的影响，这与本章所研究的对象特征相契合。

1. 基本特征

灰色关联分析法的基本特征主要包括以下几点。

（1）客观性。灰色关联分析法是基于数据序列的几何形状相似度来分析因素之间关联程度的，因此它是一种较为客观的分析方法。

（2）动态性。该方法能够处理动态变化的数据，适合分析时间序列数据，能够反映因素之间的动态关系。

（3）量化性。该方法将定性分析与定量分析相结合，通过关联度量化地描述不同因素间的相互关系。

（4）简化性。灰色关联分析法对数据的要求相对较低，尤其适用于数据不完全或信息不充分的“灰色”系统分析。

（5）灵活性。在分析过程中，可以根据实际情况选择不同的关联度计算方法，以适应不同的分析和预测需求。

（6）广泛性。该方法的应用范围广泛，已在经济、管理、工程技术、社会科学等多个领域得到应用。

（7）适应性。灰色关联分析法能够处理小样本数据，适用于数据量不大但信息含量较高的场合。

2. 实现步骤

（1）建立数据矩阵。

在进行灰色关联分析时，必须先确定能体现整个体系特性的参考序列（基准序列）和相关因子序列（比较序列）。假设有 m 个比较序列，n 代表年份，那么全部数据可以合成为一个矩阵 $\boldsymbol{A}$，将 X_0 用作基准序列，将 X_1–X_m 用作比较序列，则有：

$$\boldsymbol{A}=\begin{pmatrix} X_0(1) & X_0(2) & \cdots & X_0(n) \\ X_1(1) & X_1(2) & \cdots & X_1(n) \\ \vdots & \vdots & \vdots & \vdots \\ X_m(1) & X_m(2) & \cdots & X_m(n) \end{pmatrix}$$

（2）数据无量纲化。

由于构造的数据单元各不相同，因此不能直接应用于计算中，必须先对其进行无量纲化处理。在此基础上，使用均值化方法，用每一栏中的每一项数据，求出每一列数据的平均值，然后得出一个“相对数值”，则不会有任何单位差异。参照式（3-1）进行计算：

$$X_i(k)\,d_2=\frac{X_i(k)}{\bar{X}_i},\ \bar{x_i}=\frac{1}{n}\sum_{k=1}^{n}X_i(k),k=1,2,\cdots,n \qquad (3-1)$$

（3）计算绝对差值。

基于无量纲化后的数据，求出各比较序列和基准序列的绝对差值，参照式（3-2）进行计算：

$$\Delta_i(k) = |X'_0(k) - X'_i(k)|, i = 1,2,\cdots,m; k = 1,2,\cdots,n \qquad (3-2)$$

（4）计算灰色关联系数。

T 为每列数据中的最大值，t 为每列数据中的最小值，进一步根据式（3-3）进行计算：

$$\gamma(X_0(k), X_i(k)) = \frac{t + \rho T}{\Delta_i k + \rho T} \qquad (3-3)$$

得出每个数据所对应的灰色关联系数。其中 ρ 为分辨系数，作用是减小由最大绝对差值过大所导致的误差，此处 $\rho=0.5$。

（5）计算灰色关联度。

通过对每个比较序列计算得到的灰色关联系数求平均值，可以确定各个因素对系统影响的大小。参照式（3-4）进行计算：

$$\gamma(X_0, X_i) = \frac{1}{n}\sum_{k=1}^{n}\gamma(X_0(k), X_i(k)) \qquad (3-4)$$

3.3　高校科技创新能力影响物流产业发展的指标体系构建

3.3.1　指标体系设计原则

指标体系设计原则是指在构建指标体系时应遵循的基本准则，以确保指标体系的科学性、合理性和有效性。以下是一些常见的指标体系设计原则。

（1）系统性原则：指标体系应全面反映评价对象的各项要素，并体现各要素之间的相互关系和整体运作。

（2）科学性原则：指标的选择应有科学依据，指标体系要有层次结构和逻辑性，易于理解和操作。

（3）目标一致性原则：指标体系应与评价目标和评价目的相一致，确保评价结果能够真实反映评价对象的状态和绩效。

（4）可操作性原则：指标设计应考虑数据的可用性和操作性，确保评价指标能够被可靠地测量和计算。

（5）可比性原则：指标体系应具有横向和纵向的可比性，即不同企业和同一企业不同时间点的数据可以进行比较。

（6）重点性原则：在选择指标时，应突出关键因素，避免面面俱到，重点关注对评价目标有重要影响的指标。

（7）动态性原则：指标体系应能适应发展变化的需要，便于调整和更新。

（8）完备性原则：指标体系应包含所有必要的信息，以全面评价对象，同时避免重复和冗余。

（9）简洁性原则：指标数量应适度，避免指标过多而导致分析复杂化，指标间应尽量简洁明了。

（10）稳定性原则：指标体系应具有一定的稳定性，以便于长期跟踪和比较分析。

这些原则是指标体系设计时必须综合考虑的因素，以确保评价过程的准确性和评价结果的权威性。

3.3.2 指标体系构建

本章首先选择合适的评估指数，既能有效地进行影响因子的分析，又能从高校科技创新视角为物流产业的发展提供理论支持。本章认为，高校的科研能力主要体现在科研资源投入、成果产出、成果转化三个方面。

高校科技创新投入能力，是指高校能够投入科技创新的数量和质量上的能力。它是使研究工作得以开展的先决条件和推动力，包括科技、人力、财力、项目等。总体来看，投入资金的增加会促进企业的创新投资，反之则会导致企业创新投资的减少。长期以来，学术界对科研经费、人员、课题三个方面进行了研究。

高校科技创新产出能力是高校科技创新水平的直接体现，也是衡量高校科研活动成效的一个重要标志。高校科技创新产出能力的研究内容包括专利数量、发表论文数量、科技进步奖数量等。无论是在理论上还是在实践中，都可以看出创新的输出来自创新投入。因此，全面考虑我国高校的科技创新发展状况，除了从创新投资的角度进行分析，也离不开对高校科技创新产出能力的研究。

高校科技成果转化能力，是指高校将其研究成果向生产力转化的能力。在某种意义上，它体现着高校科技创造的经济价值和高校与市场经济的协作程度。研究成果转化是指将科技与技术研发中产生的科研结果进行进一步的实验、研发、实施，直至新的产品的产生等。高校科技创新的终极目标是为社会发展做出贡献，其发展方向是把研究结果转变成社会经济效益。因此，高校科技创新的终极目标是研究结果的转化。本章主要从专利销售收入、国际合作交流等方面对其进行分析。

在本研究所述的高校科技创新能力指标体系构建中，以物流产业增加值作为衡量物流产业发展状况的评价指标，并将高校科技创新能力划分为高校科技创新投入能力、高校科技创新产出能力、高校科技创新成果转化能力三个层面，进而对物流产业发展进行系统性分析。具体指标体系见表 3-1。

表 3-1　高校科技创新能力影响物流产业发展因素指标体系

维度层	指标层	指标释义	变量
物流产业发展	物流产业增加值/亿元	物流产业的经济增长额度	X_0
高校科技创新投入能力	研发人员数/人	科技活动人员中从事基础研究、应用研究和试验发展三类活动的人员	X_1
	R&D 成果应用及科技服务人员数/人	在一定时期内，从事科学研究与试验发展成果的应用工作以及提供科技服务的人员的数量	X_2
	研发项目数/项	在当年立项并开展研究工作、以前年份立项仍继续进行研究的研发项目数	X_3
	发展机构数/个	在一定时期内存续的、从事科学研究与试验发展的机构数量	X_4
	研发投入总额/千元	高校在报告期为实施研发活动而实际发生的全部经费	X_5
	科研事业费投入额/千元	用于科学研究和技术开发的各种经费投入的总和	X_6
高校科技创新产出能力	专利申请数/项	高校在报告期内向国内外知识产权行政部门提出专利申请并被受理的件数	X_7
	专利授权数/项	报告期内由专利行政部门授予专利权的件数	X_8
	发表学术论文数/篇	在学术刊物上以书面形式发表的最初的科学研究成果	X_9
	出版科技著作数/部	由正式出版部门编印出版的论述科学技术问题的理论性论文集、专著、大专院校教科书、科普著作，但不包括翻译国外的著作	X_{10}

续表

维度层	指标层	指标释义	变量
高校科技创新产出能力	科技进步奖励数/项	在一定时间内，根据科技进步奖励办法或相关规定，对在科技领域取得显著成果的个人、团队或单位进行奖励的次数	X_{11}
	国家级项目验收数/项	高校在研项目由中央和国务院组成部门、直属机构直接验收的科技项目	X_{12}
高校科技创新成果转化能力	专利出售数/项	在高校的发明成果得到国家授权后出售给第三方的项目数	X_{13}
	专利出售金额/千元	某项专利权转让或者许可使用所获得的收入	X_{14}
	其他知识产权数/项	在某一特定评估或统计框架内，除专利、商标、著作权等传统知识产权外的其他形式的知识产权数量	X_{15}
	国际合作交流派遣数/人次	高校对外交流合作而派遣的人员数	X_{16}

3.4 河北省高校科技创新能力影响物流产业发展的关联度分析

3.4.1 河北省物流产业现状

1. 河北省物流产业总体发展状况

（1）物流产业规模增长。河北省物流产业规模持续扩大，物流企业数量增加，营业收入增长，显示出物流产业整体的经济效益在提升。

（2）基础设施建设。河北省加大物流基础设施投资建设力度，如交通网络、物流园区、仓储设施等，为物流产业的发展提供物理基础和支撑。

（3）信息技术应用。河北省物流产业积极拥抱信息技术，推进物流产业的数字化转型，如5G网络覆盖、物流信息化平台建设等，提升物流效率和服务质量。

（4）政策支持。河北省政府出台一系列政策措施，支持物流产业的发展，如设立物流产业发展基金、优化物流布局、培育物流企业等，为物流产业发展提供良好的政策环境。

（5）产业结构优化。河北省物流产业在产业结构调整中发挥重要作用，通过产业链延伸和产业融合，推动第一、第二、第三产业的发展，促进产业结构优化。

（6）区域协同发展。河北省物流产业积极参与京津冀协同发展，发挥区位优势，加强与国内外物流产业的交流合作，提升物流产业的国际竞争力。

（7）绿色发展。河北省物流产业注重绿色发展，推动绿色低碳物流体系建设，减少物流对环境的影响。

综上所述，河北省物流产业总体发展状况良好，规模和经济效益持续增长，基础设施建设得到加强，信息技术应用和政策支持力度不断提升，产业结构优化，区域协同发展，绿色发展得到重视。

2. 河北省物流基础设施建设情况

河北省积极推进物流基础设施建设，如物流园区、仓储设施、运输网络等。石家庄市谋划建设的六大物流园区，以及廊坊市致力于建设的世界现代商贸物流中心，都是为了提升物流基础设施水平。根据《河北省信息通信行业发展报告》指出，河北省大力推进 5G 等信息通信基础设施建设，截至 2023 年 7 月底，全省累计建成 5G 基站 13925 座，所有行政村全部通光纤宽带，提前超额完成了国家“十三五”规划的目标任务。除此之外，河北省加大交通基础设施建设力度，如高速公路、铁路、航空等，以提高物流运输效率。例如，河北省城市市政基础设施建设“十四五”规划中，供水、供热、燃气设施投入力度持续加大，支撑了物流行业的高质量发展。河北省与其他省份企业合作，共同推进物流园区的建设和运营。例如，菜鸟地网与河北高速公路集团有限公司签约，共同在物流基础设施的资产管理、物流园区数智化建设和运营服务等方面开展合作。河北省设立融资专项支持重大基础设施项目建设，以及颁布出台《建筑物移动通信基础设施建设标准》等政策，为物流基础设施建设提供了政策支持和投资保障。

3. 河北省物流企业发展状况

根据中国物流与采购联合会报告得出，河北省物流产业集团等企业入围中国物流企业 50 强，显示了河北省物流企业的规模和实力在全国的竞争力。而河北省物流企业物流业务收入合计达到 23456 亿元，同比增长 13.4%，表明物流企业的经营规模和经济效益在稳步提升。河北省努力降低物流费用与地区生产总值的比率，提升物流效率，有利于降低企业成本，提高经济效益。

河北省物流产业集团等企业通过供应链经营，打造完整的钢铁服务产业链，推动传统产业与现代物流的融合互动，优化产业结构。河北省物流企业加快企业数字化转型，提升智慧物流集成服务优势，如河北省物流产业集团在报废汽车回收物流体系建设方面进行了积极探索。河北省政府出台多项政策支持物流企业发展，如《河北省加快建设物流强省行动方案（2023—2027 年）》等，为物流企业提供了良好的发展环境。

3.4.2 河北省高校科技创新能力影响物流产业发展的相关因素分析

为了更准确地评估高校科技创新能力指标对物流产业发展影响的深度，鉴于数据本身难以直接揭示这些因素的作用程度，本小节计划运用灰色关联分析法来探究各相关因素与物流产业发展的关联性。本小节将遵循以下步骤进行灰色关联分析。

1. 确定数据序列

以高校科技创新能力影响物流产业发展影响因素指标体系（见表 3-1）为基础，通过查找 2015—2021 年的《中国统计年鉴》《高等学校科技统计资料汇编》《河北省国民经济和社会发展统计公报》等相关资料，进行数据收集，最终确定的数据序列矩阵见表 3-2。

表 3-2　2015—2021 年河北省高校科技创新与物流产业数据

指标名称	2015 年	2016 年	2017 年	2018 年	2019 年	2020 年	2021 年
X_0	2612.9	2636.2	2680	2798.8	2722.2	2817.5	2968.4
X_1	10218	9458	10882	11188	13048	13499	15358
X_2	1144	1095	1164	2098	2168	2089	2603
X_3	8869	9886	10976	12083	13254	14392	15900
X_4	136	153	173	207	257	318	392
X_5	1954365	2187713	2714702	3205150	3809686	3909543	4352470
X_6	153992	160000	184263	213893	231882	253346	315937
X_7	3442	4533	4919	6095	6597	6836	6775
X_8	2632	3165	3278	3895	4064	5775	5408
X_9	23586	24696	25934	26026	26745	24344	24788
X_{10}	456	576	470	502	419	432	432

续表

指标名称	2015 年	2016 年	2017 年	2018 年	2019 年	2020 年	2021 年
X_{11}	135	154	158	164	137	136	138
X_{12}	34	27	16	22	26	12	10
X_{13}	39	57	103	128	167	477	496
X_{14}	11610	6670	10342	9649	12161	36685	35309
X_{15}	373	965	819	1075	1255	1665	1977
X_{16}	850	769	996	1069	890	347	557

注：2019 年和 2021 年物流产业增加值缺失，因此 2019 年和 2021 年物流产业增加值数据根据《河北省 2020 年国民经济和社会发展统计公报》《河北省 2022 年国民经济和社会发展统计公报》中的“物流业增加值 2817.5 亿元，增长 3.5%”和“全年物流业增加值 2823 亿元，下降 4.9%”计算得到。具体计算方法是：2019 年物流产业增加值＝2817.5/（1+3.5%）亿元；2021 年物流产业增加值＝2823/（1−4.9%）亿元。

2. 数据无量纲化处理

根据式（3-1），可得无量纲化后的数据矩阵，如表 3-3 所示。

表 3-3　2015—2021 年河北省高校科技创新能力指标无量纲化矩阵

指标名称	2015 年	2016 年	2017 年	2018 年	2019 年	2020 年	2021 年
X_0	0.9508	0.9593	0.9753	1.0185	0.9906	1.0253	1.0802
X_1	0.8551	0.7915	0.9106	0.9362	1.0919	1.1296	1.2852
X_2	0.6478	0.6201	0.6592	1.1881	1.2277	1.1830	1.4741
X_3	0.7304	0.7553	0.8419	0.9348	1.0290	1.1288	1.2257
X_4	0.5819	0.6546	0.7402	0.8857	1.0996	1.3606	1.6773
X_5	0.6181	0.6919	0.8586	1.0137	1.2049	1.2364	1.3765
X_6	0.7123	0.7401	0.8524	0.9894	1.0724	1.1719	1.4615
X_7	0.6147	0.8095	0.8785	1.0885	1.1781	1.2208	1.2099
X_8	0.6529	0.7852	0.8132	0.9663	1.0082	1.4326	1.3416
X_9	0.9374	0.9816	1.0308	1.0344	1.0630	0.9676	0.9852
X_{10}	0.9711	1.2267	1.0009	1.0691	0.8923	0.9200	0.9200
X_{11}	0.9247	1.0548	1.0822	1.1233	0.9384	0.9315	0.9452
X_{12}	1.6190	1.2857	0.7619	1.0476	1.2381	0.5714	0.4762

续表

指标名称	2015 年	2016 年	2017 年	2018 年	2019 年	2020 年	2021 年
X_{13}	0. 1861	0. 2720	0. 4915	0. 6108	0. 7969	2. 2761	2. 3667
X_{14}	0. 6638	0. 3814	0. 5913	0. 5517	0. 6953	2. 0976	2. 0189
X_{15}	0. 3212	0. 8310	0. 7053	0. 9257	1. 0807	1. 4338	1. 7024
X_{16}	1. 0862	0. 9827	1. 2727	1. 3660	1. 1373	0. 4434	0. 7118

3. 计算序列差值

根据式（3-2）可以进一步得到差值矩阵，如表 3-4 所示。

表 3-4　2015—2021 年河北省高校科技创新能力指标差值矩阵

指标名称	2015 年	2016 年	2017 年	2018 年	2019 年	2020 年	2021 年
X_1	0. 0958	0. 1679	0. 0646	0. 0823	0. 1013	0. 1043	0. 2050
X_2	0. 3030	0. 3392	0. 3161	0. 1696	0. 2371	0. 1577	0. 3939
X_3	0. 2235	0. 1486	0. 0752	0. 0276	0. 0963	0. 1549	0. 2237
X_4	0. 3689	0. 3047	0. 2350	0. 1328	0. 1090	0. 3353	0. 5971
X_5	0. 3327	0. 2674	0. 1167	0. 0048	0. 2142	0. 2111	0. 2963
X_6	0. 2385	0. 2192	0. 1229	0. 0291	0. 0817	0. 1466	0. 3813
X_7	0. 3361	0. 1498	0. 0968	0. 0700	0. 1875	0. 1955	0. 1297
X_8	0. 2979	0. 1742	0. 1621	0. 0522	0. 0176	0. 4074	0. 2614
X_9	0. 0134	0. 0222	0. 0555	0. 0159	0. 0724	0. 0577	0. 0950
X_{10}	0. 0203	0. 2673	0. 0257	0. 0506	0. 0983	0. 1053	0. 1602
X_{11}	0. 0262	0. 0955	0. 1069	0. 1048	0. 0523	0. 0938	0. 1350
X_{12}	0. 6682	0. 3264	0. 2133	0. 0291	0. 2475	0. 4539	0. 6040
X_{13}	0. 7647	0. 6873	0. 4838	0. 4077	0. 1937	1. 2508	1. 2865
X_{14}	0. 2870	0. 5779	0. 3839	0. 4668	0. 2953	1. 0723	0. 9387
X_{15}	0. 6296	0. 1283	0. 2700	0. 0928	0. 0901	0. 4085	0. 6222
X_{16}	0. 1353	0. 0233	0. 2975	0. 3475	0. 1467	0. 5819	0. 3684

4. 计算灰色关联系数

本章规定 $\rho=0.5$，参照式（3-3）计算出各个数据的灰色关联度系数，具体见表 5-5。

表 3-5　2015—2021 年河北省高校科技创新能力指标灰色关联系数矩阵

指标名称	2015 年	2016 年	2017 年	2018 年	2019 年	2020 年	2021 年
X_1	0.8769	0.7990	0.9155	0.8933	0.8705	0.8669	0.7640
X_2	0.6849	0.6596	0.6755	0.7973	0.7361	0.8091	0.6249
X_3	0.7477	0.8184	0.9021	0.9660	0.8763	0.8119	0.7475
X_4	0.6403	0.6837	0.7379	0.8351	0.8615	0.6623	0.5225
X_5	0.6640	0.7116	0.8528	1.0000	0.7558	0.7585	0.6898
X_6	0.7350	0.7514	0.8459	0.9639	0.8939	0.8205	0.6326
X_7	0.6617	0.8172	0.8757	0.9086	0.7801	0.7727	0.8384
X_8	0.6886	0.7928	0.8048	0.9318	0.9807	0.6169	0.7164
X_9	0.9870	0.9738	0.9275	0.9831	0.9056	0.9245	0.8779
X_{10}	0.9767	0.7117	0.9689	0.9341	0.8739	0.8658	0.8066
X_{11}	0.9681	0.8773	0.8639	0.8664	0.9318	0.8793	0.8327
X_{12}	0.4942	0.6684	0.7566	0.9638	0.7276	0.5907	0.5196
X_{13}	0.4603	0.4871	0.5750	0.6167	0.7743	0.3422	0.3358
X_{14}	0.6967	0.5307	0.6309	0.5838	0.6905	0.3778	0.4097
X_{15}	0.5091	0.8399	0.7096	0.8805	0.8837	0.6162	0.5121
X_{16}	0.8324	0.9722	0.6889	0.6541	0.8204	0.5290	0.6406

5. 计算灰色关联度

根据式（3-4），最终得到河北省高校科技创新能力影响物流产业发展的相关因素的灰色关联度，如表 3-6 所示。

表 3-6　河北省高校科技创新能力指标层的灰色关联度

指标	关联度	排序
研发人员数 X_1	0.8552	4
R&D 成果应用及科技服务人员数 X_2	0.7125	11
研发项目数 X_3	0.8386	5
发展机构数 X_4	0.7062	13

续表

指标	关联度	排序
研发投入总额 X_5	0.7761	9
科研事业费投入额 X_6	0.8062	7
专利申请数 X_7	0.8078	6
专利授权数 X_8	0.7903	8
发表学术论文数 X_9	0.9399	1
出版科技著作数 X_{10}	0.8768	3
科技进步奖励数 X_{11}	0.8885	2
国家级项目验收数 X_{12}	0.6744	14
专利出售数 X_{13}	0.5130	16
专利出售金额 X_{14}	0.5600	15
其他知识产权数 X_{15}	0.7073	12
国际合作交流派遣数 X_{16}	0.7339	10

从表 3-6 中的数据可以观察到，除了国家级项目验收数、专利出售数和专利出售金额的关联度小于 0.7 之外，其余高校科技创新能力指标的灰色关联度均超过了 0.7。这表明我们选定的指标在较大程度上对物流产业的发展产生了影响。此外，通过计算高校科技创新投入能力、高校科技创新产出能力、高校科技创新成果转化能力三个维度的灰色关联度，并取各指标层关联度的平均值作为参考，可以得出这三个维度对物流产业发展影响的灰色关联度，具体如表 5-7 所示。

表 3-7　各维度的灰色关联度

维度	高校科技创新投入能力	高校科技创新产出能力	高校科技创新成果转化能力
关联度	0.7824	0.8296	0.6286

通过观察表 3-6，比较得出河北省高校科技创新能力影响因素与物流产业发展的关联度大小，可以得出结论，$X_9>X_{11}>X_{10}>X_1>X_3>X_7>X_6>X_8>X_5>X_{16}>X_2>X_{15}>X_4$。

因此，河北省高校科技创新能力对物流产业发展的影响因素重要程度排序为：发表学术论文数、科技进步奖励数、出版科技著作数、研发人员数、研发项目数、专利申请数、科研事业费投入额、专利授权数、研发投入总额、国际合作交流派遣数、R&D 成果应用及科技服务人员数、其他知识产权数、发展机构数。

通过分析表 3-7，可以观察到高校科技创新产出能力与物流产业发展的关联度最为显著，达到 0.8296，这表明高校科技创新产出能力对物流产业发展的影响尤为重要。而在高校科技创新产出能力指标中，发表论文数和科技进步奖励数与河北省物流产业发展的关联度最高，分别达到 0.9399 和 0.8885。发表论文数和科技进步奖励数是衡量高校科技创新产出能力的关键指标，它们能够反映高校科研水平是否与领域前沿保持同步以及科研工作是否处于健康状态。

其次为高校科技创新投入能力，其关联度为 0.7824，对河北省物流产业发展的影响较大。而研发人员数与研发项目数这两个指标更突出，关联度分别是 0.8552 和 0.8386。

3.4.3　河北省高校科技创新能力对物流产业发展的影响

本小节利用熵权法计算高校科技创新能力指标的综合权重，详见第 2 章"高校科技创新和物流产业评价指标构建"，并将 2015—2022 年河北省高校科技创新能力发展指数值同 2015—2022 年物流产业增加值做对比，结果见表 3-8、表 3-9。

表 3-8　河北省高校科技创新能力指标的权重

高校科技创新测度指标	熵值	差异系数	权重
X_1：研发人员数	0.815525	0.184475	0.092211
X_2：R&D 成果应用及科技服务人员数	0.717841	0.282159	0.100553
X_3：研发项目数	0.822735	0.177265	0.063172
X_4：发展机构数	0.803709	0.196291	0.069952
X_5：研发投入总额	0.813523	0.186477	0.066454
X_6：科研事业费投入额	0.827564	0.172436	0.061451
X_7：专利申请数	0.907404	0.092596	0.032998
X_8：专利授权数	0.897085	0.102915	0.036676
X_9：发表学术论文数	0.917733	0.082267	0.029317

续表

高校科技创新测度指标	熵值	差异系数	权重
X_{10}：出版科技著作数	0.734531	0.265469	0.094605
X_{11}：科技进步奖励数	0.815773	0.184227	0.065653
X_{12}：国家级项目验收数	0.881133	0.118867	0.042361
X_{13}：专利出售数	0.719510	0.280490	0.099958
X_{14}：专利出售金额	0.767134	0.232866	0.082986
X_{15}：其他知识产权数	0.842733	0.157267	0.056045
X_{16}：国际合作交流派遣数	0.909981	0.090019	0.032080

通过观察高校科技创新能力指标的权重，发现 R&D 成果应用及科技服务人员数指标权重最大，其信息熵值越小，该指标的离散程度越大，对高校科技创新能力的影响越大。其次是专利出售数、出版科技著作数和研发人员数，权重值均大于 0.09，接近 0.1，说明这三个指标对高校科技创新能力的影响仅次于 R&D 成果应用及科技服务人员数这一指标。

表 3-9　2015—2021 年河北省高校科技创新能力发展指数和物流产业发展指数

年份	高校科技创新能力发展指数值	物流产业增加值
2015	0.029271	2612.9
2016	0.049899	2636.2
2017	0.955840	2680.0
2018	0.093093	2798.8
2019	0.148488	2722.2
2020	0.142848	2817.5
2021	0.196939	2968.4

通过对 2015—2022 年高校科技创新能力发展指数值影响物流产业增加值进行对比分析，得出图 3-1 所示的折线图。图上显示，随着年份的增长，高校科技创新能力与物流产业发展呈正相关关系，说明高校科技创新能力与物流产业发展相互影响、相互作用。若提高高校科技创新能力，物流产业发展水平也会随之提高。

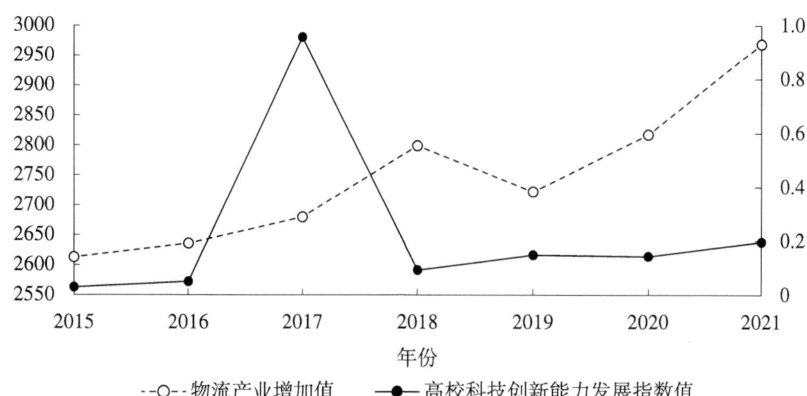

图 3-1　2015—2011 年河北省高校科技创新能力与物流产业发展的关系

3.5　河北省引导高校科技创新促进物流产业发展的对策建议

高校科技创新能力对于物流产业发展至关重要。通过河北省高校科技创新能力影响物流产业发展指标因素的关联度分析结果可以看出，若要从高校科技创新能力层面提高物流产业发展水平，首先要提高高校科技创新产出能力和高校科技创新投入能力。本节将探讨如何通过增加科技投入、加强政产学研合作等措施来提高高校科技创新能力。

3.5.1　提高高校学术水平，促进多学科交叉融合

提高高校学术水平是一个多方面的任务，涉及个人学术素养的提升、研究条件的改善、学术环境的优化等多个层面。首先，高校应鼓励学生参与科研项目，尽早接触实验室和研究实践，有助于培养学生独立研究和解决问题的能力，并要求学生积极参加学生会议、研讨会等，通过这些平台了解最前沿的科研动态，与同行进行交流，拓宽视野。其次，高校应培养学生严谨治学的态度，加强论文写作的训练，包括论文结构、逻辑推理、数据表达和文献引用等方面的教学，严格遵守学术规范，杜绝抄袭、剽窃等不端行为，并鼓励学生提出新观点、新方法，勇于挑战传统理论和权威，明确创新是学术论文的核心竞争力。高校教学应鼓励跨学科的研究，通过多学科的交叉融合，往往能激发新的研究思路和视角，积极参与国际合作与交流，通过与国外高校和研究机构的合作，提升研究的国际视野和水平，进而提高物流产业发展水平。

3.5.2 建立产学研合作机制，推动科研成果转化

河北省应加强地方高校和物流企业的产学研合作，通过联合研发项目、技术转移、人员培训等手段，使高校科研成果能够高效地向物流产业的现实生产率转化，进而推动我国物流产业的技术进步和升级。高校应当根据物流产业和市场的具体需求，增加在物力、财力和人力资源方面的投入。作为科技创新的主要投入者和科技成果转化的主要实施者，物流企业在这一过程中扮演着关键角色。从政府的角度来看，应该按照市场需要和物流企业的发展方向，对相关政策和体系进行改进，充分发挥自身的宏观调控和协调统筹功能，对科研资源进行合理分配，为高校、科研机构和物流公司提供一个良好的合作环境，让高校、科研机构和物流公司进行更多的沟通和合作，构建资源共享、风险共担、利益共享的长期合作机制，为科技创新活动提供必要的便利和保障。

产学研合作，即高校、研究机构与物流企业之间，在人才流动、技术开发、经营发展战略研究等方面进行交流合作、信息共享和资源互通，是一种实现互利共赢的合作关系。通过深入的合作，能够在科研机构、高校和物流企业之间搭建一个沟通与合作的平台，把高校和科研机构的科研人才、能力和技术同企业的市场运营管理、经济资本和社会资源整合起来，达到互相促进、最优分配资源、优势互补的目的，从而加快科研成果的生产、转化和推广，减轻高校科研成果与社会需要的脱节，提高高校的科技创新能力，促进物流产业的可持续发展。

3.5.3 加大高校科技投入，培育物流产业创新人才

加大高校科技投入，培育物流产业创新人才是推动我国物流产业升级、实现高质量发展的重要举措。河北省政府可以加大对高校科研的投入，特别是加强物流相关专业的基础设施和实验室建设，为省内高校提供充足的科研经费和实验设备，为师生提供良好的科研和实验环境，以支持高校物流学科的建设和发展，提升高校的科技创新能力。物流企业也可以提供资金和资源支持，帮助高校将科研成果转化为实际生产力。高校加强物流专业人才的培养，还可以通过优化课程设置、加强实践教学、提供实习实训机会等方式，鼓励高校教师和学生参与物流领域的科技创新，如智能物流、绿色物流等，培养学生的创新能力和实践能力，为物流产业提供高素质的创新人才，并对

在物流科技创新和人才培养方面取得突出成绩的高校和个人给予表彰奖励，激发其积极性。

3.6　本章小结

本章以河北省为研究对象，通过分析河北省高校科技创新能力指标体系及相关数据，并利用灰色关联分析法计算得出河北省高校科技创新能力影响物流产业发展的各指标关联度值，之后利用熵权法分析高校科技创新能力与物流产业发展水平的关系，得出以下结论：首先，高校科技创新产出能力与物流产业发展的关联度最高，对物流产业发展的影响较大，其中发表论文数和科技进步奖励数与物流产业发展的关联度最高。其次，高校科技创新投入能力对物流产业发展的影响仅次于高校科技创新产出能力，其中研发人员数和研发项目数与物流产业发展的关联度更为突出。根据熵权法分析得出，河北省高校科技创新能力与物流产业发展水平是相互影响、相互促进的，并呈现正相关关系。最后，由此提出提高高校学术水平、建立产学研合作机制、加大高校科技投入等建议，从而促进物流产业的可持续发展。

本章参考文献

[1] TONGZON J, CHEONG I. The challenges of developing a competitive logistics industry in ASEAN countries [J]. International journal of logistics research and applications, 2014, 17 (4): 323-338.

[2] HEIKO A, DARKOW I L. Energy-constrained and low-carbon scenarios for the transportation and logistics industry [J]. The international journal of logistics management, 2016, 27 (1): 142-166.

[3] GIULIANO G, KANG S, YUAN Q, et al. Spatial dynamics of the logistics industry and implications for freight flows [R]. METRANS Transportation Center (Calif.), 2016.

[4] ORJI I J, KUSI-SARPONG S, HUANG S, et al. Evaluating the factors that influence blockchain adoption in the freight logistics industry [J]. Transportation research part E: Logistics and transportation review, 2020, 141: 102025.

[5] 赵雷. 我国省域物流产业效率及其影响因素研究 [D]. 北京：北京交通大学，2014.

[6] 韩丹丹. 区域物流发展的影响因素分析：基于物流投入产出视角 [J]. 商业

经济研究，2018（18）：102-105.

［7］陈恒，魏修建，魏晓芳．中国物流业发展的驱动因素及其动力来源：基于劳动力投入的视角［J］．商业经济与管理，2015（11）：13-26.

［8］张旭，袁旭梅，王亚娜，等．基于云 PDR 的区域物流能力评价研究［J］．北京交通大学学报（社会科学版），2020，19（2）：108-117.

［9］唐建荣，张鑫，杜聪．基于引力模型的区域物流网络结构研究：以江苏省为例［J］．华东经济管理，2016，30（1）：76-82.

［10］刘桂云，骆璐瑶．港口物流服务创新能力影响因素分析［J］．物流技术，2020，39（6）：60-63，95.

［11］朱耿，朱占峰，朱一青，等．数字技术支撑下物流产业高质量发展模式研究［J］．物流工程与管理，2019，41（10）：4-9.

［12］朱康文，刘战豫，王漫漫．科技创新驱动我国智慧物流产业高质量发展的策略［J］．创新科技，2019，19（11）：23-29.

［13］陈旭芳，傅培华，李胜定，等．德国现代服务业与先进制造业融合发展启示［J］．浙江经济，2019，674（24）：54-55.

［14］ADAMS J D. Comparative localization of academic and industrial spillovers［J］. NBER（National Bureau of Economic Research）working paper，2002，2（3）：253-278.

［15］SIGURDSON J，REDDY P. National appropriation of university innovations：The failure of inkjet technologies in Sweden［J］. Technology analysis & strategic management，1995，7（1）：41-62.

［16］HICKS D，HAMILTON K. Dose university-industry collaboration adversely affects university research［J］. Issues in science and technology，2001（12）：74-75.

［17］SHANE S. Selling university technology：Patterns from MIT［J］. Management science，2002，48（1）：122-137.

［18］RAHAL A D，RABELO L C. Assessment framework for the evaluation and prioritization of university inventions for licensing and commercialization［J］. Engineering management Journal，2006，18（4）：28-36.

［19］MIYATA Y. An empirical analysis of innovative activity of universities in the United States［J］. Technovation，2000，20（8）：413-425.

［20］THURSBY J G，KEMP S. Growth and productive efficiency of university intellectual property licensing［J］. Research policy，2002（31）：109-124.

［21］FENG Y J，LU H，BI K，AN. AHP/DEA method for measurement of the efficiency of R&D management activities in universities [J]. International transactions in operational research, 2004 (11): 181-191.

[22] NUR AZLINA ABD AZIZ, JANOR R M, MAHADI R. Comparative departmental efficiency analysis within a university: A DEA approach [J]. Procedia-social and behavioral sciences, 2013, 90: 540-548.

[23] 郭俊华，孙泽雨. 基于因子分析法的中国高校科技创新能力评价研究 [J]. 科技管理研究，2016 (3): 66-71.

[24] 刘小明. 福建省高校科技创新能力与体系研究 [D]. 福州：福州大学，2004.

[25] 耿迪. 高校科技创新能力评价研究 [D]. 武汉：武汉理工大学，2013.

[26] 蔡琳. 高校科技创新指标体系构建与评价方法研究 [D]. 广州：暨南大学，2016.

[27] 蒋艳萍，田兴国，吕建秋，等. 高校科技创新能力综合评价指标体系的构建 [J]. 科技管理研究，2010 (8): 38-40.

[28] 章熙春，马卫华，蒋兴华. 高校科技创新能力评价体系构建及其分析 [J]. 科技管理研究，2010 (13): 79-83.

[29] 蒋兴华. 五地区高校科技创新能力比较研究：基于灰色关联度评价方法 [J]. 中国高校科技，2016 (7): 15-17.

[30] 韩晓明，王洪燕. 基于熵值法的高校科技创新能力评价 [J]. 北京工业大学学报（社会科学版），2015, 15 (1): 73-78, 84.

[31] 李高扬，刘明广. 基于结构方程模型的区域创新能力评价 [J]. 技术经济与管理研究，2011 (5): 28-32.

[32] 李艺全. 创新驱动视角下高校内部学院科技创新能力评价 [J]. 福州大学学报（哲学社会科学版），2017, 31 (1): 34-41.

[33] 赵黎明，刘猛. 基于熵权 TOPSIS 的区域科技创新能力评价模型及实证研究 [J]. 天津大学学报（社会科学版），2014, 16 (5): 385-390.

[34] LI M. Application of science and technology innovation thought in logistics field [J]. Sci-tech innovation and productivity, 2018 (1): 1-2.

[35] ZHANG B Y, HE Y M, MENG L J, et al. Logistics standard, independent innovation and logistics service quality [J]. Industrial economic review, 2019, 10 (5): 17-30.

[36] 张晏魁. 科技进步对现代物流产业发展的影响研究：评《科技进步促进区域物流发展理论与实证研究》[J]. 科技进步与对策，2020, 37 (9): 164.

[37] 刘国巍. 物流技术创新对物流业的影响测度与路径分析：基于 2000—2015 年省际空间杜宾面板数据模型 [J]. 中国流通经济，2018，32（1）：38-46.
[38] 朱青山. 科技创新对物流业效率的影响实证分析：基于岭回归模型 [J]. 商业经济研究，2021（9）：91-93.
[39] LIN C Y. Factors affecting innovation in logistics technologies for logistics service providers in China [J]. Journal of technology management in China，2007，2（1）：22-37.
[40] HIDALGO A，LÓPEZ V，ALBORS J. Drivers and impacts of ICT adoption on transport and logistics services：An european perspective [J]. International association for management of technology，2009，17（2）：27-47.
[41] GOLDSBY T J，ZINN W. Technology innovation and new business models：Can logistics and supply chain research accelerate the evolution？[J]. Journal of business logistics，2016，37（2）：80-81.
[42] 王生凤，唐晋，盛卫超. 灰色分析法在物流绩效评价中的应用研究 [J]. 装甲兵工程学院学报，2006（1）：26-28.
[43] 周秀欢. 我国第三方物流企业核心竞争力影响因素及评价研究 [D]. 武汉：武汉理工大学，2006.
[44] 云虹，姜丽莎. 物流业财务绩效指标体系的构建与评价 [J]. 经济问题，2011（6）：102-105.
[45] 谢春英. 我国民营快递企业物流绩效评价 [D]. 杭州：浙江工业大学，2012.
[46] 廖霁航. 快递企业综合绩效评价研究 [D]. 北京：北京交通大学，2013.

第 4 章

高校科技创新能力与物流产业发展的系统动力学分析

随着科技的快速发展，科技创新在促进产业发展方面发挥着巨大的作用，而高校作为科技创新的主体，为我国科技创新水平的提升注入了源源不断的新鲜血液，同时也推动着物流产业的发展。据中国物流中心 2024 年 2 月发布的数据显示，2023 年，我国经济在波动中恢复，稳定因素有所累积，物流运行环境持续改善，行业整体恢复向好。其中，2023 年我国全年社会物流总额达到 352.4 万亿元，按可比价格计算，同比增长 5.2%，增速比 2022 年全年提高 1.8 个百分点；物流行业的总收入为 13.2 万亿元，较 2022 年同比增长 3.9%；物流产业景气指数平均为 51.8%，比 2022 年高 3.2 个百分点。随着数字化转型速度加快，各大物流企业都在积极探索应用大数据模型、智能算法分析等数字化手段，实现全流程物流监控调度，助力效率提升、服务优化。在企业数字化转型的进程中，高校科技创新也必不可少，高校承担着培养创新人才的重大使命，是提高科技创新能力，推动物流企业数字化转型与发展的动力来源。高校科技创新能力主要从以下三个方面影响物流产业发展。

（1）人才效应。物流产业发展依赖于人才创造力的充分发挥，高校通过培养高素质人才，为物流产业提供人力资本支持，是物流产业发展的强劲动力。

（2）产出效应。在知识经济时代，高校在知识创造和科学研究方面发挥着不可替代的作用，其科研创新产出对物流产业增加值的拉动作用提升明显。

（3）社会效应。高校日益走向社会圆心，其社会服务功能日益突出，高校科技成果转化与扩散直接影响着物流产业发展。

为了推动物流产业发展，有必要研究高校科技创新能力对物流产业发展的影响路径。本章利用系统动力学方法构建仿真模型，通过调整变量的参数值进行仿真模拟，进而得出促进物流产业发展的有效对策。

4.1 相关研究

4.1.1 高校科技创新能力相关研究

通过对现有文献进行分析与梳理得出，学者们关于高校科技创新能力的研究多是围绕高校科技创新能力评价和提升两个方面展开的。

在高校科技创新能力评价研究方面，Sergio 等通过研究科研人员和科研经费对高校科研能力的作用，发现高质量科研人员投入对高校科研能力的影响要大于科研经费的影响。Yaisawarng 和 Ng 认为，通过科研活动所生成的创新产品数量和净利润率可以度量高校创新的产出能力。王冲等以吉林省为例，从基础条件、投入能力、产出能力、转化能力及新辐射能力五个方面，构建了高校科技创新能力评价指标体系。任诗程和苏博谦通过文献分析，从人才资源、科技物力、科技经费、创新产出、成果转化、人才培养、国际交流合作七个方面构建高校科技创新影响因素测量指标体系，并基于 PLS-DEMATEL 方法，对各个因素的重要度和类型进行探讨。齐书宇在参考相关文献和实地调研与访谈的基础上，利用德尔菲法修订评价指标体系，最终从科技创新队伍、科技创新支撑条件、科技创新成果、社会贡献与影响、人才培养等方面构建地方高校科技创新能力的三级评估指标体系。王海燕和苏博谦基于现有研究结果，从可获得性与可比性角度出发，从创新基础、创新投入、创新产出和成果转化四个维度，构建了高校科技创新评价指标体系。

在高校科技创新能力提升方面，冯广宇等利用熵权-fsQCA 法，从发展人员、科研经费、专利申请、学术论文、专利授权、成果授奖数、成果转让收入七个方面对 39 所“双一流”高校科技创新能力的组合路径进行研究，从提高成果转化能力、加强政产学研合作及完善申报审批流程三个角度为提升高校科技创新能力提出建议。唐娜和杨道涛以江苏省为例，选取该省 2012—2020 年科技创新能力的核心指标数据进行分析，基于数据分析结果，从加强研发经费投入、提升专利成果质量及提升成果转化成效等方面提出对策建议，以此提升江苏高校科技创新能力，深入推进江苏科技创新中心的建设。谢海波和汤亚平通过对我国高校科技创新能力的现状与不足进行分析，认为应当通过强化基础研究、培养创新人才、校企融合、多学科交叉与跨界融合等各项举措，全面提升高校科技创新能力。

4.1.2　物流产业发展评价研究

学者们对于物流产业发展的研究多集中于对物流产业发展的评价上，如崔宏凯等运用熵权法从物流产业投入水平、物流产业发展环境、物流产业产出水平、区域经济发展规模、城市物流化水平五个维度构建长江三大都市圈相关城市物流产业发展水平评价指标体系。章艳华在现有文献的基础上，从长三角地区的经济发展水平、社会消费状况、物流需求状况、物流基础设施建设情况四个方面，构建了评价指标体系。翁启伟用产值增加值、运输路程增加量、就业人员增加量三个指标衡量物流产业发展水平。刘卜榕等从物流供给能力、区域经济发展、信息化程度、基础设施四个维度对物流产业进行指标体系的构建，评估江苏省 13 个城市的综合物流发展水平。

4.1.3　科技创新对产业发展的影响研究

也有学者对科技创新能力与产业发展的关系进行研究。例如，韩晓等认为高校科研创新可以为专利密集型产业发展赋能。朱康文等通过对我国智慧物流的研究现状和发展情况进行分析，认为科技创新可以促进物流产业的高质量发展。陶正鹏认为科技创新能够提升物流产业数字化与现代化水平，促进物流产业高质量发展。刘桂云和骆璐瑶认为政府研发投入对港口物流服务创新能力的影响较大，通过改善研发投入可以提高港口物流发展的竞争力。雷朝滋认为高校在提升自身创新能力的同时，强化与企业的协同创新，能够实现优势互补，服务于产业发展。陈畴镛和王雷认为高校是区域创新体系的重要组成部分，是促进中小型企业转型升级与发展的重要力量。

综上所述，目前研究主要集中于高校科技创新能力和物流产业发展的评价，并基于评价结果提出相关建议，也有少数学者研究科技创新对产业发展的影响，但其研究多是基于理论进行分析，很少有学者研究高校科技创新能力对物流产业发展的影响机理。高校在物流产业的发展过程中发挥了巨大的作用，高校的人才培养、研究产出以及高校科技成果的转化都促进了物流产业的发展，所以有必要对高校科技创新能力对物流产业发展的影响进行深入研究。因此，本章从高校科技创新投入、产出、转化三个角度构建了系统动力学模型，探究不同因素对河北省物流产业发展的影响程度，以期为河北省物流产业发展提供参考建议。

4.2 系统动力学模型构建

4.2.1 指标选取

在参考前文构建的高校科技创新评价指标体系和物流产业指标体系的同时，本章考虑到高校科技创新能力对物流产业的影响主要体现为人才效应、产出效应和社会效应，因此从高校科技创新投入、产出和转化三个能力维度研究其对物流产业发展的影响机理。在二级指标的选取上，本章通过研发经费、研发项目数和研发人员数三个指标评价高校科技创新投入能力；高校的专利量在一定程度上能够反映高校科技创新的产出状况，因此选取申请专利数和发明专利数作为高校科技创新产出能力的评价指标；高校科技创新的最终目的是将科技创新成果转化为生产力，促进效益提升，因此本章从出售金额和出售专利数两个方面对高校科技创新转化能力进行评价。而在物流产业发展的评价指标上，本章从经济、技术和服务三个角度进行评价，选取了物流业增加值、物流技术水平和物流服务水平三个二级指标，具体如表 4-1 所示。

表 4-1 高校科技创新能力影响物流产业发展的指标体系

一级指标	二级指标	含义
高校科技创新投入能力	研发经费	高校用于内部开展 R&D 活动（基础研究、应用研究和试验发展）的实际支出
	研发项目数	高校在当年立项并开展研究工作、以前年份立项仍继续进行研究的研发项目（课题）数
	研发人员数	高校参与研究与试验发展项目研究、管理和辅助工作的人员数
高校科技创新产出能力	申请专利数	高校在报告期内向国内外知识产权行政部门提出专利申请并被受理的件数
	发明专利数	高校作为专利权人在报告期拥有的、经国内外知识产权行政部门授权且在有效期内的发明专利件数

续表

一级指标	二级指标	含义
高校科技创新转化能力	出售专利数	高校将获得国家授权的专利出售给企业的件数
	出售金额	高校将获得国家授权的专利出售给企业或其他机构得到的资金
物流产业发展	物流业增加值	由交通运输业物流增加值、仓储物流业增加值、批发物流业增加值、配送加工包装物流业增加值和邮政业物流增加值构成
	物流技术水平	专利申请数与发明专利数的比值
	物流服务水平	物流人才数量占物流从业人员数的比率

4.2.2　建模基础

1. 系统目标

高校科技创新能力对物流产业发展的影响是一个不断变化与发展的复杂过程，因此很适合运用系统动力学方法对该系统进行分析。本章的主旨在于分析高校科技创新能力对物流产业发展的影响路径，为此，本章以河北省为研究对象，构建系统动力学仿真模型，从高校科技创新投入能力、高校科技创新产出能力、高校科技创新转化能力三个角度，探讨其对物流产业发展的作用。本章的主要研究目标包括以下三点：

（1）系统地分析高校科技创新能力影响物流产业发展的因素体系，并分析各因素之间的因果关系，构建仿真模型。

（2）收集河北省统计年鉴中的相关数据，分析得出参数方程，将初始值和参数方程代入模型，并仿真运行。同时，将仿真结果对比真实数据，验证模型的有效性。

（3）调整模型中变量的参数值，进行情景分析，基于研究结果，为物流产业发展提出合理化建议。

2. 系统边界

高校科技创新能力影响物流产业发展的系统中存在多种因素的联系，因此需要对模型的系统边界加以限制，否则会造成系统的无限扩展，进而难以突出研究重点。

本章从高校科技创新投入能力、高校科技创新产出能力、高校科技创新转化能力出发，其中高校科技创新投入能力包含研发经费、研发人员数和研发项目数，高校科技创新产出能力包含申请专利数和发明专利数，高校科技创新转化能力包含出售专利数和出售金额，构建以物流技术水平、物流服务水平及物流业增加值为研究对象的物流产业发展模型，将系统边界限制在这三个子系统中，以保证模型的有效性。

4.2.3 构建系统动力学模型

1. 绘制因果关系图

在高校科技创新能力影响物流产业发展的模型中，充分考虑高校科技创新投入能力、产出能力和转化能力对物流业增加值、物流技术水平和物流服务水平的作用，梳理各因素间的因果关系并绘制因果关系图，如图 4-1 所示。

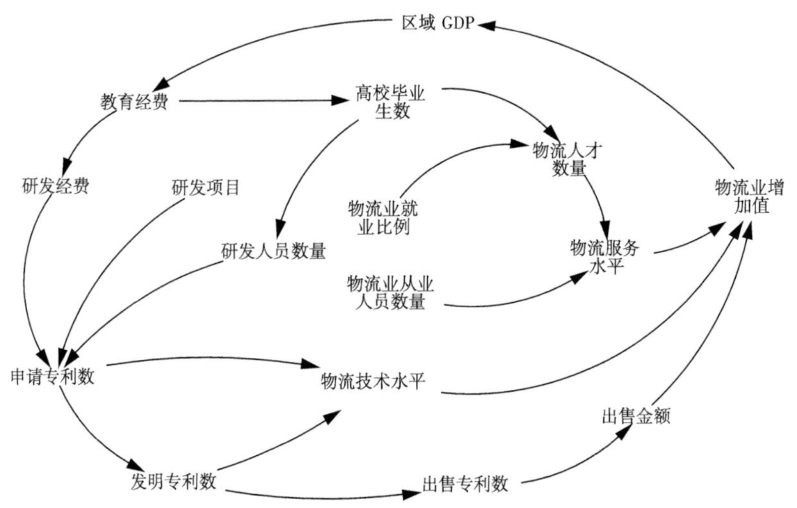

图 4-1　高校科技创新能力与物流产业发展因果关系图

该系统动力学模型主要由以下反馈回路构成：

(1) 研发经费→申请专利数→发明专利数→出售专利数→出售金额→物流业增加值→区域 GDP→教育经费→研发经费。

(2) 教育经费→高校毕业生数→物流人才数量→物流服务水平→物流业增加值→区域 GDP→教育经费。

(3) 研发人员数→申请专利数→物流技术水平→物流业增加值→区域

GDP→教育经费→高校毕业生数→研发人员数。

（4）物流业增加值→区域 GDP→教育经费→高校毕业生数→研发人员数→申请专利数→物流技术水平→物流业增加值。

2. 绘制存量流量图

基于因果关系，绘制存量流量图，如图 4-2 所示。该流量图主要涉及状态变量、速率变量和常量，其中包括：高校毕业生数、研发人员数及申请专利数 3 个状态变量；毕业生增加量、研发人员增加量及专利申请增加量 3 个速率变量，以及教育经费、研发经费、物流技术水平及物流业增加值等 15 个辅助变量。

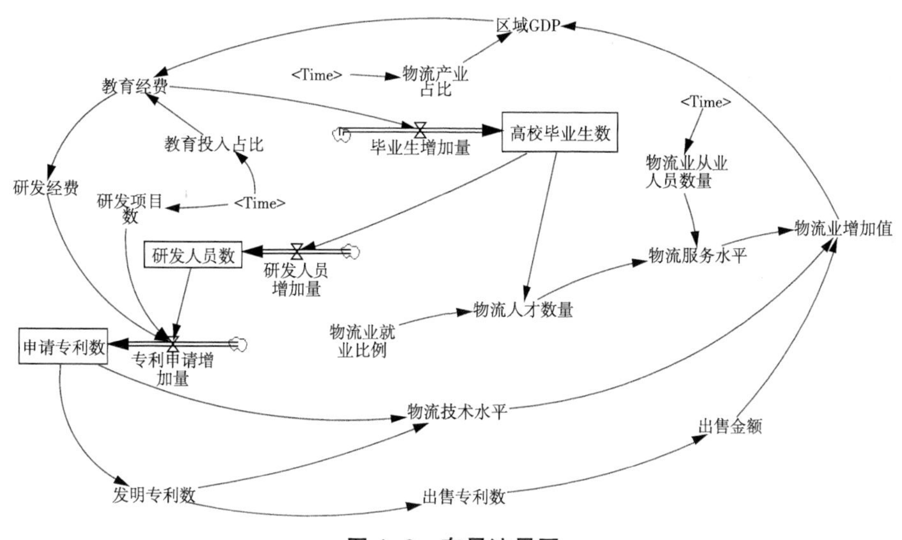

图 4-2　存量流量图

3. 构建参数方程

本章从河北统计局网站、《高等学校汇编》《河北统计年鉴》等处对数据进行收集，选取 2015—2021 年的数据作为基础数据，利用统计学回归分析方法进行数据测算以确定参数变量，以下是模型主要变量的计算方程。

（1）本章用物流产业占比表示物流业增加值占河北省 GDP 的比值：

物流产业占比 = WITHLOOKUP（Time,（[（2015, 0）-（2030, 0.0461）],（2015, 0.0990）,（2016, 0.0926）,（2017, 0.0875）,（2018, 0.0861）,（2019, 0.0778）,（2020, 0.0782）,（2021, 0.0735）,（2030, 0.0461））），进一步可得区域 GDP 的函数关系式，即 GDP = 物流产业增加值/物流产业占比。

（2）教育经费可以通过 GDP 中教育投入比率计算得出：教育投入＝区域 GDP×教育投入占比。通过对统计年鉴中历年教育经费占 GDP 的比率进行计算，得出：

教育投入占比＝WITHLOOKUP（Time,（[（2015, 0）－（2030, 0.072）],（2015, 0.0487）,（2016, 0.0499）,（2017, 0.0520）,（2018, 0.0535）,（2019, 0.0570）,（2020,0.0591）,（2021,0.0543）,（2030,0.0720））。

（3）研发经费＝－11.252 ＋ 0.02×教育经费。

（4）研发项目数＝WITHLOOKUP（[（2015,0）－（2030,6.989）],（2015, 2.0946）,（2016,2.3567）,（2017,2.5232）,（2018,2.7124）,（2019,2.8951）,（2020,3.1844）,（2021,3.4794）,（2030,6.9890））。

（5）研发人员数＝0.073 ＋ 0.001×总毕业生数。

（6）申请专利数受到研发经费、研发项目数和研发人员数三方面因素的影响，本章对历年数据进行拟合分析与预测，可以得到：

专利申请数＝ INTEG（专利申请增加量，0.3442），专利申请数初始值通过参考 2015 年的统计年鉴数据，得到 2015 年专利申请数为 0.3442 万项，因此其初始值设为 0.3442。

专利申请增加量＝ －0.522－0.006×研发经费－1.177×研发项目数＋1.187×研发人员数。

（7）发明专利数＝－0.0264＋0.47×申请专利数。

（8）出售专利数＝－0.04＋0.258×发明专利数。

（9）出售金额＝ 0.0401＋6.431×出售专利数。

（10）物流技术水平＝发明专利数/申请专利数。

（11）高校毕业生增加量＝32.801＋0.012×教育经费；高校毕业生数＝INTEG（高校毕业生增加量，50.9837），初始值通过参考 2015 年的统计年鉴数据进行计算，得到 2015 年毕业生数为 50.9837 万人，因此其初始值设为 50.9837。

（12）研发人员数＝ INTEG（研发人员增加量，2.8416）。

（13）物流人才数量表示物流行业的数量，毕业生从事物流产业的人数约占毕业生总数的 3%，故取物流业就业比率为 0.03，可以得到：

物流人才数量＝高校毕业生数×物流业就业比例。

（14）物流业从业人员数由历年统计年鉴整理得到，并利用回归分析进行拟合与预测，可得：

物流从业人员数=WITHVLOOKUP([(2015,0)-(2030,31.847)],(2015,29.1791),(2016,28.6719),(2017,24.2689),(2018,24.5802),(2019,27.4703),(2020,27.2669),(2021,28.9701),(2030,31.8470))。

(15) 物流服务水平=物流人才数量/物流业从业人员数。

(16) 物流产业增加值受到专利出售金额的影响，同时物流技术水平和物流服务水平的提高会进一步促进物流产业的发展，促进物流产业增加值的增长，其方程式为：

物流产业增加值=2725.217+254.812×出售金额（亿元）-485.33×物流技术水平+779.563×物流服务水平。

4.2.4 模型有效性检验

1. 历史性检验

本章使用 Vensim PLE 9.3.5 软件进行仿真模拟，将模型时间设为 2015—2030 年，仿真步长为 1 年，将参数方程以及变量的初始值代入模型并运行。为了保证模型的有效性，本章以物流业增加值、区域 GDP、高校毕业生数、研发人员数四个变量为例进行历史性检验（见表 4-2、表 4-3）。通过将运行结果与真实数据进行对比，一般认为当误差不超过 10% 时，可以认为模型模拟结果与实际基本符合。

表 4-2　区域 GDP、物流业增加值历史性检验

年份	区域 GDP 仿真值/亿元	区域 GDP 真实值/亿元	误差/%	物流业增加值仿真值/亿元	物流业增加值真实值/亿元	误差/%
2015	26031.4	26398.4	-1.39	2577.10	2612.90	-1.37
2016	28719.6	28474.1	0.86	2659.44	2636.20	0.88
2017	31348.3	30640.8	2.31	2742.97	2680.00	2.35
2018	32633.1	32494.6	0.43	2809.71	2798.80	0.39
2019	36754.2	34978.6	5.08	2859.48	2722.20	5.04
2020	37703.5	36013.8	4.69	2948.42	2817.50	4.65
2021	41160.1	40391.3	1.90	3025.27	2968.40	1.92

表 4-3 高校毕业生数、研发人员数历史性检验

年份	高校毕业生数仿真值/万人	高校毕业生数真实值/万人	误差/%	研发人员数仿真值/万人	研发人员数真实值/万人	误差/%
2015	50. 9837	50. 9837	0	2. 8416	2. 8416	0
2016	98. 9974	102. 9243	-3. 82	2. 9656	3. 0448	-2. 60
2017	148. 9960	153. 1614	-2. 72	3. 1376	3. 2588	-3. 72
2018	201. 3580	205. 1483	-1. 85	3. 3596	3. 3444	0. 46
2019	255. 1100	260. 6457	-2. 12	3. 6339	3. 6017	0. 89
2020	313. 0500	320. 0373	-2. 18	3. 9620	4. 0883	-3. 09
2021	372. 5910	383. 7091	-2. 90	4. 3481	4. 3978	-1. 13

通过表 4-2、表 4-3 的历史数据检验结果可知，模型中的四个变量随时间变动的趋势基本与真实值一致，所有变量的误差均在 10% 以内，说明本章所构建的模型能够较好地反映实际情况，可进行后续仿真分析。

2. 灵敏度检验

本章以研发经费和教育经费为例，进行灵敏度分析，以检验模型的稳定性。具体分析如下：

（1）将研发经费分别增加 30% 和减少 30% 两种情况，观察物流技术水平和物流业增加值的变化趋势（current 代表初始情况，current1 代表教育经费增加 30% 的情况，current2 代表教育经费减少 30% 的情况），如图 4-3、图 4-4 所示。

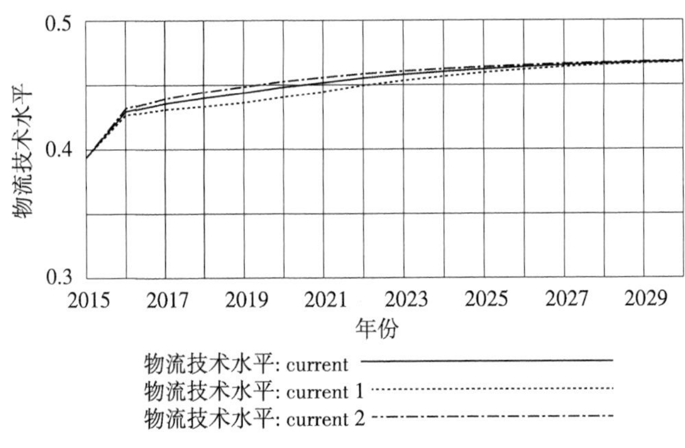

图 4-3 研发经费对物流技术水平的灵敏度检验

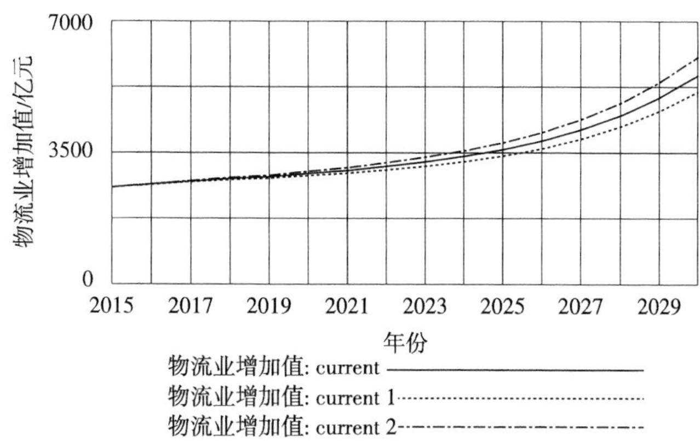

图 4-4　研发经费对物流业增加值的灵敏度检验

由图 4-3 可知，通过改变研发经费的投入力度，物流技术水平也会随之改变；同时可以看出，物流技术水平在一定范围内产生稳定的变化，最终趋于一稳定值。由图 4-4 可知，研发经费的投入也会造成物流业增加值产生稳定的变化，因此具有良好的灵敏性。

（2）将教育经费分别增加 30% 和减少 30%，观察物流服务水平和物流业增加值的变化趋势（current 代表初始情况，current3 代表教育经费增加 30% 的情况，current4 代表教育经费减少 30% 的情况），如图 4-5、图 4-6 所示。

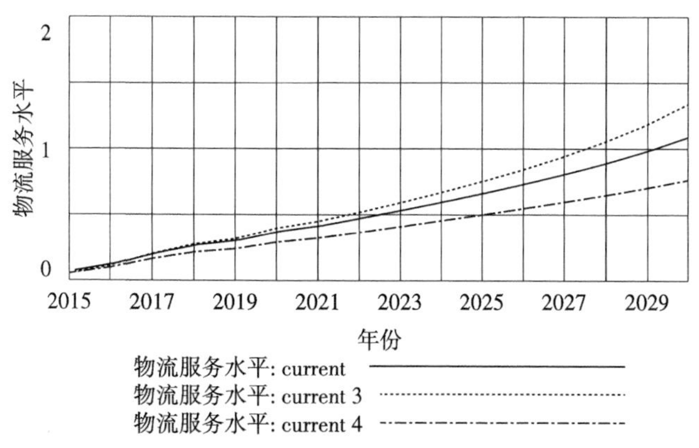

图 4-5　教育经费对物流服务水平的灵敏度检验

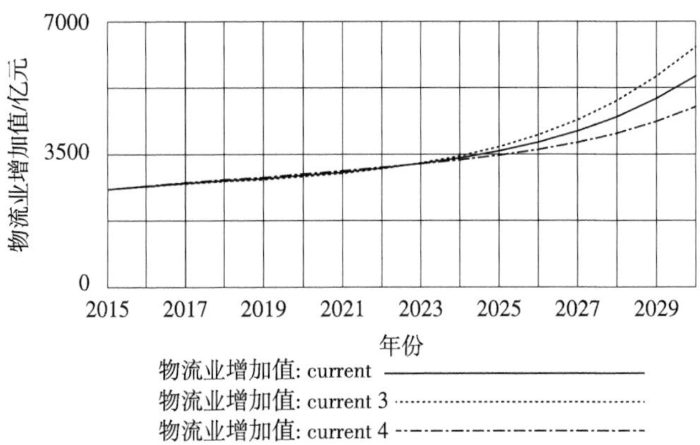

图 4-6　教育经费对物流业增加值的灵敏度检验

由图 4-5、图 4-6 可知，调整教育经费的投入力度，也会对物流服务水平和物流业增加值造成显著的影响，因此也具有较好的灵敏性。

通过对研发经费和教育经费进行灵敏度分析，由上述分析结果可以得出该模型较为稳定，能够进行下一步研究。

4.3　仿真分析与对策建议

4.3.1　仿真结果分析

区域 GDP 的变化趋势、研发经费的变化趋势、教育经费的变化趋势如图 4-7～图 4-9 所示。

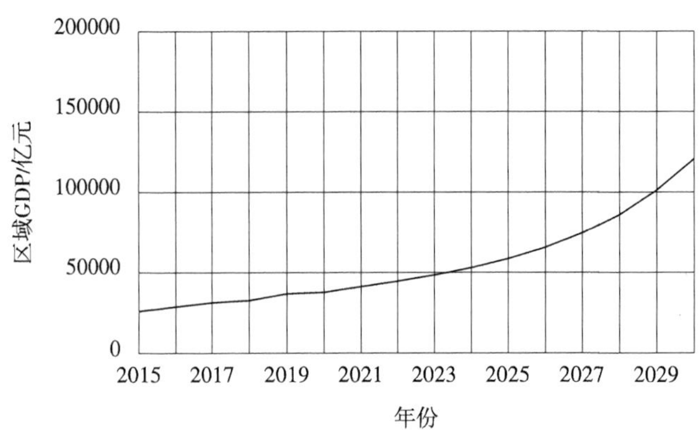

图 4-7　区域 GDP 的变化趋势

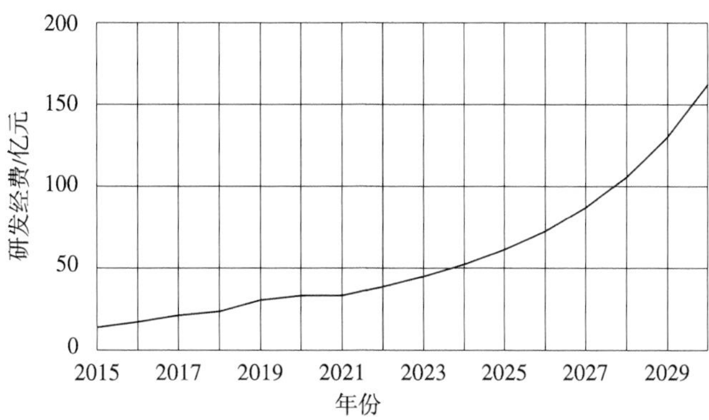

图 4-8　研发经费的变化趋势

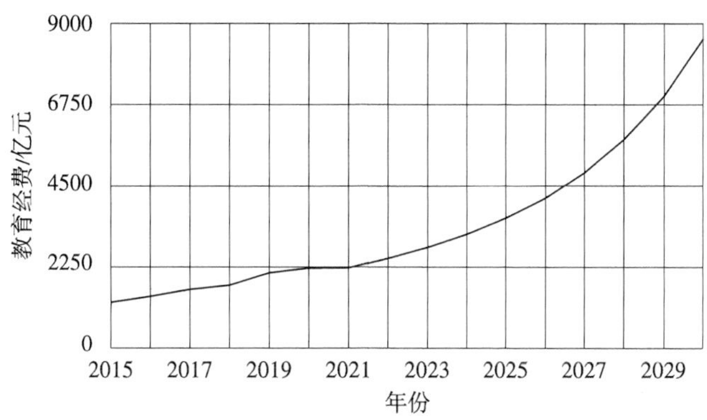

图 4-9　教育经费的变化趋势

由图 4-7~图 4-9 可以看出，区域 GDP、研发经费及教育经费均呈持续增长态势。区域 GDP 的增加为政府带来了更多的资金，政府加大了在研发经费、教育经费等方面的支持，进而在科技创新研发和高校人才培养方面有了资金保障，这为物流产业的发展提供了更强大的人才与资金支撑，推动了物流产业的繁荣发展。

如图 4-10 所示，研发投入的增加为高校科技创新带来了人力、财力和项目的支持，使高校能够产出更多的专利，服务于物流企业，促进了物流技术水平的发展。与此同时，随着科技的日趋成熟，物流的科技水平也在逐步提高，并逐渐趋于稳定状态。

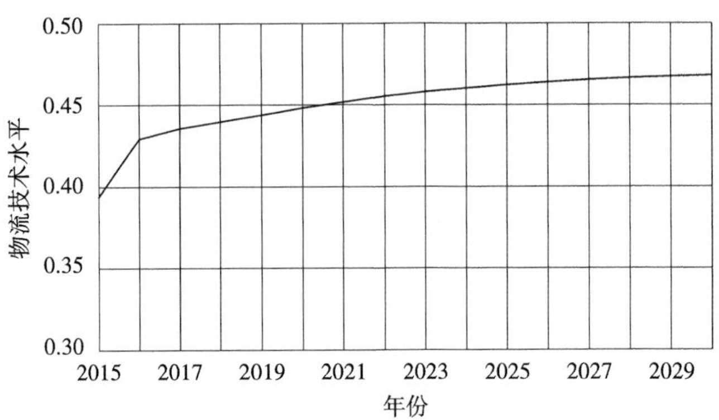

图 4-10　物流技术水平的变化趋势

如图 4-11 所示，近年来河北省在教育领域的投资力度不断加大，为高校的人才培养提供了经济支持，而高校毕业生的增加也能够为物流企业输送大量的专业型和创新型人才。物流作为服务型产业，高素质的专业人才能够提高物流行业的服务水平，支撑着物流产业的发展。

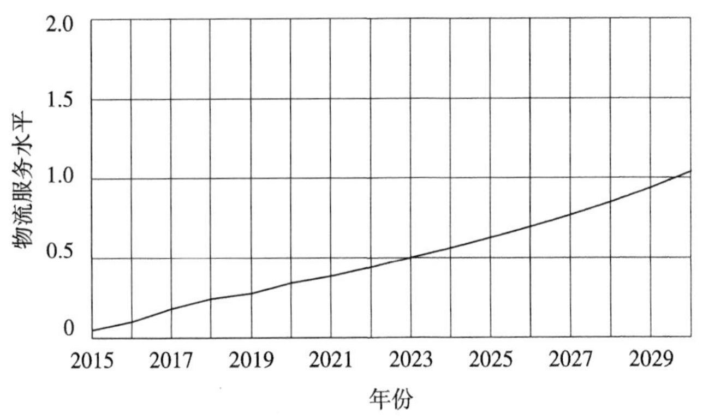

图 4-11　物流服务水平的变化趋势

如图 4-12 所示，随着高校科技创新能力带来的连锁反应，如物流技术水平、物流服务水平以及专利出售金额的增加，也带动了物流业的发展，物流业增加值也在呈现不断上升的趋势。

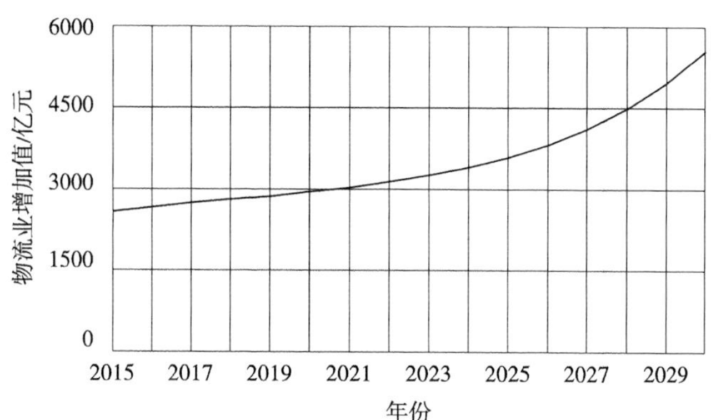

图 4-12　物流业增加值的变化趋势

高校科技创新能力对物流产业发展的影响是层层递进的，其具体体现在物流业增加值的增加能够促进区域 GDP 的发展，进而促进研发经费和教育经费投入的增加。研发经费的增加可以为高校科技创新提供物质基础保障，使科技创新活动能够顺利进行。教育经费的投入可以为高校完善设施设备、培养人才提供保障，进而为高校科技创新投入提供人才支持，同时也能够为物流行业带来更多的高素质人才。而高校科技创新投入的增加能更好地促进高校科研创新产出与转化，促进物流技术水平的提升，最终实现闭环，为物流产业发展带来动力，建立因素间的联系，使其能够相互作用，相互影响。

4. 3. 2　控制变量仿真实验

本小节从高校科技创新投入能力、高校科技创新产出能力、高校科技创新转化能力三个层面设定以下三种情景模型。

1. 高校科技创新投入能力模拟仿真

高校科技创新投入能力主要由经费、人力和项目投入来体现，因此本小节将科研经费、科研人员和科研项目投入分别增加 20% 和 40% 进行仿真模拟，观察物流产业发展的变化趋势（current 代表初始情况，current5 代表增加 20% 的情况，current6 代表增加 40% 的情况），如图 4-13 所示。

2. 高校科技创新产出能力模拟仿真

高校科技创新产出能力主要由申请专利数和发明专利数来体现，由于发明专利数受到申请专利数的影响，因此本小节将申请专利数分别增加 20% 和 40% 进行仿真模拟，观察物流产业发展的变化趋势（current 代表初始情况，

current7 代表增加 20% 的情况，current8 代表增加 40% 的情况)，如图 4-14 所示。

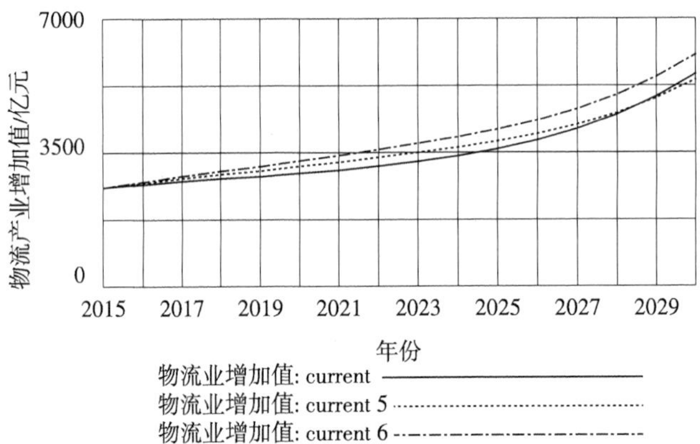

图 4-13　高校科技创新投入能力对物流产业发展的影响

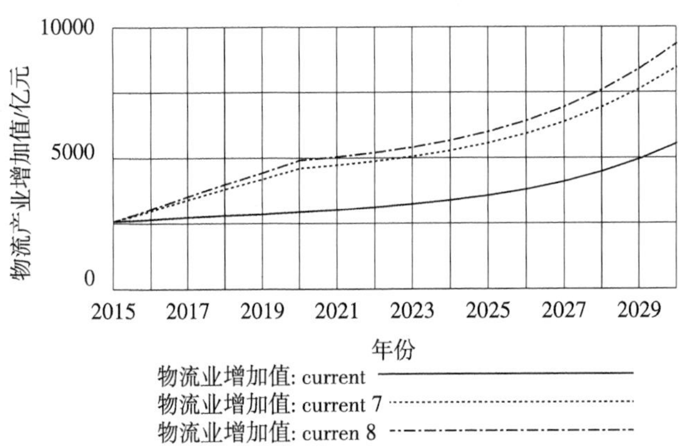

图 4-14　高校科技创新产出能力对物流产业发展的影响

3. 高校科技创新转化能力模拟仿真

高校科技创新转化能力主要由出售专利数和出售金额来体现，由于出售金额受到出售专利数的影响，因此本小节将出售专利数分别增加 20% 和 40% 进行仿真模拟，观察物流产业发展的变化趋势（current 代表初始情况，current9 代表增加 20% 的情况，current10 代表增加 40% 的情况)，如图 4-15 所示。

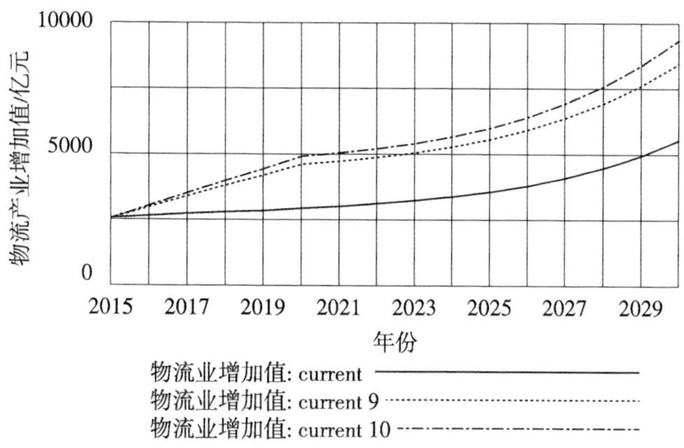

图 4-15　高校科技创新转化能力对物流产业发展的影响

由图 4-13～图 4-15 可知，高校科技创新投入能力、产出能力和转化能力的提升都会促进物流产业的发展，有效提高物流产业增加值。其中高校科技创新产出能力和高校科技创新转化能力的增加会对物流产业增加值带来显著的影响，而高校科技创新投入能力对物流产业增加值带来的影响较弱。

高校科技创新产出能力和高校科技创新转化能力对物流业增加值影响较大是因为二者可以直接作用于物流产业的发展，高校科技创新活动中的创新成果可以直接作用于物流企业，如高校科技创新活动中产出的科技专利等，能够为物流产业发展带来科技支持；高校科技创新转化能力可以将创新成果转化为社会生产力，如专利出售金额是高校通过知识创新成果转化为经济效益，为物流企业发展带来经济支持。高校科技创新投入能力对物流产业发展影响较弱是因为其间接作用于物流产业发展，高校科技创新投入是高校科技创新产出和成果转化的前提保障，有了投入，产出和转化活动才能得以开展，加大高校科技创新投入力度，提升高校科技创新投入能力，才能更好地保障高校科技创新产出能力和转化能力的稳定提升，进而促进物流产业发展。

4.4　本章小结

本章利用系统动力学理论，建立了高校科技创新能力时物流产业发展的影响模型，通过仿真模拟，研究高校科技创新投入能力、产出能力和转化能力对物流产业发展的影响。结果表明，高校科技创新产出和转化能力对物流产业发展的影响强于高校科技创新投入能力。基于以上研究结论，提出以下建议。

1. 建立科学的人才培养体系

高校应重视加强高水平人才的培养，因为人才的培养对于任何一个产业来说都是难题。一方面，高校对人才的培养多是理论教学，实践操作不足，导致部分学生在毕业后难以满足本行业的专业需求，与其他专业的从业者需要再进行专业培训，难以满足企业的专业需求。因此，高校在人才培养过程中，应坚持理论与实践相结合，避免增加人才培养的沉没成本。另一方面，在大数据背景下，科学技术已成为诸多行业的必要技能，物流产业也不例外，尤其是物流产业在信息技术的帮助下，能够降低人力成本、提高效率，进而提高整个行业的服务水平。因此，在物流产业的人才培养过程中，也应该熟练掌握科学技术，这样才能为物流产业的发展带来实质性的促进作用。除此之外，高校也要注重科研人才的培养，吸引高质量研究生报考，培养高层次科研人才，为高校的科研发展注入新鲜血液。因此，高校应当建立科学规范的人才培养体系，切实做到科学用人。

2. 深化需求导向的产学研合作

高校科技创新要与市场需求紧密结合，切实与企业深度合作，研究出受市场青睐的成果，使高校的科技创新成果能真正作用于物流企业，促进物流产业发展。加强产学研合作需要政府和高校共同努力：一方面，政府要发挥政策引导作用，鼓励高校和物流企业建立合作关系，使更多的物流专业学生能够到物流企业实习，在毕业前能够了解物流产业的工作内容与工作流程等，进而了解自身的不足，及时提高自身的专业能力；另一方面，高校要积极进行基础科研工作研究，提高科技创新成果的产出速度与产出质量，将研究成果更好地应用于物流企业，进而获得更多的资金与技术支持。

3. 提升高校科技创新成果转化效率

一方面，应健全管理制度，提升高校科技成果质量，建立健全以产业需求为核心的科技成果体系，使质量更高、更有针对性的科技成果能够被运用到物流企业之中；另一方面，应加强对高校科技创新成果转化的激励，对成果转化的受益人、科研人员的绩效等都要进行独立的评估，并对完成重大成果转化的教师给予相应奖励，促进高校产生更多的科研创新成果，更快地将其转化为物流企业生产力，为物流企业的发展做出更大贡献。

本章参考文献

[1] SERGIO B, TINDARO C, MARCO M. Determinants of research quality in Italian universities: Evidence from the 2004 to 2010 evaluation exercise [J]. Research evaluation, 2016, 25 (3): 257-263.

[2] YAISAWARNG S, NG C Y. The impact of higher education reform on research performance of Chinese universities [J]. China economic review, 2014, 31: 94-105.

[3] 王冲，刘鹏飞，孙磊. 高校科技创新能力评价指标体系构建与实证分析：以吉林省为例 [J]. 统计与决策，2023 (24): 84-88.

[4] 任诗程，苏博谦. 高校科技创新能力影响因素研究：基于 PLS-DEMATEL 方法 [J]. 科技创业月刊，2023，36 (8): 80-85.

[5] 齐书宇. 新时代地方高校科技创新能力评价趋势与指标设计 [J]. 北京工业大学学报（社会科学版），2022，22 (5): 159-172.

[6] 王海燕，苏博谦. 高校科技创新与区域经济耦合协调及影响因素研究：基于 2013—2019 年我国 30 省份相关数据 [J]. 中国高校科技，2023 (6): 37-43.

[7] 冯广宇，柳炳祥，付振康，等. 基于熵权-fsQCA 法的双一流高校科技创新提升研究 [J]. 科技广场，2023 (4): 61-72.

[8] 唐娜，杨道涛. 江苏高校科技创新能力的现状与提升对策：基于 2012—2020 年的相关核心指标数据分析 [J]. 中国高校科技，2023 (3): 22-25.

[9] 谢海波，汤亚平. 基于"四个面向"的高校科技创新能力全面提升研究 [J]. 中国高校科技，2021 (6): 54-58.

[10] 崔宏凯，张林，王子健，等. 物流产业发展和区域经济增长的关联效应研究：基于长江经济带三大都市圈的面板数据 [J]. 经济问题，2021 (3): 78-85.

[11] 章艳华. 长三角地区物流产业发展竞争力比较：基于江、浙、皖、沪的实证 [J]. 商业经济研究，2019 (10): 83-86.

[12] 翁启伟. 碳约束视角下物流产业发展与经济低碳化水平的互动关系 [J]. 商业经济研究，2022 (7): 99-102.

[13] 刘卜榕，杨力，韩静. 江苏省城市物流发展水平综合评价研究 [J]. 黑龙江工业学院学报（综合版），2019，19 (2): 76-80.

[14] 韩晓，李贞，王博，等. 高校科技创新为专利密集型产业发展赋能：以河北省为例［J］. 创新创业理论研究与实践，2022，5（4）：108-111.

[15] 朱康文，刘战豫，王漫漫. 科技创新驱动我国智慧物流产业高质量发展的策略［J］. 创新科技，2019，19（11）：23-29.

[16] 陶正鹏. 基于系统动力学的数字贸易背景下浙江省物流产业高质量发展仿真研究［D］. 杭州：杭州电子科技大学，2022.

[17] 刘桂云，骆璐瑶. 港口物流服务创新能力影响因素分析［J］. 物流技术，2020，39（6）：60-63，95.

[18] 雷朝滋. 加强企业主导的产学研深度融合　推动高校科技创新高质量发展［J］. 国家教育行政学院学报，2023（6）：3-5.

[19] 陈畴镛，王雷. 高校科技创新对浙江企业转型升级的作用与政策［J］. 杭州电子科技大学学报（社会科学版），2009，5（1）：1-6.

[20] 王成，杨馨梅，施莉. 基于系统动力学视角的成渝供应链枢纽对区域经济发展影响研究［J］. 铁道运输与经济，2023，45（12）：131-139.

第5章

高质量发展视角下物流产业评价研究

物流产业作为国民经济的重要组成部分，其高质量发展对促进国家经济繁荣和提升国际竞争力具有重要意义。随着我国经济的转型升级，物流产业正面临着从规模扩张向质量提升的转变。为了实现这一目标，构建一套科学、合理的物流产业高质量发展评价指标体系显得尤为重要。物流产业高质量发展评价指标体系的构建，有助于我们全面、客观地了解物流产业发展现状，揭示物流产业发展的内在规律，为政策制定者和企业提供有力的决策依据。同时，通过评价指标体系的构建和实施，可以推动物流产业转型升级，提高物流效率，降低物流成本，提升物流服务质量，从而实现物流产业的高质量发展。

随着全球化和信息技术的快速发展，物流产业已成为推动经济增长的关键动力之一。特别是在中国，物流产业作为现代服务业的重要组成部分，正经历着从传统模式向高质量发展的转型。在这一背景下，如何科学、全面地评价物流产业的高质量发展，成为学术界和实践界共同关注的焦点。传统的物流产业评价指标往往侧重于规模、速度和成本等方面，但随着市场竞争的加剧和消费者需求的多样化，这些指标已难以全面反映物流产业的真实水平和潜力。因此，构建一套既符合国际通行标准，又能体现中国特色的物流产业高质量发展评价指标，对于推动物流产业转型升级、提高国际竞争力具有重要意义。

本研究旨在深入分析现有评价指标体系，并在此基础上提出一套科学、全面、可操作的评价指标体系。通过对国内外相关文献的梳理和分析，结合中国物流产业的实际情况，本研究将尝试构建一套符合社会发展的物流产业高质量发展评价指标。通过本研究，希望能够为政府决策、企业管理和学术研究提供有益的参考，推动中国物流产业实现高质量发展，为构建现代化经济体系做出更大贡献。

5.1 相关研究

物流行业的发展是受多方面因素影响的，尤其是物流作为国民经济基础性产业，与各个行业领域都有着一定的联系，因此推动物流产业高质量发展也受制于其他行业领域。在推动物流行业高质量发展时，如何度量高质量水平这一问题备受人们的关注，目前国内外有一批学者已经就如何度量物流行业高质量发展水平给出了自己的标准与评价指标。比如国外学者 Sai-HoChung（2021）认为，在物流产业不断发展过程中，智能技术对物流产业的发展起到了一定的促进作用，通过智能技术的支持，物流的运输效率和物流的操作系统均展现了一定的提升。Oksana Seroka-Stolka（2019）在文中指出，绿色物流正在蓬勃发展，成为现代物流的主要发展趋势，在循环经济发展中，体现了其本质条件和基本制度，是实现闭环物流的重要支撑力。国内学者林双娇等（2021）通过介绍物流业高质量发展的四个维度，即物流运行规模、物流供给质量、物流发展效应、物流发展代价，以此为指标体系进行发展水平的测度。覃正爱（2019）指出高质量发展的基本含义，在中国特色社会主义的背景下，了解高质量发展的核心，为各产业的发展提供理论支持。梁育民（2023）表示以物流业的提质增效、物流业智慧化和物流业的绿色化为指标体系，利用熵权法来计算指标权重，从而得出物流业高质量发展指数。梁凯（2023）认为大数据产业的发展水平提升，对物流行业的影响呈现出递增的边际效应非线性特征，当大数据产业的发展水平超过门槛值时，其对物流产业的影响效应进入高机制状态。全春光（2021）运用熵权法对区域物流高质量发展水平进行评价，发现促进物流高质量发展需要促进物流产业区域协调发展、积极引进物流人才提高物流行业创新水平、继续完善物流基础设施建设。王小丽（2020）指出在高质量发展的视角下贯彻五大发展理念，并以此为指导，构建了高质量发展的 5 个准则层、14 个指标层，以此进行区域物流能力测评；同时，也可用于其他区域物流能力测评研究中。涂刚（2023）以数字经济为研究背景，认为数字经济在物流业的高质量发展中有着明显的驱动作用，并指出金融发展水平、城镇化水平的提高对于物流业高质量发展也是有着一定的促进作用。钟昌宝（2023）认为产业集聚、经济发展水平、制度环境和技术创新均对物流业高质量发展有正向影响。

从国内外学者的研究成果中发现，人们对于物流行业高质量发展的研究都停留在环境、技术等方面，对物流行业高质量发展的影响因素方面研究相对不足，所以研究都是针对某一地区或某一特定问题而建立的物流行业高质量发展指标，只能衡量对应的物流业发展，缺少广泛性的物流高质量发展的研究。本研究从物流行业高质量发展切入，建立了高质量发展评价指标，通过建立全面的评价指标构建评价体系，并运用评价体系对河北省物流行业进行分析，从而给出相关对策建议。

5.2　指标的构建

5.2.1　文献指标梳理

随着全球化和电子商务的快速发展，物流行业在现代经济中扮演着越来越重要的角色。为了评估物流系统的性能和效率，学术界和实践界提出了各种物流评价指标。通过对现有物流评价指标文献的总结分析，可以得出物流评价指标涵盖了成本、时间、质量、环境等多个方面，反映了物流系统的综合性能；随着市场竞争的加剧和客户需求的变化，物流评价指标也在不断发展和完善；未来，物流评价将更加注重环境友好性和可持续性，以适应全球环境保护和绿色发展的需求。本研究旨在对现有的物流评价指标文献进行总结分析，以便更好地理解物流领域的研究进展和实践应用，并且为后续建立本研究的指标提供理论依据（见表 5-1）。

表 5-1　现有的文献指标梳理

研究学者/学者	维度/一级指标	二级指标
梁凯（2023）	创新指数	财政科学技术支出增速
		技术创新指数
		R&D 经费投入强度
	协调指数	行业协调度
		城乡协调度
		区域协调度
	绿色指数	单位物流产出 CO2 排放量
		物流业能源消耗量
	开放指数	进出口贸易额占 GDP 比重
		进出口贸易额增长度

续表

研究学者/学者	维度/一级指标	二级指标
梁凯（2023）	共享指数	公路货量
		道路面积
		货运车辆数量
钟昌宝，程绍彬，蒋媛（2023）	质量效益	社会物流总额
		社会物流总费用占 GDP 比重
		快递业务量
	绿色发展	物流业氮氧化物排放量
		物流业烟粉尘排放量
		城市绿地面积
		物流业废水排放总量
	创新能力	物流研发经费投入强度
		物流专利申请数
		物流专业毕业生人数
	发展基础	铁路营业里程
		等级公路里程比重
		等级公路里程比重
涂刚，黄景章（2023）	运行规模	物流增加值
		货运周转量
		货物运输量
	结构优化	物流固定资产投资集中度
		物流增加值集中度
	发展效率	劳动生产率
		资本生产率
		产业效率
	绿色发展	单位增加值能源消耗
		单位增加值碳排放量
郭江月（2023）	发展规模	物流业从业人数
		物流企业数量
		物流业增加值占 GDP 的比重

续表

研究学者/学者	维度/一级指标	二级指标
郭江月（2023）	物流效率	货物周转量
		货运量
	物流绿色	物流业能源消耗
	物流技术创新	物流业专利申请数量
钟昌宝，蒋媛，程绍彬，高鹏（2022）	效益性指标	劳动生产率
		物流业总收入
		社会物流总费用占 GDP 比重
	绿色性指标	快递业务收入
		煤炭消耗总量
		烟粉尘排放总量
		二氧化硫排放量
	创新性指标	废水排放总量
		研发经费投入强度
		高校物流专业毕业人数
		专利申请数
	基础性指标	技术市场成交额
		铁路营业里程
		公路里程
		公路营运载货汽车拥有量
惠宇，张磊，屈华凤，宿小娟，徐嘉昕（2022）	物流业规模水平	货物周转量
		物流业从业人员数
		社会物流总额
	创新能力	规模以上工业 R&D 经费内部支出
		万人发明专利申请量
	社会贡献	城乡人均可支配收入比重
		第三产业贡献率
		城镇失业率
	绿色物流水平	单位增加值能源消耗量
		环保支出占 GDP 比重

续表

研究学者/学者	维度/一级指标	二级指标
惠宇，张磊，屈华凤，宿小娟，徐嘉昕（2022）	开放水平	进出口总值
		实际利用外商投资
全春光，阳坚娟，郭红卫，程晓娟（2021）	物流业结构	物流业产值增加值
		物流业从业人员数
		物流业高新技术产业增加值
		物流业固定资产投资值
		物流费用占 GDP 比重
		物流业综合能源平衡值
	物流业发展创新	物流业 R&D 经费支出
		物流业 R&D 人员数
		物流业专利申请数
		物流业技术市场成交额
	物流业资源配置	社会物流总额
		物流业务总收入
		邮政业务总量
		货物周转量
		物流业信息技术投入
	物流业基础设施	内河航道里程
		公路里程
		铁路营业里程
	物流业服务	邮政网点数量
		平均网点服务面积
		网点平均服务人数
		有效申诉率
王小丽，李昱彤（2020）	区域经济质量	GDP 增长率
		社会消费品零售总额
		货物周转量
	物流创新能力	研究与试验发展经费投入强度
		物流技术市场成交额
		物流产业增加值占 GDP 比重

续表

研究学者/学者	维度/一级指标	二级指标
王小丽，李昱彤（2020）	物流协调能力	物流产业与商贸流通业协调发展程度
		多式联运应用水平
	物流绿色发展能力	物流产业碳排放强度
		单位物流产业增加值能耗
		城市绿化水平
	物流共享能力	邮路里程
		互联网用户率
		共享物流法律法规

5.2.2　物流产业高质量发展指标构建

高质量作为支撑经济发展的重要基础，物流产业的高质量发展对于提升区域竞争力具有深远影响。随着全球化和互联网的快速发展，物流产业的重要性日益凸显，已成为衡量一个地区经济发展水平的重要指标。因此，通过了解和分析高质量发展的基本要求和核心，合理规划和构建衡量物流产业高质量发展的指标体系，以便能够更好地完善物流产业的发展。在此基础上，本研究借鉴了现有的研究现状，结合相关的发展背景，构建了如下的指标。

1. 物流产业规模化发展

物流产业规模化发展是指通过一系列策略和措施，推动物流产业实现更大规模、更高效率、更可持续的发展，这种发展趋势是物流产业在应对全球经济一体化、数字化和智能化等挑战时所做出的积极回应。物流产业规模化发展是物流产业应对挑战、实现转型升级的必然趋势。通过资源整合、网络布局、技术创新和服务质量提升等策略的实施，可以推动物流产业实现更大规模、更高效率、更可持续的发展，为区域经济的持续增长和转型升级提供有力支撑。因此。以现有的文献为借鉴，通过物流产业增加值、物流产业从业人数、货物周转量和物流固定资产投资等指标来反映物流产业在规模上的发展情况。

2. 物流产业创新性发展

物流产业创新性发展是指在传统物流业务的基础上，通过引入新技术、新模式、新业态等方式，推动物流产业实现创新升级和突破发展。创新性发展是物流产业应对市场竞争、提高服务质量和效率的重要手段，也是推动物流产业持续发展的重要动力。物流产业创新性发展是物流产业应对市场竞争、提高服务质量和效率的重要手段。通过技术创新、模式创新、产业融合和平台化发展等策略的实施，可以推动物流产业实现更高水平的创新升级和突破发展，为区域经济的持续增长和转型升级提供有力支撑。因此，以现有的文献为借鉴，用物流研发经费投入、物流专业毕业生人数和物流专利申请数来衡量物流创新性发展水平。

3. 物流产业绿色化发展

物流产业绿色化发展是指在保证物流的基础的物流活动的基础上，通过先进的物流技术来实现物流对环境的作用。物流行业的绿色转型旨在维护核心物流功能的同时，运用创新技术减轻物流活动对环境的负面影响，例如减少污染和资源浪费等。这种绿色物流的发展理念支撑于可持续发展的原则、经济学原理、伦理学原则，以及将外部成本计入内部的理论基础，同时结合物流效益的评估方法。此外，绿色物流运用尖端物流技术来控制物流操作对环境的破坏，降低资源消耗，并对物流流程进行精心规划和执行。因此，以现有的文献为借鉴，把单位物流产出碳排放量、物流业能源消耗和人均物流能源消耗量同比增长率纳入指标范围。

4. 物流产业协调性发展

物流产业的协调性是指物流系统内部各要素、各环节、各参与者之间的协同、配合和平衡状态。一个协调的物流系统能够实现资源的高效利用、流程的优化、成本的降低以及服务质量的提升，从而满足客户的需求并推动物流业的整体发展。物流产业协调性发展研究是一个涉及多个领域的综合性研究，其目的在于推动物流产业与区域经济、物流产业内部各子系统以及物流产业与其他产业的协调发展，提高物流效率和服务质量，促进区域经济的可持续发展。因此，以现有的文献为借鉴，用物流总费用与 GDP 的比率、物流产业城乡协调和乡村物流配送网点覆盖率来衡量物流协调性发展水平。

5. 物流产业数智化发展

物流产业数智化发展是指利用新一代信息技术，如云计算、大数据、物联网、人工智能等，对物流产业进行数字化、智能化升级和改造，以提升物流产业的效率、降低运营成本、增强综合竞争力。物流业数智化发展的核心在于整合物流资源，实现宏观调控有抓手。通过集运力、仓储、资源交易、智能监测、预警调度、数智分析为一体的宏观监测、调控管理平台，构建

“资源交易+流通网络+预警调度+智能分析”四位一体的智能监管体系。这不仅可以推动现代物流产业高质量发展，扩大物流产业规模，还能提升物流服务能力，增强物流产业综合竞争力。因此，以现有的文献为借鉴，把物流管理信息化管理水平、物流运营效率指数和货物跟踪能力纳入物流产业数智化发展的指标范围。

基于对现有的文献进行整理以及现存的物流产业的发展情况，本章构建了物流产业规模化发展、物流产业创新性发展、物流产业绿色化发展、物流产业协调性发展和物流产业数智化发展 5 个一级指标和 16 个二级指标（见表 5-2）的高质量视角下物流产业发展指标。

表 5-2　高质量视角下物流产业发展指标

一级指标	二级指标
物流产业规模化发展	物流产业增加值
	物流产业从业人数
	货物周转量
	物流固定资产投资
物流产业创新性发展	规模以上工业企业 R&D 项目经费支出（万元）
	技术市场成交额
	物流专利申请数
物流产业绿色化发展	氮氧化物排放量
	物流产业能源消耗
	城市绿地面积（公顷）
物流产业协调性发展	物流总费用与 GDP 的比率
	物流产业城乡协调
	乡村物流配送网点覆盖率
物流产业数智化发展	物流数字化水平
	移动互联网用户（万户）

5.3　本章小结

高质量作为支撑经济发展的重要基础，物流产业的高质量发展对于提升区域竞争力具有深远影响。随着全球化和互联网的快速发展，物流产业的重要性日益凸显，已成为衡量一个地区经济发展水平的重要指标。因此，通过理解和分析高质量发展的基本要求和核心，合理规划和构建衡量物流产业高质量发展的指标体系，以便能够更好地完善物流产业的发展。在此基础上，本研究在借鉴已有研究的基础上，结合物流数智化发展，构建了物流产业高质量发展评价指标，包括物流产业规模化发展、物流产业创新性发展、物流产业绿色化发展、物流产业协调性发展和物流产业数智化发展 5 个一级指标和 16 个二级指标。

本章参考文献

[1] SAI -HO CHUNG. Applications of smart technologies in logistics and transport：A review [J]. Transportation Research Part E Logistics and Transportation Review, 2021, 153 (2): 102455.

[2] OKSANA SEROKA -STOLKA, AGNIESZKA OCIEPA -KUBICKA. Green logistics and circular economy [J]. Transportation Research Procedia, 2019 (39): 471-479.

[3] 林双娇，王健. 中国物流业高质量发展水平测度及其收敛性研究 [J]. 统计与决策，2021，37 (8)：9-14.

[4] 覃正爱. 中国特色社会主义新时代高质量发展问题探析 [J]. 理论视野，2019 (5)：11-17.

[5] 梁育民，田思苗. 物流高质量发展对区域经济的影响——基于广东省地级以上城市的实证分析 [J]. 商业经济研究，2023 (4)：89-93.

[6] 梁凯. 大数据产业对京津冀地区物流业高质量发展影响研究 [D]. 秦皇岛：燕山大学，2023.

[7] 全春光，阳坚媚，郭红卫，等. 湖南省物流业高质量发展水平评价 [J]. 物流科技，2021 (8)：105-109.

[8] 王小丽，李昱彤,. 基于高质量发展视角的河南省物流能力综合评价 [J]. 物流工程与管理，2020 (8)：36-37，40.

[9] 涂刚，黄景章. 数字经济对物流业高质量发展的影响研究 [J]. 物流科技，2024，47 (5)：20-23，32.

[10] 钟昌宝，蒋媛，程绍彬，等. 我国物流产业高质量发展评价指标体系构建 [J]. 物流工程与管理，2022 (7)：1-5.

[11] 郭江月. 数字经济对物流业高质量发展的影响研究——以陕西省为例 [J].

物流科技，2023（24）：94-98.
[12] 钟昌宝，蒋媛，程绍彬，等. 我国物流产业高质量发展评价指标体系构建［J］. 物流工程与管理，2022（7）：1-5.
[13] 惠宇，张磊，屈华凤，宿小娟，等. 物流业高质量发展评价研究——以东中西部省市为例［J］. 中小企业管理与科技，2022（8）：65-67.

第 6 章

高校科技创新对物流产业高质量发展的影响研究

随着公路、铁路、水路和航空等物流基础设施的持续优化，加之通信和互联网技术的不断进步，物流产业正在加速发展并趋向更精确。在此过程中，科技创新成为推动物流产业发展的一项关键因素。

根据《2020 智能物流产业研究报告》，我国物流产业在经历了一段时间的高速增长后，现已进入稳定增长期。在此背景下，推动物流产业高质量发展刻不容缓，这反映出人们开始更加关注提升物流效率、降低物流成本以及加强物流服务质量。物流产业的高质量发展对于推动国民经济整体的高质量发展和构建“双循环”新发展格局具有深远的影响。然而，物流行业的高成本问题成为制约其高质量发展的主要障碍。为了解决这一问题，科技创新成为推动经济增长和转型的重要力量，也是促进物流产业高质量发展的关键因素，并且是目前推动物流产业高质量发展的主导力量。

在科技创新系统中，高校是一个关键的环节，它可以通过新思路、新专利、新工艺、新产品等一系列的成果转化进程，来提升生产效率和优化经济结构。与此同时，它还可以通过节约资源、减少能源消耗、促进工业生态化、加快生态经济的发展，达到提高绿色效益的目的，从而促进物流产业的高质量发展。

基于此背景，本章采用理论与实证相结合的方法，以 2015—2021 年我国东部地区 10 个省（自治区、直辖市）的面板数据为研究样本，探究高校科技创新是否能对物流产业高质量发展产生影响和影响程度大小。然后根据熵值法计算出的高校科技创新和物流产业高质量发展的测度水平，为提升高校科技创新和物流产业高质量发展水平提供了依据。

本章的研究意义在于以下几个方面：第一，有利于构建科学合理的高校科技创新水平和物流产业高质量发展水平的测度评价指标体系。在分析了高校科技创新水平与物流产业高质量发展水平的概念及内涵的基础上，从不同的视角，分别建立了一套衡量高校科技创新水平与物流产业高质量发展水平的指标体系，为后期对我国东部 10 个省份的高校科技创新水平以及物流产业高质量发展程度进行实证分析做准备，同时也为今后利用面板模型检验高校科技创新水平对物流产业高质量发展产生的影响奠定基础。第二，有利于促进我国东部地区 10 个省（自治区、直辖市）的高校科技创新发展和物流产业高质量发展。在当前科技迅速进步，尤其是智能物流体系建设加速推进的时代背景下，研究高校科技创新水平对物流产业高质量发展的影响，并对我国东部地区数据进行对比分析，揭示高校科技创新对于物流产业高质量发展的积极作用，就可以在高校科技投入、产出和成果转化以及物流产业绿色、协调、创新和数智化等多方面提出有利于东部地区物流产业高质量发展的政策建议。第三，高校科技创新与物流产业高质量发展之间存在紧密的关联。首先，高校作为研究与创新科技的关键平台，为物流产业提供了坚实的知识和技术支持。物流产业的高质量发展依赖于先进技术的推动，尤其是在自动化、信息化和智能化等领域，而高校通过从事基础和应用研究，不断促进这些关键技术的进步和革新。其次，高校科技创新能力的增强，对于培养和吸引高技能人才具有重要意义，这对于物流产业的转型升级至关重要。物流产业不仅需要技术熟练的工人，还需要具有创新能力和项目管理能力的高级人才。通过人才培养和科学研究，高校能够向物流产业提供这类人才，协助物流企业解决实际问题，提高服务质量和效率。再次，高校科技创新可以加速科技成果的转化应用，促进物流产业与制造业等产业的深度融合。例如，通过高校与物流企业的合作，可以开发出更加适应市场需求的物流解决方案，提高物流系统的整体效率，降低成本，增强企业的竞争力。最后，高校的科技创新同样能够在推动物流产业朝着更加环保和可持续的发展道路上发挥引领作用。随着社会环保意识的不断加强，绿色物流已成为行业发展的新趋势。高校在新能源、环保材料、低碳技术等领域的科研成果能够指导物流企业进行转型升级，走上绿色发展的道路。

6.1　文献综述

6.1.1　高校科技创新相关研究

1. 国外研究综述

国外对高校科技创新能力的研究更多是以实证的方式进行，其重点是高校科技创新和企业间的合作情况、高校研究成果转化能力、高校科技创新能力的研究绩效和产出效率。

在高校与企业间的合作方面，Adams 的研究结果表明，高校 R&D 活动对产业的外溢效应比企业要小，应该对高校和企业之间的合作给予足够的重视。Sigurdson 和 Reddy 研究了国际上喷墨技术商业推广失败的案例，并指出国家工业基础薄弱、高等教育科研资金缺乏，以及企业在科研领域与高校合作的优势未能得到充分发挥等因素，都可能是导致高校科技成果产业化转化失败的原因。在研究成果转化能力方面，Hicks 和 Hamilton 认为高校与行业研究人员协同创新对促进高校科学研究水平的提升具有重要意义。Shane 对斯坦福大学专利转化情况进行剖析，并对高校科研成果转化条件的依据、途径和效能水平进行了深入研究。

在研究绩效和产出效率等方面，Ahmad 等从高校科研成果转移效益的评估中获得了对其影响因素的分析。Miyata 对高校科学管理水平与科学研究效益进行了详细的研究。Thursby 和 Kemp 通过回归分析，得出了科学研究水平、企业与企业之间的关系是影响高校科技创新能力的重要因素。Feng 等研究发现，影响高校科技创新能力的关键内在因素是高校科研管理质量。Nur 等以科研人员人数、经营资本支出比率、当年毕业生人数及论文批量出版指数为衡量指标，评价马来西亚国立高校的科研效能。

2. 国内研究综述

目前，我国对高校科研创新能力的研究多集中在对其内涵的探讨、评价指标体系的设计和评价方法的选择等方面。

在含义探讨方面，郭俊华和孙泽雨对高校科技创新能力提出了如下观点，即高校利用现有的资源和科技，通过大量的研究人员进行创造性的活动，从而将资源的利用转变成产出效果。刘小明和耿迪等学者认为，高校科技创新能力的含义是指高等院校通过有目的地运用其研究实力以及对外部环境的深刻理解，来实现科学技术的发展，并在此基础上，按照科学技术和市场的变化，进行有创意的研发，让科研成果能够被有效地转化为生产力。蔡琳等学者认为，高校科技创新能力实际上是指高校基于自身所拥有的创新性科技资源这方面的优势，在相应的标准系统下，高效地使用和配置所有类型的核心竞争力资源，并通过系统地开展与科技创新相关的活动，最终取得对应的 R&D 成果，这对于推进高校科技创新水平具有重要意义，同时也为支撑国家的创新驱动发展战略提供了实际帮助。

在评价指标体系的设计方面，蒋艳萍等构建了科技创新的基础条件、投入能力、产能、管理能力、跨文化沟通能力五个维度的指标体系，并对我国科技创新能力进行了评估。而科技创新产出能力，简单明了地讲，就是衡量高校如何将科研投资转变为科研成果的能力。此外，还可以通过分析高校科技创新的竞争力资源、基础设施条件以及未来发展趋势等进行评估。章熙春等运用 AHP 方法，从五个维度对高校科技创新能力进行评估，包括资源与基础能力的强化、成果转化能力的提升、知识创新与传播的促进、外部环境支撑力度，以及技术整合实力的培养。

在评价方法的选择方面，蒋兴华通过使用灰色关联评价法，对四个关键维度进行全面评估，这些维度包括科技创新要素的整合与基础能力的构建、技术革新的能力、知识传播与创新能力的提升，以及科技成果的应用与转化能力。韩晓明和王洪燕采用熵权法，从四个维度对高校科技创新能力进行量化分析：资源投入、成果转化、科研成果、技术交流。李高扬和刘广明在研究中建立结构方程模型，采用知识生产与吸收能力、社会创新生态系统、企业技术革新以及创新经济效应作为主要变量，用于评估全国各地区的创新能力。李艺全运用因子分析、主成分分析和聚类分析等统计方法，构建了一套涵盖科技创新基础能力、产出能力和服务能力的评价指标体系，并对高校的科技创新能力进行了评估分析。赵黎明和刘猛在研究中构建了一个模型，包括技术创新支撑基础、投入水平以及产出水平和经济业绩三个方面。其中，技术创新支撑基础和投入水平反映了地区的科技创新资源优势、基础条件和投入水平，而不同地区的产出水平和经济业绩反映了其将创新资源和投入有效转化成科技成果的能力，以及这些科技成果带来的经济收益。此外，他们还构建了一个熵权 TOPSIS 评估模型，用于对全国 31 个省份的科技创新能力进行实证研究。

6.1.2　物流产业高质量发展相关研究

1. 国外研究综述

我国已经将物流产业的高质量发展定位为一项战略性政策。而在国外，尽管尚无针对此策略的专门研究，但在与物流高质量密切相关的“物流质量”研究领域，已经取得了丰富的研究成果。例如，Millen 等为了评价质量服务在物流品质中的实际作用，访问了 165 个澳大利亚物流企业。Rahman 等首先对澳大利亚物流企业的质量管理实践进行调研，进而了解确定质量管理的普及程度、实施改善质量服务的障碍、所应用的质量管理手段以及顾客需求的测量方法、质量管理方案的满意度等。Saura I 等利用信息化、网络化通信技术探讨了服务水平、顾客满意与顾客忠诚的关系。Rao 等运用建构式模式分析方法，探讨物流服务品质对顾客心理满意与顾客保留率的影响。以上研究内容涉及物流质量的不同层次和不同方面，为我国物流产业高质量发展的研究提供了有益的参考。

2. 国内研究综述

物流产业高质量发展是近年来提出的一个概念。在国家的大力推进下，物流产业已经成为一股不可忽视的力量，带动了整个国民经济的发展。在党中央和国务院明确提出“高质量发展”这一重要思想的基础上，物流学领域的专家对如何更好地推动物流产业高质量发展进行了积极的探讨，并与政府的政策目标相结合，进行了大胆探索，最后形成了从研究对象、研究地域到研究方法等多个有效的研究方面。

从研究对象来看，根据叶舜和李媛媛的研究，一个数据从诞生到消亡的整个过程包括收集、储存、处理和使用，全程的数据生命周期管理能够帮助企业获得更大的利益。此外，叶舜和李媛媛还提到，通过融合多种技术来加强对数据的认识和评估，可以为数据驱动的企业开辟一条更高效的途径。与其他学者的观点不同，董千里和闫柏睿强调，为了确保我国物流产业实现真正的高质量发展，必须确立完善的发展目标、实施有效的激励措施并构建高效的运作机制，这些是促进我国物流产业更好发展的关键。

从研究地域来看，汪文生和考晓璇以“精益求精”目标为指引，选取了环渤海地区的 14 个城市作为样本，运用数据包络分析（DEA）模型对这些地区的物流效率进行了全面的评价，并细致探讨了其随时间和空间变化的发展趋势，深入剖析了其时空演变规律。研究成果旨在建立一个完备的环渤海地区物流系统绩效评估的指标体系。根据上官绪明的研究，1998—2019 年中国 30 个省份的数据表明，物流产业的集聚对制造业的高质量发展具有正面促进效应，然而这种促进作用在达到一定临界点后可能会呈现衰减趋势。同样，当这一临界点扩展到特定区间时，可能会观察到促进效应的增强。

从研究方法来看，穆晓央等以新疆为例，对各评价体系间的协调性进行了讨论。他们以 2007—2017 年新疆 14 个城市的物流产业为研究对象，应用协调度模型评价其协同发展程度。分析表明，各城市之间的协调程度和整体发展潜力相当接近。通过分析 2007—2019 年 283 个地市政府的面板数据，刘明提出了一种新的测度我国经济高质量发展的新思路，即运用主成分分析方法，重新测算物流产业和制造业的合作对经济增长的作用。

林双娇和王健提出了一套涵盖业务规模、产品服务、驱动变量和投入四个衡量指标的指标体系，并利用熵值法对2004—2017年全国物流产业的总体发展状况进行评估，运用收敛性及β收敛模型进行准确性检验。根据研究结果，可以看出我国物流产业正在向更高级的发展阶段迈进。

6.1.3　文献评述

通过对物流产业高质量发展、高校科技创新相关文献的分析可知，学者们大多分析物流产业高质量发展的研究对象、地域以及方法和高校科技创新的概念、内涵及评价体系，很少有学者将两者综合起来研究高校科技创新对物流产业高质量发展的影响。因此，本章以我国东部地区10个省份为研究对象，时间跨度为2015—2021年，主要研究内容是利用熵值法分别测度10个省（自治区、直辖市）高校科技创新和物流产业高质量发展的综合水平，然后通过面板回归模型验证高校科技创新是否对物流产业高质量发展产生影响，并由此提出促进物流产业高质量发展的针对性建议。

6.2　相关概念基础

6.2.1　高科技创新

“科技”是科学技术的缩写，科技创新指的是一种新的科学技术的产生，它包含了科学创新和技术创新，所以，科技创新的范围要大于技术创新，是对技术创新的深入与发展。特别地，科学创新是一种新的知识的产生，它是一种在科学研究中获取新的基础科学和科技知识的过程。它的基本内容是对未来的世界的了解，对事物的性质有了更多的了解，是新的观点和新的理论。而技术创新则是一种用新技术来制造新产品的行为，它的结果以新产品、新工艺、新方法以及开辟新市场为主要表现形式。高校科技创新可以归结为大学通过建立一套科学的管理制度，运用高校的科技创新资源，来组织高校的科研人员，在进行科技创新的过程中，能够创造出高质量的科技创新成果，从而给高校以及有关的社会群体带来一些经济和社会效益。

高校科技创新资源主要涵盖了大学的人力资本、实验室设施、图书文献（包括纸质和电子形式），以及学校对科研的财政支持力度，还包括学校与各界科技需求者之间的互动联系。科技创新的成效主要体现在一系列成果上，包括学术论文、专著、专利、完成的纵向和横向科研项目，以及所获得的奖励等。这些成果是间接表现，涵盖了知识创新、技术创新、科技成果的应用与转化创新以及科技交流等多个方面。

6.2.2 物流产业

作为国家确定的十大战略新兴产业之一，物流产业如今扮演着战略性、基础性和先导性的重要角色。物流产业并不仅仅是对运输、装卸和仓储等行为的简单集合，还是遵循分工与专业化的原则，对物流的各个环节进行全面的整合，这种整合使得物流产业成为与国民经济发展紧密相连的关键产业。相较于传统制造业，物流产业在三个主要方面展现出其独特的特点。一是现代化特征。相比于传统的物流领域，随着现代物流技术的不断发展，整个行业的运营变得越来越智能，其物流管理技术也越来越成熟，这使得整个行业的信息化服务和运营效率得到了极大的提升。二是服务功能。物流行业中的物流行为是物品在时空上的转换，在物流上添加了经济功能，而对物品的使用价值发生了很小的变化，以顾客为中心。三是体制机制。物流不仅仅是仓储、装卸和运输的简单一体化过程，而是一个跨越多个部门和行业的领域，它与其他行业共同构成了一个相互合作、相互依赖的行业生态系统，从而积极推动国民经济的发展。

6.2.3 物流产业高质量发展

物流产业高质量发展是指在现代物流产业发展的基础上，通过运用能实现物流信息实时共享和智能处理的技术创新手段，进行资源整合、流程再造及供应链管理的优化过程，从而促进专业化、个性化和多样化的物流服务升级，并倡导绿色物流，进一步提高物流效率和效益，优化物流产业结构，保证物流产业的可持续发展。

6.3 高校科技创新与物流产业高质量发展的测算

6.3.1 指标体系构建

1. 指标体系构建原则

指标体系设计原则是指在构建指标体系时应遵循的基本准则，以确保指标体系的科学性、合理性和有效性。以下是一些常见的指标体系设计原则：

（1）系统性原则：指标体系应全面反映评价对象的各项要素，并体现各要素之间的相互关系和整体运作。

（2）科学性原则：指标的选择应有科学依据，指标体系要有层次结构和逻辑性，易于理解和操作。

（3）目标一致性原则：指标体系应与评价目标和评价目的相一致，确保评价结果能够真实反映评价对象的状态和绩效。

（4）可操作性原则：指标设计应考虑数据的可用性和操作性，确保评价指标能够被可靠地测量和计算。

（5）可比性原则：指标体系应具有横向和纵向的可比性，即不同企业和同一企业不同时间点的数据可以进行比较。

（6）重点性原则：在指标选择时，应突出关键因素，避免面面俱到，重点关注对评价目标有重要影响的指标。

（7）动态性原则：指标体系应能适应发展变化的需要，便于调整和更新。

（8）完备性原则：指标体系应包含所有必要的信息，以全面评价对象，同时避免重复和冗余。

（9）简洁性原则：指标数量应适度，避免过多导致分析复杂化，指标间应尽量简洁明了。

（10）稳定性原则：指标体系应具有一定的稳定性，以便于长期跟踪和比较分析。

这些原则是指标体系设计时必须综合考虑的因素，以确保评价过程的准确性和评价结果的权威性。

2. 物流产业高质量发展指标体系构建

本小节基于新发展理念和前人研究，最终从物流产业规模化发展、创新性发展、绿色化发展、协调性发展及数智化发展五个维度出发，构建一套完备的物流产业高质量发展指标体系，并选取物流产业从业增加值、物流产业从业人数、货物周转量、物流固定资产投资增长率、规模以上工业企业 R&D 项目经费支出、技术市场成交额、专利申请数、氮氧化物排放量、物流产业能源消耗总量、城市绿地面积、社会物流总费用与 GDP 的比率、农村投递总路线长度、乡村邮政网点覆盖率、邮电业务总量、移动互联网用户作为二级指标，如表 6-1 所示。

表 6-1　物流产业高质量发展指标体系

维度层	指标层	指标释义	指标属性
物流产业规模化发展	物流产业增加值/亿元	指物流活动在报告期内创造的最终成果（货物和服务）的市场价值	正向
	物流产业从业人数/人	在一定时期内，从事物流相关工作的全部劳动力的数量	正向
	货物周转量/亿吨千米	在一定时期内，货物在运输过程中被移动的总距离或总重量	正向
	物流固定资产投资增长率/%	在一定时期内，物流行业中用于建造和购置固定资产的投资额的增长百分比	正向
物流产业创新性发展	规模以上工业企业R&D项目经费支出/万元	在一定时期内，规模以上工业企业在研究与试验发展（R&D）项目上的投资总额	正向
	技术市场成交额/万元	在一定时期内，技术市场上签订的技术合同的总金额	正向
	专利申请数/件	在一定时期内，个人、企业或机构向专利局提交的专利申请的总数	正向
物流产业绿色化发展	氮氧化物排放量/万吨	在一定时间内，由于燃烧过程、工业生产、交通运输等活动而排放到大气中的氮氧化物总量	负向
物流产业绿色化发展	物流产业能源消耗总量/万吨	在物流活动和过程中使用的各种能源的总量	负向
	城市绿地面积/公顷	城市区域内用于绿化和生态保护的绿地总和	正向
物流产业协调性发展	社会物流总费用与GDP的比率/%	在一定时期内，社会物流总费用占国内生产总值（GDP）的百分比，是衡量物流效率和经济运行效率的指标	正向
	农村投递总路线长度/万千米	在农村地区，邮政投递服务所覆盖的路线总长度	正向
	乡村邮政网点覆盖率/%	在乡村地区，邮政网点的分布范围和可达性	正向

续表

维度层	指标层	指标释义	指标属性
物流产业数智化发展	邮电业务总量/亿元	在一定时期内，邮政和电信业务的总收入或总业务量	正向
	移动互联网用户/万户	通过移动设备（如智能手机、平板电脑等）接入互联网的用户群体数量	正向

物流产业规模化发展，是指通过扩大物流企业的规模、提高物流服务的供给能力，以及推动行业内资源整合和优化配置，从而提升物流产业的社会化、专业化水平和整体效率。将物流产业增加值、物流产业从业人数、货物周转量以及物流固定资产投资增长率四项指标作为物流产业规模化发展的代表性指标。

物流产业创新性发展，是指通过技术创新、管理创新、服务创新等方式，推动物流产业转型升级，提高物流效率和服务质量，实现物流产业可持续发展。将规模以上工业企业 R&D 项目经费支出、技术市场成交额以及专利申请数作为物流产业创新性发展的代表性指标。

物流产业绿色化发展，是指在物流产业的发展过程中，充分考虑环境保护和可持续发展的要求，通过采用环保型材料、节能减排技术和管理措施，优化物流运作模式，减少对环境的负面影响，实现经济发展与环境保护双赢的一种发展理念和策略。将氮氧化物排放量、物流产业能源消耗总量和城市绿地面积作为物流产业绿色化发展的代表性指标。

物流产业协调发展，是指在物流产业的各个环节、不同领域以及物流与上下游产业之间，通过优化资源配置、加强顶层设计、促进信息共享、提升服务质量和效率，实现物流产业内部以及与其他产业的和谐发展、共同进步。将社会物流总费用与 GDP 的比率、农村投递总路线长度和乡村邮政网点覆盖率作为物流产业协调性发展的代表性指标。

物流产业数智化发展，是指利用数字化和智能化的技术手段，对物流产业的运营管理进行创新和改造，以提高物流效率、降低成本、提升服务质量。将邮电业务总量和移动互联网用户数作为物流产业数智化发展的代表性指标。

3. 高校科技创新指标体系构建

本小节选择合适的评估指数，既能有效地进行影响因子的分析，又能从高校科技创新视角为物流产业高质量发展提供理论支持，具体指标体系如表

6-2 所示。

表 6-2 高校科技创新指标体系

维度层	指标层	指标释义	指标属性
高校科技创新投入能力	研发人员数/人	科技活动人员中从事基础研究、应用研究和试验发展三类活动的人员数量	正向
	R&D 成果应用及科技服务人员数/人	在一定时期内，从事科学研究与试验发展成果的应用工作以及提供科技服务的人员的数量	正向
	研发项目数/项	在当年立项并开展研究工作、以前年份立项仍继续进行研究的研发项目数	正向
	发展机构数/个	在一定时期内存续的、从事科学研究与试验发展的机构数量	正向
	研发投入总额/千元	高校在报告期内为实施研发活动而实际发生的全部经费	正向
	科研事业费投入额/千元	用于科学研究和技术开发的各种经费投入的总和	正向
高校科技创新产出能力	专利申请数/项	高校在报告期内向国内外知识产权行政部门提出专利申请并被受理的件数	正向
	专利授权数/项	报告期内由专利行政部门授予专利权的件数	正向
	发表学术论文数/篇	在学术刊物上以书面形式发表的最初的科学研究成果	正向
高校科技创新产出能力	出版科技著作数/部	经过正式出版部门编印出版的论述科学技术问题的理论性论文集、专著、大专院校教科书、科普著作，但不包括翻译国外的著作	正向
	科技进步奖励数/项	在一定时间内，根据科技进步奖励办法或相关规定，对在科技领域取得显著成果的个人、团队或单位进行奖励的次数	正向
	国家级项目验收数/项	高校在研项目由中央和国务院组成部门、直属机构直接验收的科技项目	正向

续表

维度层	指标层	指标释义	指标属性
高校科技创新成果转化能力	专利出售数/项	在高校的发明成果得到国家授权后出售给第三方的项目数	正向
	出售专利金额/千元	某项专利权转让或者许可使用所获得的收入	正向
	其他知识产权数/项	在某一特定评估或统计框架内，除了专利、商标、著作权等传统知识产权的其他形式的知识产权数量	正向
	国际合作交流派遣数/人次	高校对外交流合作而派遣出的人员数	正向

高校科技创新能力，是指高校将其运用到知识生产和再生产，高新技术研发，科技成果转化，以及为社会服务等方面。同时，还可以通过学术论文、科技著作、专利、成果授奖等科技创新成果来体现。高校科技创新能力是高校内部各要素之间交互作用后，对其进行评价的一种有效手段。

高校科技创新投入能力，就是高校能够投入到科技创新的数量和质量上的能力。它是使研究工作得以开展的先决条件和推动力。它包括了科技，人力，财力，项目等。总体来看，投资资金的增加会促进企业的创新投资，反之则会导致企业的创新投资能力下降。长期以来，学术界对科研经费、人员、课题三个方面进行了研究。

高校科技创新产出能力，是高校科技创新水平的直接体现，也是衡量高校科研活动成效的一个重要标志。高校科技创新产出能力的研究内容包括：专利数量、发表论文数量、科技进步奖数量等。无论是在理论上，还是在实践中，都可以看出，创新的输出来自于创新投入。因此，全面考虑我国大学的科技创新发展状况，除从创新投资角度进行分析外，也离不开对大学创新产出的研究。

高校科技成果转化能力，是高校将其研究成果向生产力转化的能力，在某种意义上，它体现着高校科技创造的经济价值和高校与市场经济的协作程度。研究成果转化是指将科技与技术研发中产生的科研结果进行进一步的实验、研发、实施直至新的产品的产生以及新的产业的发掘等。高校科技创新的终极目标是为社会发展作出贡献，其发展方向是把研究结果转变成社会经济效益。因此，高校科技创新的终极目标就是研究结果的转化。本章主要从专利销售收入、国际合作交流等方面对其进行分析。

6.3.2 指标测算方法

1. 熵值法

多指标综合评价分析方法涵盖了层次分析法（AHP）、熵值法、主成分分析法（PCA）及因素分析法等。AHP 方法主要依靠专家对各指标的打分来确定其权重，这种方法存在着一定的主观偏见。而因素分析法和 PCA 方法都是在降维的基础上，将多个指标压缩成若干个综合指数，从而减少主观因素的影响。但由于各指标间的非线性关系，用这些方法计算出来的综合评价结果都会有一定的偏差。而熵值法则从根本上克服了上述分析方法的缺陷，具有较强的客观性，并能有效避免人为影响。另外，利用熵值法对各个指标的权重进行评估，使其更符合实际情况，从而使综合评估结果更加可信、有效，具有说服力。具体计算方法如下：

（1）假设年份范围为 d，省（自治区、直辖市）数量为 n，指标个数为 m，则 $x_{\theta ij}$ 表示第 θ 年省份 i 的第 j 个指标。

（2）数据量纲化。

①正向指标。对于正向指标，其值越大越好：

$$z_{ij} = \frac{x_{\theta ij} - \min(x_{j\theta})}{\max(x_{j\theta}) - \min(x_{j\theta})} \tag{6-1}$$

②负向指标。对于负向指标，其值越小越好：

$$z_{ij} = \frac{\max(x_{j\theta}) - x_{\theta ij}}{\max(x_{j\theta}) - \min(x_{j\theta})} \tag{6-2}$$

（3）计算第 i 个研究对象下第 j 项指标的比重 $p_{\theta ij}$：

$$p_{\theta ij} = \frac{z_{ij}}{\sum_{\theta=1}^{d} \sum_{i=1}^{n} z_{\theta ij}} \tag{6-3}$$

（4）计算第 j 项指标的熵值 e_j：

$$ej = -k \sum_{\theta=1}^{d} \sum_{i=1}^{n} p_{\theta ij} \ln(p_{\theta ij}), \text{其中 } k = \frac{1}{\ln(d)} \tag{6-4}$$

（5）计算第 j 项指标的差异系数 g_j，差异系数越大，表示该指标对研究对象所起的作用越大，该指标就越好：

$$g_j = 1 - e_j \tag{6-5}$$

（6）给指标赋权，定义权重 w_j：

$$w_j = \frac{g_j}{\sum_{j=1}^{m} g_j} \tag{6-6}$$

（7）综合评分的确定：

$$s_{\theta i} = \sum_{j=1}^{m} (w_j z_{\theta ij}) \tag{6-7}$$

2. 数据来源

选取河北、北京、天津、上海、江苏、浙江、福建、山东、广东、海南10个省（自治区、直辖市）作为本次研究对象，主要是因为东部地区经济较为发达，高校数量偏多，科研资源丰富，并具备较强的科技创新能力。且东部地区高校通常拥有较为完善的成果转化平台，有助于将科研成果快速转化为实际生产力，进而推动物流产业高质量发展。东部地区高校及物流产业数据易于获取，便于研究的进行。本研究的时间跨度为2015—2021年。

本章数据主要源于各省份每年的统计年鉴和国民经济和社会发展统计公报，以及各省份生态环境局、邮政管理局以及高校科技统计资料汇编。目前，由于我国第三产业中的物流产业缺乏全面的统计数据，因此在进行评价时，采用交通运输、仓储与邮政业的相关数据作为替代来进行分析。

6.3.3 物流产业高质量发展水平的测算和分析

基于以上评价指标体系，采用熵值法测算我国东部地区10个省份在2015—2021年的物流产业高质量发展水平。运用stata 17软件测算具体指标的权重系数及我国东部地区10个省份的物流产业高质量发展综合水平指数，如表6-3所示。

表6-3　2015—2021年10省份物流产业高质量发展指标权重

维度层	指标层	指标属性	指标权重
物流产业规模化发展（0.1914）	物流产业增加值/亿元	正向	0.0499
	物流产业从业人数/人	正向	0.0599
	货物周转量/亿吨千米	正向	0.0404
	物流固定资产投资增长率/%	正向	0.0412
物流产业创新性发展（0.1608）	规模以上工业企业R&D项目经费支出/万元	正向	0.0589
	技术市场成交额/万元	正向	0.0497
	申请专利数/件	正向	0.0522

续表

维度层	指标层	指标属性	指标权重
物流产业绿色化发展（0.0558）	氮氧化物排放量/万吨	负向	0.0075
	物流产业能源消耗/万吨	负向	0.0025
	城市绿地面积/公顷	正向	0.0458
物流产业协调性发展（0.3741）	社会物流总费用与 GDP 的比率/%	正向	0.1587
	农村投递总路线长度/万千米	正向	0.1063
	乡村邮政网点覆盖率/%	正向	0.1091
物流产业数智化发展（0.2180）	邮电业务总量/亿元	正向	0.1536
	移动互联网用户/万户	正向	0.0644

由 2015—2021 年 10 省份物流产业高质量发展评价指标的权重可以得出，物流产业高质量发展的评价可以分为三个方面。首先，物流产业协调性发展和物流产业数智化发展都直接关联着物流产业高质量发展，权重系数均大于 0.20，其涵盖的二级指标也是物流产业高质量发展的直接关联因素。其次，物流产业规模化发展和物流产业创新性发展的权重分别为 0.1914、0.1607，权重系数均大于 0.15，表明物流产业的发展规模及创新性发展也能对物流产业高质量发展水平产生重要影响，但相比于物流产业的协调性和数智化，关联程度较小。最后，物流产业绿色化发展层面指数小于 0.1，虽然绿色发展也是测度发展水平的重要指标，但是其覆盖面比较广泛，涉及的产业复杂多样，只能间接反映物流产业高质量发展的水平，对物流产业的影响相对较弱。由二级指标的权重系数可以看出，除了氮氧化物排放量和物流产业能源消耗两个指标，其余指标的权重一般为 0.04～0.10，表明这些指标对提高物流产业高质量发展水平发挥了更大的作用。

由图 6-1 可知，我国东部地区 10 个省份物流产业高质量发展水平综合得分排序为：北京（0.4729）、江苏（0.3952）、上海（0.2626）、广东（0.2578）、河北（0.2286）、山东（0.1924）、浙江（0.1895）、福建（0.0894）、天津（0.0812）、海南（0.0149）。由于可能会受到地理位置、优势位置、经济成长程度、政策扶持强度等众多因素的影响，我国东部地区的 10 个省份在物流产业的高质量发展方面表现出显著的不均衡，有些省份的物流产业高质量发展还有较大的增长潜力。由排名可以看出，排名前五位的地区都是经济较为繁荣的地区或属于一线城市，这些地区拥有完备的陆路、海运和空运交通设施，城市交通规划科学，交通网络四通八达。由于经济较为发达，消费需求也相对较大，这为物流产业的高质量发展营造了一个积极的市场环境，并且为提升物流效率提供了强有力的支持。福建、天津、海南等沿海省份在物流产业的发展上排名较低，发展受阻可能是因为物流产业的转型不够迅速，基础设施可能未能跟上物流需求的快速增长，这对物流产业未来的快速发展是不利的。

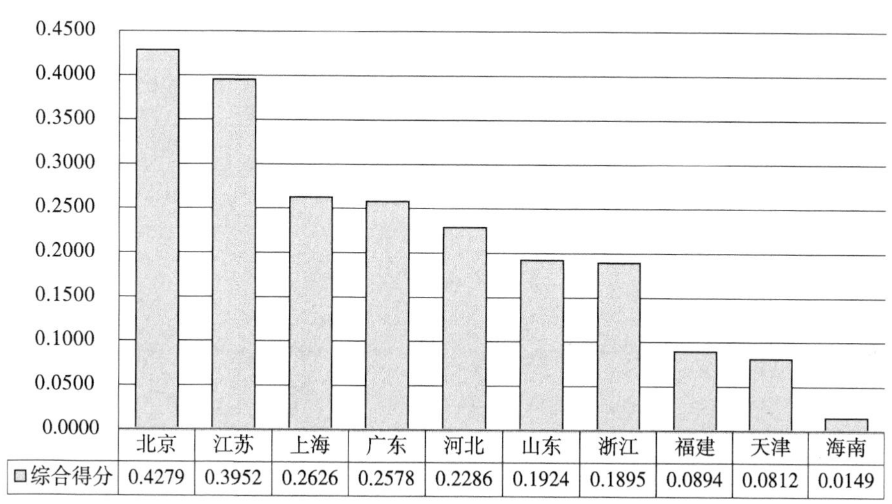

图 6-1　2015—2021 年 10 省份物流产业高质量发展水平综合得分

6. 3. 4　高校科技创新水平的测算和分析

基于高校科技创新发展的评价指标体系，采用熵值法测算我国东部地区 10 个省份在 2015—2021 年的高校科技创新能力。根据测算结果，对东部地区 10 个省份的高校科技创新能力进行分析。各省份的高校科技创新指标权重及综合水平排名如表 6-4 所示。

表 6-4　2015—2021 年 10 省份高校科技创新指标权重

维度层	指标层	指标属性	指标权重
高校科技创新投入能力（0. 2441）	研发人员数/人	正向	0. 0406
	R&D 成果应用及科技服务人员数/人	正向	0. 0487
	研发项目数/项	正向	0. 0329
	发展机构数/个	正向	0. 0335
	研发投入总额/千元	正向	0. 0479
	科研事业费投入额/千元	正向	0. 0405

续表

维度层	指标层	指标属性	指标权重
高校科技创新产出能力（0.4372）	申请专利数/项	正向	0.0424
	专利授权数/项	正向	0.0453
	发表学术论文数/篇	正向	0.0965
	出版科技著作数/部	正向	0.0373
	科技进步奖励数/项	正向	0.1292
	国家级项目验收数/项	正向	0.0865
高校科技创新成果转化能力（0.3187）	出售专利数/项	正向	0.0888
	专利出售金额/千元	正向	0.1250
	其他知识产权数/项	正向	0.0524
	国际合作交流派遣人数/人次	正向	0.0525

由2015—2021年10省份高校科技创新指标熵值和权重表可知，高校科技创新产出能力所占权重为0.4372，相较于投入能力和转化能力两个维度，产出能力与高校科技创新能力的关联度更高，能够直接影响科技创新能力。其中，发表学术论文数和科技进步奖励数是衡量高校科技创新产出能力的关键指标，它们能够反映高校科研水平是否与领域前沿保持同步以及科研工作是否处于持续推进的健康状态。

由图6-2可知，10个省份高校科技创新能力综合得分排名为江苏（0.4053）、北京（0.4013）、上海（0.2632）、广东（0.2455）、河北（0.1919）、山东（0.1918）、浙江（0.1773）、福建（0.0805）、天津（0.0695）、海南（0.0126）。排名前五位的地区在科技创新方面的表现可能是受到政府政策、学校资源、人才储备、行业合作以及国际交流等多方面因素的共同作用。这些地区的高校科研成果展现了我国高等教育和科技发展的现状。通过增加对高等教育和研究的资金投入，并实施一系列政策以激励高校的科技创新，不仅为研究工作营造了良好的环境和条件，还促进了高校与企业之间进行更紧密的产学研合作，进而引导和推动了高校的科技创新。排名靠后的省份虽然高校数量较少，但仍有知名高校和高水平的研究型高校存在，它们对科技创新人才的培养和科学研究水平的提升有着显著的影响。

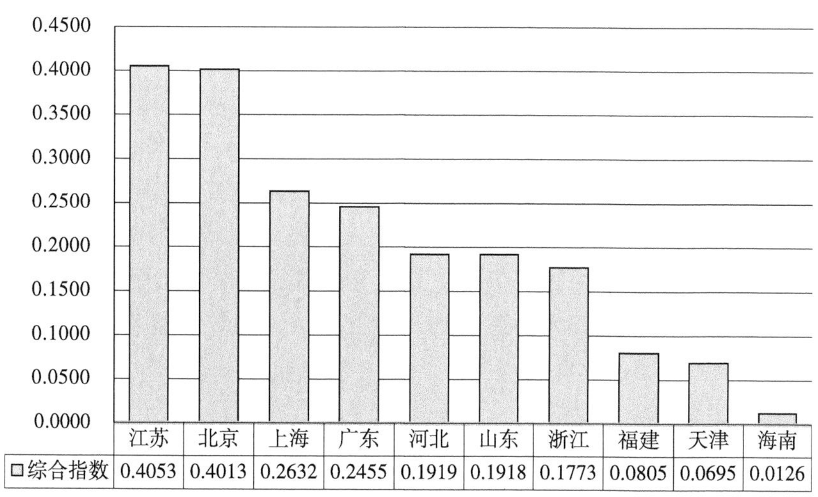

	江苏	北京	上海	广东	河北	山东	浙江	福建	天津	海南
□综合指数	0.4053	0.4013	0.2632	0.2455	0.1919	0.1918	0.1773	0.0805	0.0695	0.0126

图 6-2 2015—2021 年 10 省份高校科技创新能力综合得分

6.4 高校科技创新对物流产业高质量发展水平影响的面板回归分析

在第 6.3 节测算的基础上，通过建立面板固定效应模型，利用工具分析变量，实证分析高校科技创新对我国物流产业高质量发展的推动作用。

6.4.1 面板模型构建

在进行了上述理论分析之后，接下来将验证高校科技创新是否和如何影响物流产业的高质量发展。这里通过分析 2015—2021 年我国东部地区 10 个省份的数据进行实证测试，采用固定效应模型进行估计：

$$y_{it} = \alpha_0 + \beta_1 x_{it} + \theta c_{it} + \mu_i + \vartheta_t + \varepsilon_{it} \tag{6-8}$$

式中，i、t 分别表示省份和年份；y 表示物流产业高质量发展综合水平；x 表示高校科技创新综合水平；β_1 作为关键解释变量的主要系数，用于评估高校科技创新对物流产业高质量发展的作用，是本次研究需要关注的核心内容；而 c_{it} 作为控制变量，其系数 θ 用于调整其他可能影响结果的因素。此外，研究中还考虑了省级行政区域的固定效应 μ_i 和时间的固定效应 ϑ_t，这样做是为了更好地控制未观测到的变量带来的偏差，而误差项 ε_{it} 则代表了模型中未能解释的随机变量。

6.4.2 变量选取

本节的被解释变量和核心解释变量分别是由熵值法计算出来的物流产业高质量发展综合水平和高校科技创新综合水平。另外，我国物流产业的高质量发展不仅得益于高校科技创新，还可能会受外部环境因素的影响。本节在借鉴经济学理论和参考现有学术成果的基础上，考虑到数据的可获取性，决定在模型中引入产业结构和人口密度这两个控制变量，以探究除了高校科技创新水平，还有哪些关键因素对物流产业的高质量发展产生影响。以下是对控制变量的详细解释。

（1）产业结构。作为第三产业中的服务业的重要组成部分，物流产业的进步不可避免地会受到产业结构演变的影响。例如，优化产业结构可以促进物流企业的发展。本节以区域第三产业增加值与区域地区生产总值之比为指标，对区域产业结构进行分析。

（2）人口密度。人口密度可以体现资源集中的程度，而人口稠密的地区往往伴随着庞大的市场规模，这可能会导致更多的人力和资本等生产要素被吸引至此，进而促进生产要素的持续集中。这种聚集效应对物流产业高质量发展具有重要意义。本节以每平方千米面积内的居民数来度量各地区的人口密度。

6.4.3 描述性统计

本节关键解释变量、结果变量和控制变量的描述性统计见表6-5。其中，*id* 代表省份，*year* 代表年份，y 为被解释变量，x 为核心解释变量，c_1、c_2 为控制变量。

表6-5 变量描述性统计

变量	均值	标准差	最小值	最大值
id	5.500	2.893	1	10
year	2018	2014	2015	2021
y	0.214	0.137	0.011	0.553
x	0.208	0.135	0.002	0.530
c_1	0.299	0.316	0.000442	0.907
c_2	1061	1028	267	3926

根据表 6-5，从物流产业高质量发展综合水平来看，10 个省份整体的物流产业高质量发展水平的均值为 0. 214；从高校科技创新综合水平来看，10 个省份整体的高校科技创新水平均值为 0. 208；从其他因素来看，产业结构均值为 0. 299，人口密度均值为 1061。从整体上看，各变量的标准差均很大，能够反映我国东部地区各省份的经济发展水平。

6. 4. 4　基准回归及结果分析

本节采用面板回归方法来检验高校科技创新对物流产业高质量发展的作用。以下是用面板回归模型中的固定效应模型来验证高校科技创新是否对物流产业高质量发展产生影响的结果，如图 6-3 所示。

```
Fixed-effects (within) regression               Number of obs     =         70
Group variable: id                              Number of groups  =         10

R-squared:                                      Obs per group:
     Within  = 0.7307                                         min =          7
     Between = 0.7980                                         avg =        7.0
     Overall = 0.7641                                         max =          7

                                                F(9,9)            =      76.30
corr(u_i, Xb) = 0.4867                          Prob > F          =     0.0000

                                   (Std. err. adjusted for 10 clusters in id)
------------------------------------------------------------------------------
             |               Robust
           y | Coefficient  std. err.      t    P>|t|     [95% conf. interval]
-------------+----------------------------------------------------------------
           x |   .4541008   .1060579     4.28   0.002     .2141812    .6940204
          c1 |   .1100144   .1772822     0.62   0.550    -.2910258    .5110547
          c2 |   3.32e-06   .0000101     0.33   0.750    -.0000195    .0000262
             |
        year |
        2016 |   .0092918   .0080306     1.16   0.277    -.0088747    .0274584
        2017 |   .0129049   .0066471     1.94   0.084    -.0021319    .0279416
        2018 |   .0108817   .0063575     1.71   0.121      -.0035    .0252634
        2019 |   .0370594   .0147789     2.51   0.033     .0036272    .0704916
        2020 |   .0373446   .0159127     2.35   0.044     .0013475    .0733417
        2021 |   .1137205   .0299218     3.80   0.004     .0460328    .1814082
             |
       _cons |   .0514262   .0576842     0.89   0.396    -.0790644    .1819169
-------------+----------------------------------------------------------------
     sigma_u |  .07248677
     sigma_e |  .03223614
         rho |  .83488225   (fraction of variance due to u_i)
------------------------------------------------------------------------------
```

图 6-3　基准回归结果

由图 6-3 可以得出，首先，Prob 值小于 0. 05，证明 F 值检验出该模型整体显著，即该基准回归未考虑到随机因素，所以本节仅采用控制时间效应固定模型，也说明三个变量中存在一个变量发挥了作用。其次，本次固定效应模型的拟合优度为 0. 7307，效果良好，表示在其他控制变量不变的情况下，物流产业高质量发展水平有多少比例可以被高校科技创新的波动所解释。而高校科技创新水平 p 值为 0.002，小于 0.05，说明该模型回归结果可靠性高，且 t 值为 4.28，说明该因素的显著性很好。由此可以证明高校科技创新会对物流产业高质量发展水平的提高产生影响。核心变量系数为 0.4541，代表每增加一个单位的高校科技创新水平就会使物流产业高质量发展提高 0.4541 个水平点。

6.5 高校科技创新影响物流产业高质量发展的对策建议

通过对高校科技创新与物流产业高质量发展水平的测量，并通过对其进行实证分析，得出以下研究结论：

（1）推进区域物流产业连通性，推动物流产业高质量平衡发展。

从测量数据中明显可见，各地区物流产业的高质量发展水平存在显著的不平衡和不协调现象。因此，要想使各地区物流产业均衡发展，首先要从增加居民收入入手，这将进一步增强其消费能力，从而扩大国内需求，促进社会经济持续、健康发展。这样也可创造一个有利的市场环境和巩固经济基础，为实现各地区物流产业高质量均衡发展提供支持。其次，迫切需要增强区域之间的沟通与合作，推动物流数据的互通共享和信息互联，消除信息孤立的状态，并快速建立跨区域的物流信息平台，这样能够提高各地区物流网络的覆盖效率，从而促进物流产业融合发展。最后，应针对不同区域的发展特征及差异性，提出有针对性的物流产业发展战略。例如，针对那些物流产业发展较为滞后的区域，应当推行更为倾斜的政策，加大财政补贴力度，并激发当地物流企业的创新与改革活力。

（2）利用地区优势提升高校科技创新水平，助力物流产业高质量发展。

由高校科技创新与物流产业高质量发展水平的测度结果可知，各省份之间在高校科技创新与物流产业的高质量发展方面显示出不同程度的不均衡性。鉴于此，有必要深入洞察各地区在经济发展水平、政策扶持力度以及人才集聚等方面的种种差异，充分考虑每个地区的独特发展优势、经济实力和地理特点，指导和支持各地区发展本地的科技创新产业，采取“一地一策”的方法。这样可以缩小不同地区间的科技创新差距，并最大化政策优势，以推动高校科技创新并促进物流产业的高质量发展。比如，海南地区自贸港的政策优势能够为高校科技创新提供良好的外部环境，应充分利用政策，吸引国内外优质教育资源和科研机构，从而提升高校的科研水平和创新能力。除此之外，应根据海南省的气候、生态、旅游、农业等特色产业，引导高校开展有针对性的科研工作，促进科研成果与地方产业的紧密结合。通过这些有针对性的措施，海南地区可以更好地发挥本地优势，推动高校科技创新水平的提升，为地区经济发展和物流产业高质量发展提供强大的科技支撑。

（3）依托高校科技创新发展活力，为物流产业高质量发展赋能。

根据面板回归结果得出，高校科技创新对物流产业高质量发展起到了显著的促进作用。因此，首先，地方政府应鼓励高校培养与引进物流产业人才。高校应培养具有创新能力和实际操作能力的高级物流人才，从而满足物流产业高质量发展需求；同时，通过高校的平台引进国际先进人才和团队，为物流产业带来新的技术和管理理念。其次，高校作为科技创新的重要基地，可与物流企业展开深度合作，共同开展研发活动。物流企业可以提供实际问题和需求，高校根据这些问题提供科学理论和技术解决方案。例如，针对物流行业的智能化、自动化需求，高校可以研发相应的机器学习、人工智能技术，并帮助企业将其应用到实际操作中。高校和物流企业也可以共同建立科研平台，共享实验室、仪器设备等资源，降低研发成本，提高研发效率。例如，共建智能物流系统实验室，进行自动化分拣、无人机配送等技术的研发和试验。最后，高校和研究机构应积极参与政策制定，推动有利于科技创新和物流产业发展的政策出台。例如，推动政府出台扶持物流产业发展的政策，如税收优惠、资金支持等。通过以上措施，高校科技创新与物流产业的结合将更加紧密，高校的科技实力将更好地服务于物流产业的高质量发展。

6.6　本章小结

物流产业高质量发展是整个国家经济高质量发展的关键。在这一过程中，科技创新扮演着极其关键的角色，它不仅是推动经济增长的主要动力，也会对物流产业高质量发展产生深远影响。因此，本章分别构建了我国东部地区 10 个省份的高校科技创新与物流产业高质量发展水平的评价指标体系，通过采用熵值法对 10 个省份的高校科技创新与物流产业高质量发展水平进行测度，分别对指标进行权重和综合得分评估。之后增加产业结构和人口密度作为控制变量，构建以物流产业高质量发展水平为被解释变量、以高校科技创新水平为核心解释变量的面板回归模型，验证高校科技创新是否会对物流产业高质量发展产生重要影响，为物流产业未来能够实现更高水平的高质量发展提供理论支持和机制保障。

本章参考文献

[1] 黄露瑶. 数字化创新对物流业高质量发展的影响及区域差异比较［D］. 西安：陕西师范大学，2022.

[2] ADAMS J. D. Comparative localization of academic and industrial spillovers［J］. NBER（National Bureau of Economic Research）Working Paper，2002，2（3）：253-278.

[3] SIGURDSON I，REDDY P. National appropriation of university innovations：The failure of inkjet technologies in Sweden［J］. Technology analysis & strategic management，1995，7（1）：41-62.

[4] HICKS D，HAMILTON K. Dose university-industry collaboration adversely affects university research［J］. Issues in science and technology，2001（12）：74-75.

[5] SHANE S. Selling university technology：Patterns from MIT［J］. Management science，2002，48（1）：122-137.

[6] AHMAD D，et al. Assessment framework for the evaluation and prioritization of university inventions for licensing and commercialization［J］. Engineering management journal，2006，18（4）：28-36.

[7] MIYATA Y. An empirical analysis of innovative activity of universities in the United States［J］. Technovation，2000（20）：413-425.

[8] THURSBY J G，KEMP S. Growth and productive efficiency of university intellectual property licensing［J］. Research policy，2002（31）：109-124.

[9] FENG Y J，LU H，BI K. An AHP/DEA method for measurement of the efficiency of R&D management activities in universities［J］. International transactions in operational research，2004（11）：181-191.

[10] NUR AZIZ N A A，JANOR R M，MAHADI R. Comparative departmental efficiency analysis within a university：A DEA approach［J］. Procedia-social and behavioral sciences，2013，90：540-548.

[11] 郭俊华，孙泽雨. 基于因子分析法的中国高校科技创新能力评价研究［J］. 科技管理研究，2016（3）：66-71.

[12] 刘小明. 福建省高校科技创新能力与体系研究［D］. 福州：福州大

学，2004.
[13] 耿迪. 高校科技创新能力评价研究 [D]. 武汉：武汉理工大学，2013.
[14] 蔡琳. 高校科技创新指标体系构建与评价方法研究 [D]. 广州：暨南大学，2016.
[15] 蒋艳萍，田兴国，吕建秋，等. 高校科技创新能力综合评价指标体系的构建 [J]. 科技管理研究，2010 (8)：38-40.
[16] 章熙春，马卫华，蒋兴华. 高校科技创新能力评价体系构建及其分析 [J]. 科技管理研究，2010 (13)：79-83.
[17] 蒋兴华. 五地区高校科技创新能力比较研究：基于灰色关联度评价方法 [J]. 中国高校科技，2016 (7)：15-17.
[18] 韩晓明，王洪燕. 基于熵值法的高校科技创新能力评价 [J]. 北京工业大学学报（社会科学版），2015，15 (1)：73-78，84.
[19] 李高扬，刘明广. 基于结构方程模型的区域创新能力评价 [J]. 技术经济与管理研究，2011 (5)：28-32.
[20] 李艺全. 创新驱动视角下高校内部学院科技创新能力评价 [J]. 福州大学学报（哲学社会科学版），2017，31 (1)：34-41.
[21] 赵黎明，刘猛. 基于熵权 TOPSIS 的区域科技创新能力评价模型及实证研究 [J]. 天津大学学报（社会科学版），2014，16 (5)：385-390.
[22] MILLEN R，SOHAL A，MOSS S. Quality management in the logistics function：An empirical study [J]. International journal of quality & reliability management，1999，16 (2)：166-180.
[23] RAHMAN S，AUSTRALIAN T，CENTRE K. Quality management in logistics：A comparison of practices [J]. Institute of transport studies working paper，2003，37 (2)：128-231.
[24] SAURA I G，FRANCES D S，CONTRI G B，et al. Logistics service quality：A new way to loyalty [J]. Industrial management & data systems，2008，108 (5-6)：650-668.
[25] RAO S，GOLDSBY T J，GRIFFIS S E，et al. Electronic logistics service quality (e-LSQ)：Its impact on the customer's purchase satisfaction and retention [J]. Journal of business logistics，2011，32 (2)：167-179.
[26] 叶舜，李媛媛. 数据驱动型企业成长路径：以物流企业为例 [J]. 商业经济研究，2021 (19)：134-136.
[27] 董千里，闫柏睿. 物流业高质量发展机制的集成场认识 [J]. 中国流通经

济，2020，34（5）：8-21.

[28] 汪文生，考晓璇. 高质量发展视角下环渤海地区物流效率测度研究：基于三阶段 DEA 模型［J］. 商业研究，2021（4）：75-84.

[29] 上官绪明. 物流业集聚与制造业高质量发展：基于效率提升和技术进步的门槛效应研究［J］. 中国流通经济，2021，35（9）：11-21.

[30] 穆晓央，王力，黄巧艺. 基于耦合协调度模型的物流业高质量发展路径探讨：以新疆为例［J］. 价格月刊，2019（12）：55-63.

[31] 刘明. 物流业与制造业协同集聚对经济高质量发展的影响：基于 283 个地级以上城市的实证分析［J］. 中国流通经济，2021，35（9）：22-31.

[32] 林双娇，王健. 中国物流业高质量发展水平测度及其收敛性研究［J］. 统计与决策，2021，37（8）：9-14.

第7章

高质量发展视角下高校科技创新与物流产业联动系统仿真研究

物流产业是我国经济增长的关键支撑之一，其高质量的发展对推动我国经济的稳定与长期发展扮演着重要的角色。在科技进步的推动下，高等院校在科技创新方面对物流产业的成长起到了日益显著的影响。物流产业高质量发展是指在创新、协调、绿色、开放和共享五大发展理念指导下，通过提高物流服务水平、优化物流产业结构、降低物流成本、提升物流效率等途径，实现物流产业可持续发展。近年来，我国物流产业取得了显著的成果，但仍然存在一些问题，如物流成本较高、服务水平有待提高、产业协同发展不足等。这些问题制约了物流产业的高质量发展，亟待通过科技创新来解决。高等教育机构的科技创造对我国科技构架贡献显著，肩负着培育人才、探究科学及服务社会的多重责任。在物流产业高质量发展过程中，高校科技创新可以通过以下三个方面发挥积极作用：一是培养高素质物流人才，为物流产业提供人才支持；二是开展物流领域的基础研究和应用研究，推动物流技术创新；三是加强与政府、企业等主体的合作，促进产学研一体化发展。

本研究从高质量发展视角出发，探讨物流产业与高校科技创新的联动效应，并通过系统仿真研究方法，分析二者之间的相互作用机制，以期为我国物流产业高质量发展提供有益的参考。本研究将从以下几个方面展开：首先，梳理物流产业与高校科技创新的相关研究和发展现状，并构建两者之间的关系框架，分析二者之间的相互作用关系。其次，构建物流产业与高校科技创新联动系统仿真模型，通过模拟不同情景下的系统动态行为，分析二者之间的相互作用机制。最后，提出促进物流产业与高校科技创新联动发展的对策建议，为我国物流产业高质量发展提供支持。本研究旨在从高质量发展视角下，探讨物流产业与高校科技创新的联动效应，以期为我国物流产业高质量发展提供理论指导和实践参考。通过系统仿真研究方法，揭示物流产业与高校科技创新之间的相互作用机制，有助于政府、企业和社会各界更好地认识和推动二者之间的协同发展。

7.1 相关研究

7.1.1 物流产业高质量发展相关研究

作为国家经济核心之一的物流产业，其高品质增长对推动我国经济的稳定与持续增长发挥着重要作用。近年来，国内外学者关于物流产业高质量发展的研究较深入，研究范围比较广泛。国外学者 Sai-HoChung（2021）认为，在物流产业不断发展过程中，智能技术对物流产业的发展起到了一定的促进作用，通过智能技术的支持，物流的运输效率和操作系统均展现了一定的提升。Oksana Seroka-Stolka（2019）在文中指出，绿色物流正迅速发展，已成为现代物流产业的核心趋势。在循环经济的框架下，它展示了其根本特性和关键机制，为形成完整的物流循环体系提供了坚实的支持。国内学者马梦蕾和蒋秀兰对物流产业高质量发展从质量、效率、动力和贡献四个角度出发，运用 PCA 方法进行分析，来研究我国物流产业的发展状况，并提出相应的对策建议。孔继伟和朱翔宇指出我国物流产业高质量发展的研究现状，总结了存在的问题，并且以政策和金融体系、供给侧结构改革为研究方向，深入分析我国物流产业高质量发展的路径。钟宝昌等通过借助质量效益、绿色发展、创新能力和发展基础四个角度，选出我国物流产业高质量发展评价指标，并根据一定的理论基础建立相应的体系。张蕾等分析高质量发展背景下河北省物流产业绿色发展情况，对河北省 2003—2020 年的物流产业绿色发展水平做出了一定的测度，并从社会、环境、经济三个方面建立相应的体系，最终得出相应的结果。钟宝昌和程绍彬等利用熵权法来衡量我国从 2013 年到 2021 年的物流产业高质量发展水平，并利用模型探寻影响物流产业高质量发展的影响因素。

7.1.2 高校科技创新与高质量发展关系的相关研究

高质量发展是我国当前社会发展的主要目标之一，科技创新在其中扮演着核心推动作用。高校作为科技创新的重要阵地，对于推动高质量发展具有不可替代的作用。国外学者 Benedetto 等通过对意大利高校人员投入和科技研发经费对高校科研能力的影响分析，得出高质量科研人员的投入对高校科研能力的影响高于科研经费投入对科研能力的影响。Yaisawarng 等提出科研活动产生的创新产品数量和净利润率能够衡量高校创新产出能力。国内学者李燕通过熵权法对 2008—2017 年 19 个副省级以上城市的经济和高校科技创新情况进行测算，并且运用面板模型进行实证研究高校科技创新与城市经济高质量发展的影响状况。罗志红和熊志琴通过分析 2009—2018 年 27 个省份的横向与纵向数据集，研究评估了经济的高质量发展水平以及高等学府在科技创新领域的表现，并采用统计模型来探究高校科技创新对经济高质量发展作用的实证关系。宋慧勇从科技创新资源、成果获奖、专利发明以及国际学术交流等角度分析，利用 2018—2020 年的指标数据，对长三角区域的高质量视角下的高校科技创新水平进行分析，找寻存在的问题，并提出相应的对策建议。

7.1.3　研究述评

物流产业与高校科技创新在推动我国社会经济发展中发挥着重要作用。作为国家经济体系的一个关键支撑行业，物流产业的高效和优质发展对我国经济的平稳增长与社会的持续进步具有不可忽视的贡献。近年来，国内外学者对物流产业高质量发展的研究较为深入，研究范围广泛。国外学者关注到智能技术在物流产业发展中的促进作用，以及绿色物流在现代物流产业中的核心趋势。国内学者则从多个角度出发，研究我国物流产业的发展状况，并提出了相应的对策建议。与此同时，高校科技创新在推动高质量发展中也具有不可替代的作用。国内外学者对高校科技创新高质量发展的研究也取得了一系列成果。国外学者关注到高质量科研人员投入和科研经费投入对高校科研能力的影响，而国内学者则从经济和高校科技创新能力的关系，以及高校科技创新对经济高质量发展的影响等方面进行了深入研究。

然而，物流产业与高校科技创新高质量发展仍存在一些问题，如我国物流产业高质量发展的路径研究尚不充分、高校科技创新能力与各方面的高质量发展之间的关系还需进一步探讨、物流产业与高校科技创新联动发展研究尚有不足等。本研究在高质量发展的视角下进行研究分析，探讨物流产业与高校科技创新联动发展的现状，并利用系统动力学进行模拟仿真研究，分析两者之间联动发展的关系，最后根据仿真结果提出相应的对策建议。

7.2 高质量视角下河北省物流产业与高校科技创新联动发展现状

7.2.1 物流产业发展现状

1. 物流产业规模发展概况

物流产业涉及的规模比较庞大，范围比较广泛，本研究对河北省物流产业的规模进行研究分析，主要通过物流产业增加值、物流产业从业人数、货物周转量和物流固定资产投资增长率四个方面进行分析研究，如表 7-1 所示。河北省物流产业增加值从 2015 年的 2612.9 亿元增长到 2021 年的 2968.4 亿元，总体上呈现稳定增长的趋势；物流产业的从业人数波动趋势较大，从 2015 年到 2017 年从业人数有所下降，从 2018 年到 2021 年呈现上升的趋势；货物周转量从 2015 年的 12936.9 亿吨公里增长到 2021 年的 14774.6 亿吨公里；由于 2015—2021 年经济和政策发生一系列的变化，物流固定资产投资增加率变化的波动程度比较明显。随着科技的不断进步和市场的不断变化，物流产业的规模在不断扩展，而且物流产业的发展将更加多元化、智能化和全球化。

表 7-1 物流产业规模发展概况

年份	物流产业增加值（亿元）	物流产业从业人数（人）	货物周转量（亿吨公里）	物流固定资产投资增长率（%）
2015	2612.9	291791	12936.9	0.50%
2016	2636.2	286719	12339.2	2.20%
2017	2680.0	242689	13383.6	1.70%
2018	2798.8	245802	13876.7	22.00%
2019	2722.2	274703	14179.5	2.50%
2020	2817.5	272669	13735.5	15.20%
2021	2968.4	289701	14774.6	-21.70%

2. 物流产业创新发展概况

物流产业的创新发展可谓日新月异，它不仅是国民经济的重要组成部分，更是推动社会经济发展的重要力量。近年来，随着信息技术的飞速发展和全球化趋势的加速，物流产业正经历着前所未有的变革与创新。本研究对物流产业创新发展的分析主要是通过河北省规模以上工业企业 R&D 项目经费支出、技术市场成交额和专利申请数这三方面进行分析研究。规模以上工业企业 R&D 项目经费支出可以很好地反映出河北省物流产业创新性发展情况，其值越大说明创新性越好。如表 7-2 所示，规模以上工业企业 R&D 项目经费支出自 2015 年的 2493028 万元增长至 2021 年的 5710499 万元，年均增长 459638.71 万元；技术市场成交额自 2015 年的 395438 万元增长至 2021 年的 7473182 万元，年均增长 1011106.29 万元；专利申请数自 2015 年的 10396 件增长至 2021 年的 30171 件，年均增长 2825 件。可见，物流产业的创新程度在不断提升，对物流产业的发展也起到了推动作用。

表 7-2　物流产业创新发展概况

年份	规模以上工业企业 R&D 项目经费支出（万元）	技术市场成交额（万元）	专利申请数（件）
2015	2493028.0	395438	10396
2016	2759307.4	5899559	13189
2017	3504670.2	889245	13855
2018	3620068.8	2759840	16707
2019	4072153.0	3811904	21570
2020	4846766.0	5549646	24815
2021	5710499.0	7473182	30171

3. 物流产业社会需求概况

物流产业的社会需求概况呈现出稳步增长的态势。随着全球化的推进、电子商务的快速发展以及消费者需求的多样化，物流产业作为连接生产、流通和消费的桥梁，其重要性日益凸显。本研究对河北省物流产业社会需求情况的分析主要是在物流产业的绿色化、物流产业的协调性和物流产业的数智化三个方面进行分析研究。绿色化以物流产业能源消耗为参考指标；协调性以物流产业城乡协调为参考指标；数智化以物流数字化水平为参考指标。通过表 7-3 可知，物流产业绿色化的能源消耗从 2015 年的 1111 万吨增长至 2021 年的 1298 万吨，年均增长 26.71 万吨；物流产业协调性的城乡协调从 2015 年的 18.05 万公里增长至 2021 年的 21.4 万公里，年均增长 0.48 万公里；物流产业数智化的数字化水平从 2015 年的 994.6 亿元增长至 2021 年的 1269.9 亿元，年均增长 39.33 亿元。自 2015 年至 2021 年，河北省物流产业的绿色化水平、协调性、数智化水平呈现波动上升趋势，物流需求也在不断增加。

表 7-3　物流产业社会需求概况

年份	物流产业能源消耗量（万吨）	物流产业城乡协调（农村投递总路线长度）万公里	物流数字化水平（邮电业务总量）（亿元）
2015	1111	18. 05	994. 6
2016	1286	19. 15	1545. 2
2017	1215	19. 97	1364. 5
2018	1263	20. 70	3165. 4
2019	1377	21. 20	5300. 2
2020	1141	21. 20	6827. 1
2021	1298	21. 40	1269. 9

7. 2. 2　高校科技创新发展现状

1. 高校科技创新投入概况

近年来，高校科技创新投入呈现出显著增长的趋势。随着国家对科技创新的高度重视，高校作为培养创新人才、开展科学研究的重要基地，其科技创新投入不断增加，为我国的科技创新事业做出了重要贡献。本研究通过分析河北省高校科技创新投入在研发人员数、研发项目数和研发投入总额层面的变化情况，分析高校科技创新投入情况。通过表 7-4 可知，研发人员数从 2015 年的 10218 人增长至 2021 年的 15358 人，年均增长 734. 29 人；研发项目数从 2015 年的 8869 个增长至 2021 年的 15900 个，年均增长 1004. 43 个；研发投入总额从 2015 年的 195436. 5 万元增长至 2021 年的 390954. 3 万元，年均增长 27931. 114 万元。从趋势上来看，高校科技创新呈现逐年增长的趋势，这为高校科技创新活动提供了有力的支持和保障。

表 7-4　高校科技创新投入概况

年份	研发人员数（人）	研发项目数（个）	研发投入总额（万元）
2015	10218	8869	195436. 5
2016	9458	9886	218771. 3

续表

年份	研发人员数（人）	研发项目数（个）	研发投入总额（万元）
2017	10882	10976	271470. 2
2018	11188	12083	320515. 0
2019	13048	13254	380968. 6
2020	13499	14392	390954. 3
2021	15358	15900	390954. 3

2. 高校科技创新产出概况

高校科技创新产出在近年来取得了显著的进展和成果。随着国家对科技创新的大力支持和高校科研投入的逐年增加，高校在科技创新方面取得了丰硕的产出。高校科技创新主要通过专利申请数、发表学术论文数和专利授权数三个方面进行分析。通过表 7-5 可知，专利申请数从 2015 年的 3442 个增长至 2021 年的 6775 个，年均增长 476. 14 个；发表学术论文数从 2015 年的 23586 个增长至 2021 年的 24788 个，年均增长 171. 71 个；专利授权数从 2015 年的 2632 个增长至 2021 年的 5408 个，年均增长 396. 57 个。高校科技创新的成果不仅展示了高校在科技创新方面的实力和潜力，也为我国的科技进步和经济发展提供了重要的支撑和动力。未来，随着国家对科技创新的进一步重视和支持力度的加大，高校科技创新产出有望取得更加显著的成果。

表 7-5　高校科技创新产出概况

年份	专利申请数（个）	发表学术论文数（个）	专利授权数（个）
2015	3442	23586	2632
2016	4533	24696	3165
2017	4919	25934	3278
2018	6095	26026	3895
2019	6597	26745	4064
2020	6836	24344	5775
2021	6775	24788	5408

3. 高校科技创新成果转化概况

近年来，高校科技创新成果转化呈现出一定的特点和趋势。尽管高校在科技创新方面取得了显著的成果，包括科研论文的发表、专利的申请以及科研专著的出版等，但科技成果转化和转出仍然面临一定挑战。本研究以专利出售金额、其他知识产权数和国际合作交流派遣数为研究背景，分析高校科技创新成果转化的情况。如表 9-6 所示，专利出售金额从 2015 年的 1161 万元增长至 2021 年的 3530.9 万元，年均增长 338.56 万元；其他知识产权数从 2015 年的 373 个增长至 2021 年的 1977 个，年均增长 229.14 个；国际合作交流派遣数从 2015 年的 850 个减少至 2021 年的 557 个，年均减少 41.86 个。高校科技创新成果转化虽然面临一定挑战，但在国家政策支持和高校自身努力下，转出的效率和效果有望得到提升。未来，随着科技创新体系的不断完善和合作机制的深化，高校科技创新成果转出将发挥更大的作用，推动社会经济的持续发展。

表 7-6 高校科技创新成果转出概况

年份	专利出售金额（万元）	其他知识产权数（个）	国际合作交流派遣数（个）
2015	1161.0	373	850
2016	667.0	965	769
2017	1034.2	819	996
2018	964.9	1075	1069
2019	1216.1	1255	890
2020	3668.5	1665	347
2021	3530.9	1977	557

7.2.3 物流产业与高校科技创新联动发展框架

近年来，物流产业与高校科技创新联动发展呈现出不断增强的趋势，物流产业与高校科技创新之间建立了协同发展的关系；但是，两者之间的联动也会存在一系列的问题。本研究为实现两者之间的联动发展，以河北省物流产业与高校科技创新为实例，对其主要的指标进行分析，以实现两者之间的联动。本研究通过借鉴前学者构建的有关物流产业和高校科技创新发展的体系，建立两者联动发展的框架（见图 7-1），从而找出影响两者联动发展的主要指标，为本研究构建物流产业与高校科技创新高质量联动的系统动力学模型奠定基础。

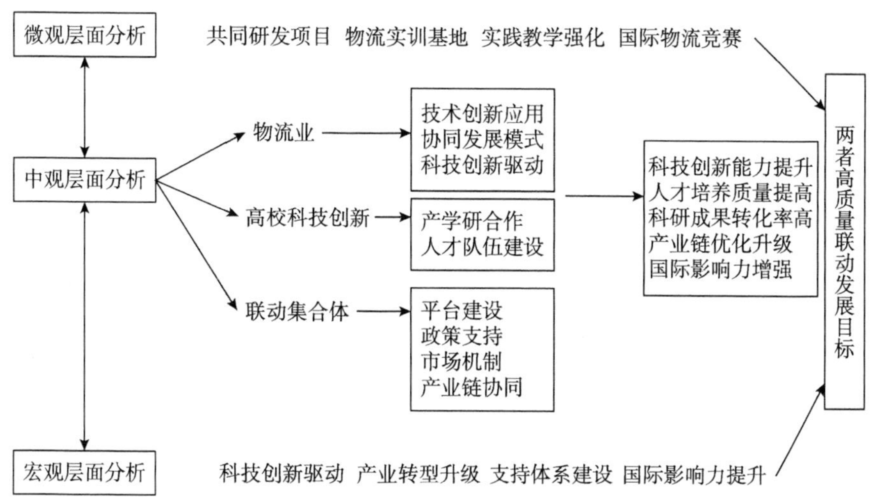

图 7-1　物流产业与高校科技创新联动发展框架

7.3　物流产业高质量发展与高校科技创新系统动力学分析

7.3.1　指标选取

1. 物流产业高质量发展指标

物流产业是国民经济生活中一项重要的产业，其高质量的发展是物流产业发展的最高级形式，重点是在对物流产业发展规模扩大的同时，对物流产业的质量进行提升，从而实现物流产业发展成效的最大化和发展成本的最小化目标。

表 7-7　高质量视角下物流产业发展指标

维度层	影响因素
物流产业规模化发展	物流产业增加值（万元）
	物流产业从业人数（人）
	货物周转量（吨）
	物流固定资产投资（万元）
物流产业创新性发展	规模以上工业企业 R&D 项目经费支出（万元）
	技术市场成交额（万元）
	物流专利申请数（件）

续表

维度层	影响因素
物流产业绿色化发展	氮氧化物排放量（吨）
	物流产业能源消耗（吨）
	城市绿地面积（公顷）
物流产业协调性发展	物流总费用与 GDP 的比率（%）
	物流产业城乡协调
	乡村物流配送网点覆盖率（%）
物流产业数智化发展	物流数字化水平
	移动互联网用户（万户）

本研究根据国内外学者对于物流产业高质量发展的相关指标的选择，充分考虑了物流产业高质量发展的具体表现，针对其发展的特点，选取了具有代表意义的影响因素指标，并对现有的指标进行整理和汇总，得到了如表 7-7 的结果。从五个维度分析了高质量视角下物流产业发展的目标和方向，通过对其维度进行分析为后文的研究奠定了基础。其中，物流产业规模化发展维度下包括物流产业增加值、物流产业从业人数、货物周转量和物流固定资产投资；物流产业创新性发展用规模以上工业企业 R&D 项目经费支出、技术市场成交额和物流专利申请数来衡量；物流产业绿色化发展用氮氧化物排放量、物流产业能源消耗和城市绿地面积来衡量；物流产业协调性发展用物流总费用与 GDP 的比率、物流产业城乡协调和乡村物流配送网点覆盖率来衡量；物流产业数智化发展用物流数字化水平和移动互联网用户来衡量。

2. 高校科技创新评价指标

由于高校科技创新高质量的发展是比较新的表述，所以目前针对影响高校科技创新高质量发展的研究指标相对较少，整理出来的影响因素如表 7-8 所示。

通过表 7-8 可以得出，首先在高校科技创新投入维度下，研发人员数、R&D 成果应用及科技服务人员数、研发项目数、发展机构数、研发投入总额以及科研事业费投入额起着主要影响作用。其次，在高校科技创新产出维度下，专利申请数、专利授权数、发表学术论文数、出版科技著作数、科技进步奖励数和国家级项目验收数起着主要影响作用。最后，在高校科技创新成果转化维度下，专利出售数、专利出售金额、其他知识产权数与国际合作交流派遣数起着主要影响作用。

表 7-8　高校科技创新高质量发展指标

维度层	影响因素
高校科技创新投入	研发人员数（人）
	R&D 成果应用及科技服务人员数（个）
	研发项目数（个）
	发展机构数（个）
	研发投入总额（万元）
	科研事业费投入额（万元）
高校科技创新产出	专利申请数（件）
	专利授权数（件）
	发表学术论文数（篇）
	出版科技著作数（部）
	科技进步奖励数（项）
	国家级项目验收数（个）
高校科技创新成果转化	专利出售数（件）
	专利出售金额（万元）
	其他知识产权数（件）
	国际合作交流派遣数（个）

7.3.2　建模基础

1. 系统边界的确立

物流产业与高校科技创新高质量联动发展是高校科技创新供给子系统、物流产业需求子系统协调发展的必要条件，是追求各项利益的协调统一。其中，物流产业涉及将商品从生产地点运送到消费地点的整个物理移动过程，涵盖了运输、储存、装载、搬运、包装以及配送等多个步骤。物流产业的特点是规模化、网络化、信息化和智能化。高校科技创新是指高校在科学研究、技术开发、人才培养等方面进行的创新活动，具有创新性、前沿性、实用性等特点。物流产业与高校科技创新的联动发展是指通过合作、协同等方式，将物流产业的需求与高校科技创新的优势相结合，实现资源共享、优势互补、相互促进的发展模式。这种模式可以促进物流产业的技术创新、管理创新和服务创新，提升物流产业的整体竞争力和可持续发展能力；同时，也可以推动高校科技创新成果的转化和应用，提高科技创新的社会效益和经济效益。

2. 系统假设的分析

物流产业高质量发展与高校科技创新联动模型是一个十分复杂的系统模型，包含了众多的影响因素，如果将实际情况中的所有影响因素都包含在内进行定量分析，其范围比较宽泛，因此本研究以相关文献为参考，为了与实际情况相近并达到模型的操作效果，将关注点放在两者联动发展的关键的影响因素上。为确保模型的科学性与准确性，模型基于以下假设构建：

第一，主要研究的是物流产业高质量发展与高校科技创新联动之间的关系，然而物流产业高质量发展涉及比较多的领域，同时物流产业与其他产业之间也有着非常复杂的关系，因此本研究在进行分析时，暂时忽略了其他产业对物流产业的影响，只分析了物流产业高质量发展与高校科技创新联动的影响作用。

第二，物流产业与高校科技创新之间存在资源共享和优势互补的关系。物流产业可以为高校提供实践基地和实际需求，而高校则可以为物流产业提供技术创新和人才培养支持。这一假设基于物流产业和高校科技创新各自的优势和需求。物流产业拥有丰富的实践经验和市场需求，而高校则具备科研实力和创新能力。

第三，物流产业与高校科技创新的联动发展应该实现可持续发展和共赢。这包括经济效益、社会效益和环境效益的协同提升，以及各方利益的均衡分配。这一假设基于可持续发展的理念，认为联动发展应该是一种长期、稳定、可持续的合作关系，能够实现各方利益的共赢。

第四，物流产业与高校科技创新的联动发展受到政策和市场双重驱动。政策可以提供支持和引导，而市场则提供需求和动力。这一假设基于政策导向和市场机制在行业发展中的作用。在物流产业与高校科技创新的联动发展中，政策和市场的作用不可忽视。

7.3.3 系统动力学模型构建

1. 系统因果关系图分析

本研究构建的两者高质量联动系统动力学模型主要是由物流产业需求子

系统与高校科技创新供给子系统两部分共同组成，各个部分的子系统均是根据现实中的实际情况构建而成。其中，物流产业需求子系统主要是通过改善物流服务水平和提升物流技术来体现物流产业与高校科技创新联动所带来的物流服务水平的不断提高，以及社会物流总费用的不断降低。高校科技创新供给子系统是在高校环境中，负责科技创新活动的各个组成部分和要素的总和，这个子系统的主要功能是为社会、特别是为物流产业等提供科技创新支持和服务。最终由这两个子系统构成物流产业与高校科技创新联动发展的系统模型。

（1）物流产业需求子系统

物流产业是现代经济体系中的重要组成部分，其需求是保证各环节正常运行的保障，并且对于高校科技创新的发展起到一定的推动作用。物流产业需求子系统如图 7-2 所示，在物流产业需求子系统中，随着货物周转量的增多，对货物进行处理的人员会增多，随之便会使物流产业的从业人数增加；从业人数来自不同的地区，物流产业从业人数会在一定程度上对物流产业的城乡协调产生影响，当城乡协调发生变化时，技术市场成交额也会变化，两者之间存在一定的作用力，市场成交额的多少也会影响着物流对环境的作用，从而影响着物流产业能源消耗；而且物流产业城乡协调的变化也能对物流数字化水平产生作用，物流数字化水平程度越高，在物流视角下专利的申请数也会增加；同时，物流产业从业人数、物流产业能源消耗和物流专利申请数均会对物流产业增加值产生影响。

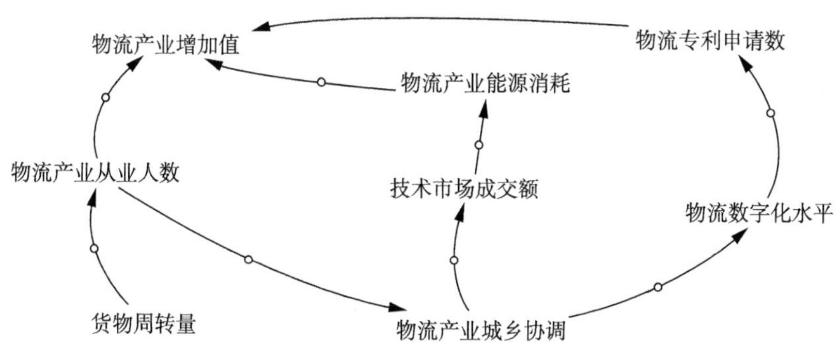

图 7-2　物流产业需求子系统

（2）高校科技创新供给子系统

高校科技创新供给子系统对国家的科技自立自强战略具有重要意义。它不仅是塑造创新人才的基地，同时也是科技创新的关键来源。通过强化高校科技创新供给子系统，可以有效地支撑国家的科技发展，促进经济结构的改善和提升，提高国家的整体竞争力。高校科技创新供给子系统如图 7-3 所示，由图可知，专利申请数越多，专利授权数就越多；专利授权数越多，专利发表数就越多，从而专利出售金额越大。此外，研发人员数、研发投入总额、研发项目和其他知识产权均会对专利申请数产生影响。

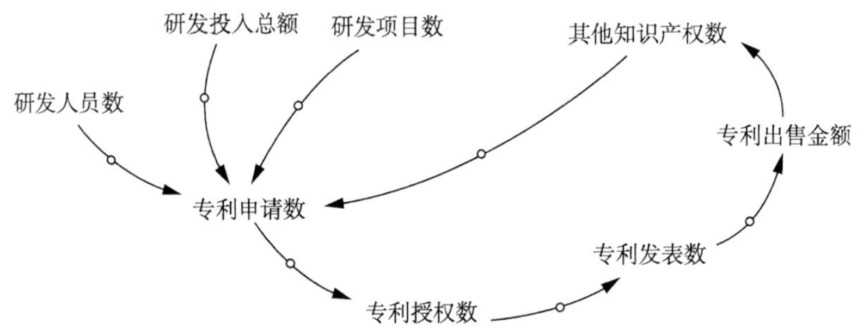

图 7-3　高校科技创新供给子系统

（3）总因果关系图

通过分析物流产业需求子系统和高校科技创新供给子系统，可以看出物流产业和高校科技创新在高质量视角下的主要影响指标，并分析两者之间存在的联系，充分考虑两者联动发展的构成因素，进而模拟出未来高质量视角下物流产业与高校科技创新两者之间的联动发展的变化趋势及相互间的动态变化，其系统整体的总因果关系如图 7-4 所示。

该动力学系统主要由以下回路构成：

（1）专利申请数→专利授权数→专利发表数→专利出售金额→物流产业增加值→区域 GDP→教育投入总额→研发投入总额→专利申请数。

（2）物流产业增加值→区域 GDP→教育投入总额→高校物流专业毕业数→研发人员数→专利申请数→物流专利申请数→物流产业增加值。

（3）研发人员数→专利申请数→物流专利申请数→物流产业增加值→区域 GDP→教育投入总额→高校物流专业毕业数→研发人员数。

（4）教育投入总额→高校物流专业毕业数→物流人才数→物流产业数字化水平→物流产业增加值→区域 GDP→教育投入总额。

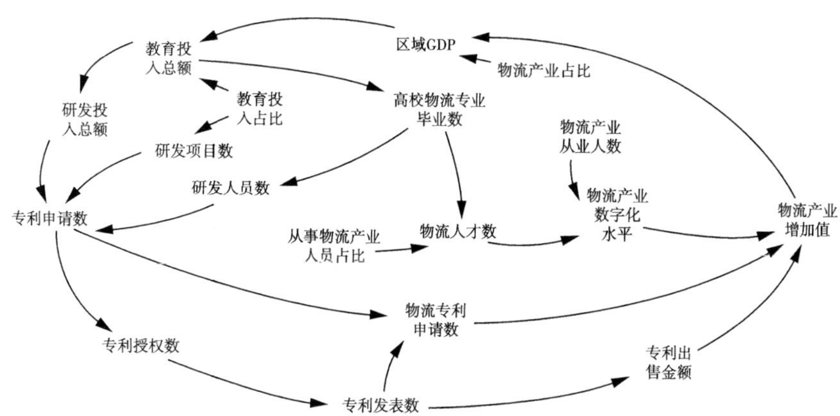

图 7-4　物流产业与高校科技创新高质量联动总因果关系图

2. 存量流量图

因果关系图可以表示物流产业高质量发展与高校科技创新联动系统要素之间的定性关系，但是对于两者联动发展的定量关系需要通过构建两者的系统存量流量图。根据前文构建的物流产业与高校科技创新高质量联动总因果关系图，建立物流产业与高校科技创新联动系统存量流量图，如图 7-5 所示。其中，专利申请数、研发人员数和高校物流专业毕业数为状态变量；专利申请增加量、研发人员增加量和物流产业毕业生增加量为速率变量；其余的变量为辅助变量。

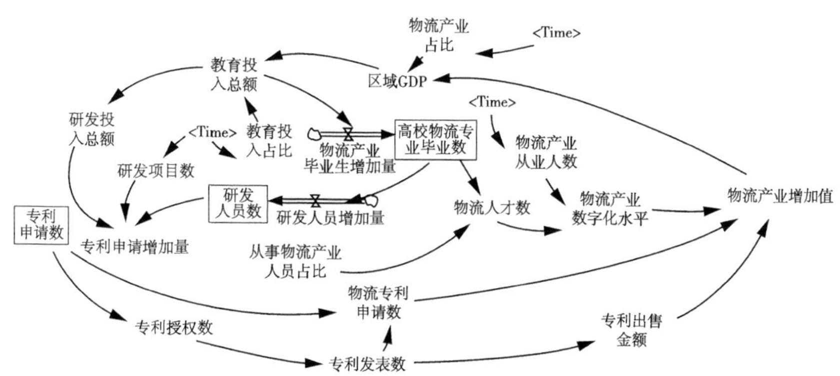

图 7-5　物流产业与高校科技创新联动系统存量流量图

3. 参数方程构建

本研究采用了 VensimPLE　9.3.5 系统动力学模拟软件进行模拟实验，模拟时间设定为 2015—2030 年，以一年为模拟步长时间，并以河北省的相关数据作为研究基础。模型所需数据主要来自河北省统计局网站、高等教育汇编资料、《河北统计年鉴》以及《河北省国民经济和社会发展统计公报》等出版物，其中以 2015—2021 年的数据作为模型的基准数据，并通过统计回归分析法对数据进行处理，以估计模型参数。以下是模型主要变量的计算方程：

（1）区域 GDP 可以通过河北省物流产业增加值占河北省 GDP 的比值来确定。通过查询统计年鉴，可以用表函数来表示物流产业占比，有：物流产业占比 = WITHLOOKUP {Time,([(2015,0)-(2030,0.1)],(2015,0.099),(2016,0.0926),(2017,0.0875),(2018,0.0861),(2019,0.0778),(2020,0.0782),(2021,0.0735),(2030,0.0461)}。进一步可得区域 GDP 的函数关系式，即 GDP = 物流产业增加值/物流产业占比。

（2）专利申请数 = INTEG（专利申请增加量，0.3442）。专利申请数初始值通过参考 2015 年的统计年鉴数据，得到 2015 年专利申请数为 0.3442 万个，因此其初始值设为 0.3442。

专利申请增加量 = -0.516+0.005×研发投入总额+1.074×研发项目数+1.192×研发人员数。

（3）研发人员数 = 0.089+0.002×研发人员增加量。

研发人员增加量 = 30.158+0.018×高校物流专业毕业数。

（4）研发项目数 = WITHLOOKUP {[(2015,0)-(2030,10)],(2015,2.0946),(2016,2.3567),(2017,2.5232),(2018,2.7124),(2019,2.8951),(2020,3.1844),(2021,3.4794),(2030,6.989)}。

（5）物流产业从业人员数有历年统计年鉴整理得到，并根据数据发展趋势，利用回归分析进行拟合，将其表示为随时间变化的表函数，有：物流从业人员数 = WITHVLOOKUP {[(2015,0)-(2030,40)],(2015,29.1791),(2016,28.6719),(2017,24.2689),(2018,24.5802),(2019,27.4703),(2020,27.2669),(2021,28.9701),(2030,31.847)}。

（6）专利授权数 = -0.0264+0.47×专利申请数。

（7）专利发表数 = -0.04+0.258×专利授权数。

（8）专利出售金额 = 1.401+6.431×专利发表数。

（9）教育投入总额可以通过 GDP 中教育投入比率计算得出，教育投入总额 = 区域 GDP×教育投入占比。通过对统计年鉴中历年教育经费占 GDP 的比率进行计算，得出：教育投入占比 = WITHLOOKUP {Time,([(2015,0)-

(2030,1)],(2015,0.0487),(2016,0.0499),(2017,0.052),(2018,0.0535),(2019,0.057),(2020,0.0591),(2021,0.0543),(2030,0.072)}。

(10) 研发投入总额=-10.357+0.12×教育投入总额。

(11) 物流产业毕业生增加量=29.854+0.014×教育投入总额；高校毕业生数=INTEG（物流产业毕业生增加量，5.9247），初始值通过参考 2015 年的统计年鉴数据进行计算，得到 2015 年毕业生数为 5.9247 万人，因此其初始值设为 5.9247。

(12) 物流人才数量表示物流产业中高学历人才的数量，毕业生从事物流产业的数量约占毕业生总数的 3%，故取物流产业就业比例为 0.03 [16]，可以得到：物流人才数量=高校物流专业毕业数×从事物流产业人员占比。

(13) 物流产业数字化水平以物流人才数占物流从业人数的比例来表示，其公式为：物流数字化水平=物流人才数/物流从业人数。

(14) 物流专利申请数=专利发表数/专利申请数。

(15) 物流产业增加值受到专利出售金额的影响，同时物流产业数字化水平的提高会进一步促进物流产业的发展，促进物流产业增加值的增长，其方程式为：物流产业增加值=2541.2+453.129×专利出售金额+576.28×物流专利申请数+480.327×物流产业数字化水平。

7.3.4　模型检验

1. 有效性检验

当参数方程建立完毕后，将函数以及变量的初始值带入模型并运行。为保证模型的有效性，本研究选取物流产业增加值和区域 GDP 变量进行有效性检验（见表 7-9）。将高质量联动发展系统模型的仿真结果与实际数据进行分析，比较两者数值之间的吻合程度，以检验模型的有效性。当误差率小于 10%时，可以认为模型模拟结果基本符合实际，能够反映真实情况。

表 7-9　区域 GDP、物流产业增加值历史性检验

年份	区域 GDP 仿真值（亿元）	区域 GDP 真实值（亿元）	误差（%）	物流产业增加值仿真值（亿元）	物流产业增加值真实值（亿元）	误差（%）
2015	26035.5	26398.4	-1.36	2569.10	2612.9	-1.34
2016	28718.4	28474.1	0.84	2656.56	2636.2	0.88
2017	31339.8	30640.8	2.30	2741.94	2680.0	2.34

续表

年份	区域 GDP 仿真值（亿元）	区域 GDP 真实值（亿元）	误差（%）	物流产业增加值仿真值（亿元）	物流产业增加值真实值（亿元）	误差（%）
2018	32630.1	32494.6	0.43	2810.71	2798.8	0.38
2019	36754.2	34978.6	5.06	2856.45	2722.2	5.04
2020	37703.5	36013.8	4.69	2947.46	2817.5	4.65
2021	41160.1	40391.3	1.90	3027.13	2968.4	1.91%

通过表 7-9 的历史数据检验结果，模型中的两个变量随时间变动的趋势基本与真实值一致，所有变量的误差均在 10% 以内，说明本研究所构建的模型具有较好的真实性，能够较好地反映实际情况，能够利用模型进行下一步的模拟分析。

2. 灵敏度检验

在应用模型深入分析两大行业的协同效应前，务必对模型的准确性与功效进行核实，否则得到的分析结果可能不足以令人信服。在处理实际问题过程中，对系统设定值的调整往往不可或缺，而敏感性分析有助于确保在调整这些参数时，模型的性能指标维持稳定。进行模型敏感性测试的目的是验证模拟输出与实际情况之间的相符程度。本研究选取“教育投入占比”作为敏感性分析的检验指标，将其分别增加 20% 和减少 20%，观察物流产业增加值和研发投入总额的变化情况，如图 7-6 和图 7-7 所示。（模拟代表初始情况，模拟 A 代表增加 20% 的情况，模拟 B 代表减少 20% 的情况）

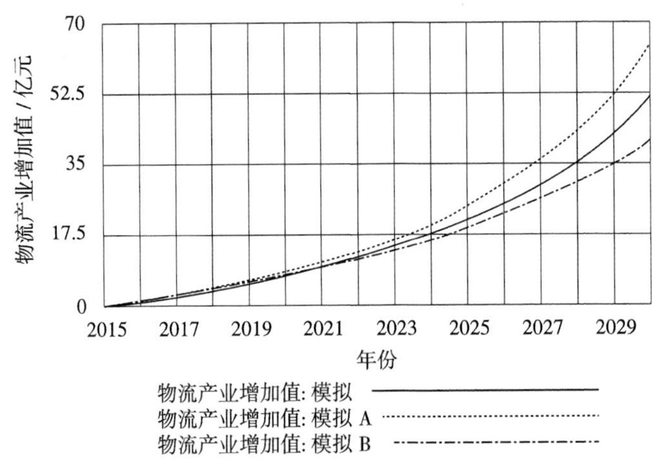

图 7-6　物流产业增加值敏感性检验

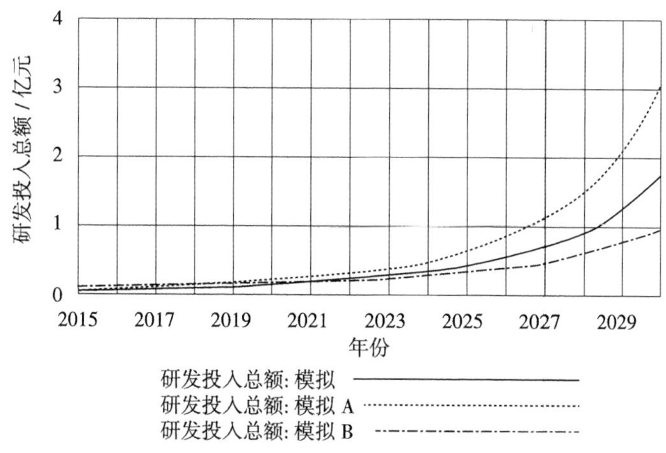

图 7-7　研发投入总额敏感性检验

通过图 7-6 和图 7-7 发现，教育投入占比会对物流产业增加值产生显著的影响效果，能促使物流产业增加值在一定的幅度内变化，同时教育投入占比也会对研发投入总额产生一定程度的影响，因此可以认为此模型具有一定的敏感性，可以进行后续的研究分析。

7.4　系统仿真与对策建议

7.4.1　仿真结果分析

本研究从宏观视角对模型仿真数据进行全面解读，遵循模型内部的逻辑流程，挑选核心变量进行深入探讨，以实现对模型整体仿真效果的详细梳理。区域 GDP 发展趋势、教育投入总额发展趋势、研发投入总额发展趋势分别如图 7-8、图 7-9、图 7-10 所示。

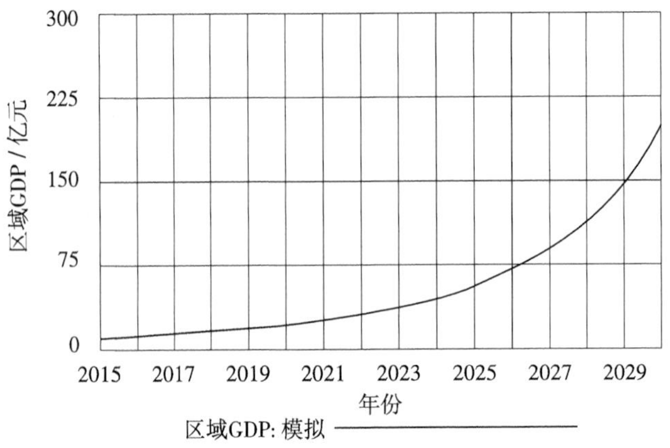

图 7-8　区域 GDP 发展趋势

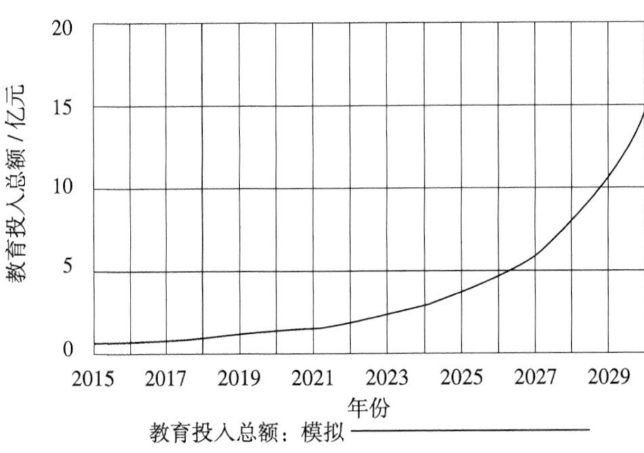

图 7-9　教育投入总额发展趋势

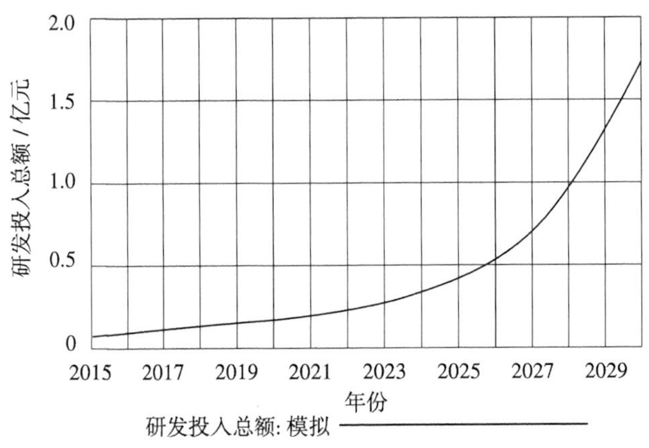

图 7-10　研发投入总额发展趋势

通过图 7-8~图 7-10 可以看出，区域 GDP、教育投入总额和研发投入总额均呈现出上升的趋势。这三个指标之间相互关联，区域 GDP 的提升能在一定程度上带来更多资金的支持，从而部分资金会用到教育行业，增加了教育的投入力度；教育方面的资金越多，对物流人才方面的投入也会增多，从而会增加研发投入总额，也在一定程度上促进了物流产业的发展。

如图 7-11 所示，物流行业作为现代供应链体系的重要组成部分，其数字化转型的速度和质量，直接关系到国家经济的高质量发展和产业结构的优化升级。随着数字化技术在物流产业的广泛应用，企业能够更加精准地把握市场动态，高效利用资源，从而在获得更高的经济效益的同时，更多的资金被注入新一轮的技术创新中，构成了一个积极的循环效应。

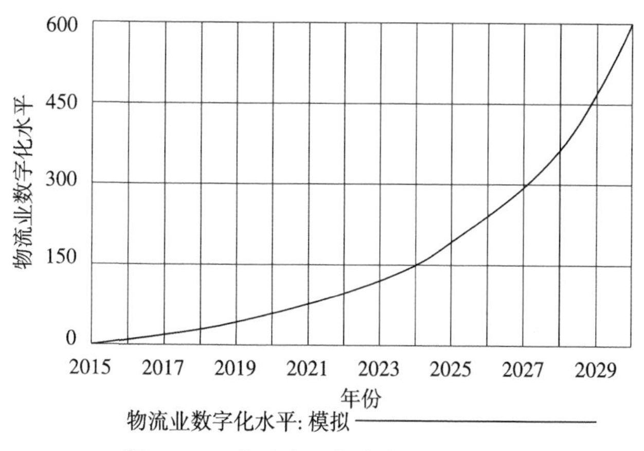

图 7-11　物流产业数字化水平发展趋势

如图 7-12 所示，教育投入总额与物流人才数之间存在显著的正向联动关系，一个国家或地区对教育的投入，特别是高等教育和职业教育的投入，直接影响到物流产业人才的培养质量和数量。随着全球化和信息化的发展，物流产业的技术和管理要求越来越高，这就需要有更多经过良好教育训练的人才来满足这些要求。教育投入的增加能够提供更多的专业课程和培训项目，以满足物流产业的人才需求。

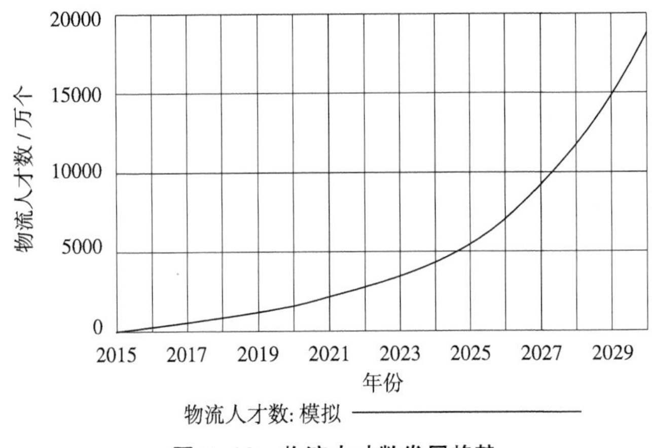

图 7-12　物流人才数发展趋势

如图 7-13 所示，随着高校科技创新的提升，会产生一系列的连锁反应，从而使物流产业增加值在一定程度上增加。例如，研发投入总额、物流专利申请数和物流数字化水平的增加，使物流产业得到一定的发展，从而使物流产业增加值呈现不断上升的趋势。

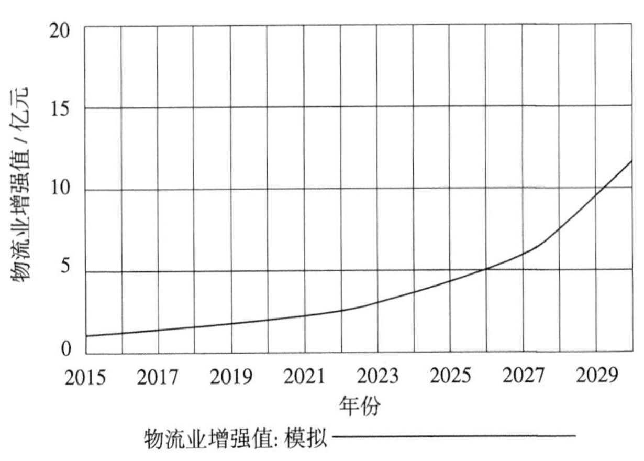

图 7-13　物流产业增加值发展趋势

7.4.2　对策建议

1. 深化产学研合作

深化产学研合作是推动物流产业与高校科技创新联动发展的关键。高校拥有强大的科研实力和丰富的人才资源，而物流企业则面临着实际运营中的各种问题，二者之间的紧密合作可以实现优势互补，共同推动物流行业的创新与发展。高校应该与物流企业建立更加紧密的产学研合作机制，共同开展科研项目，将高校的科研成果快速转化为物流产业的实际应用。同时，企业可以提供资金和需求项目给高校的研究团队，以实现技术创新和解决方案的针对性和实用性。通过产学研合作，高校可以更加深入地了解物流行业的实际需求，将科研成果更好地转化为实际应用；同时，物流企业也可以借助高校的科研力量，解决技术难题，提升运营效率。

2. 推动物流产业数字化转型

物流产业的数字化转型，是一场将现代信息技术与传统物流业务深度融合的深刻变革。这一转型过程，如同一场春风化雨，润物无声地改变着物流行业的面貌，提升着其效率与效能。在这个过程中，可以看到大数据、人工智能、物联网等先进技术的广泛应用，它们如同一个个强大的引擎，为物流行业注入新的活力。通过对大量数据的实时分析，物流企业能够实现对货物运输的精准调度，提高运输效率，降低运营成本。高校作为科研创新的重要基地，拥有先进的科研设施和丰富的科研资源。在物流产业数字化转型过程中，高校可以开展相关的科研项目，研究数字化技术在物流领域的应用，为物流企业提供技术支持和解决方案。例如，高校可以研究大数据分析、人工智能、物联网等先进技术在物流领域的应用，帮助物流企业提高运营效率、降低成本，提升服务质量。

3. 加强政策支持和资金投入

加大对物流产业与高等教育机构科技创新的政策和资金支持，是促进产学研深度融合、推动行业转型升级的关键举措。这种支持不仅能够为物流产业的创新发展提供强有力的引擎，还能够为高校科研团队提供实践应用的平台，实现知识与技术的有效转化。政策和资金的有力支持，将激励高校研究人员和企业开发者共同探索解决物流领域的技术难题，催生更多的创新成果。在这样的合作模式下，高校可以将其科研成果更快地市场化、产业化，而企业则能通过与高校的合作，获得先进的技术和人才储备，提升自身的竞争力。

7.5　本章小结

高质量发展的大环境下，物流产业与高校科技创新联动发展可以促进校企联合健康发展以及有助于高校科技创新更好地服务于物流产业的发展。两者的结合是物流产业高质量发展的必经之路，有望解决物流成本较高、服务水平低下、产业协同发展不足等问题。本研究以河北省 2015—2021 年的数据为参考，梳理了物流产业与高校科技创新的相关研究和发展现状，详细地总结了国内外关于两者高质量联动发展的相关文献，并构建了两者之间的关系框架，分析二者之间的相互作用关系；参考国内外学者对于物流产业高质量发展地相关指标的选择，构建物流产业与高校科技创新联动系统仿真模型，对模型有效性进行检验；之后模拟不同情景下的系统动态行为，对仿真结果进行分析，并针对仿真结果提出促进物流产业与高校科技创新联动发展的政策建议。

本章参考文献

[1] SAI H C. Applications of smart technologies in logistics and transport: A review [J]. Transportation Research Part E Logistics and Transportation Review, 2021, 153 (2): 102455.

[2] OKSANA SEROKA -STOLKA, AGNIESZKA OCIEPA -KUBICKA. Green logistics and circular economy[J]. Transportation Research Procedia, 2019 (39): 471-479.

[3] 马梦蕾，蒋秀兰. 物流产业高质量发展评价体系研究 [J]. 北方经贸，2020，427 (6): 58-60.

[4] 孔继利，朱翔宇. 物流产业高质量发展路径探索研究 [J]. 物流研究，2021，4 (2): 66-79.

[5] 钟昌宝，蒋媛，程绍彬，等. 我国物流产业高质量发展评价指标体系构建 [J]. 物流工程与管理，2022，44 (7): 1-5.

[6] 张蕾，赵志强，张昶. 高质量发展背景下河北省物流产业绿色发展评价与提升路径研究 [J]. 物流科技，2023，46 (23): 105-107.

[7] 钟昌宝，程绍彬，蒋媛. 我国物流产业高质量发展空间特征及影响因素研究 [J]. 中国物价，2023，414 (10): 42-45.

[8] BENEDETTO, SERGIO, CICERO, et al. Determinants of research quality in Italian universities: Evidence from the 2004 to 2010 evaluation exercise [J]. Research evaluation, 2016, 25 (3): 257-263.

[9] YAISAWARNG S, NG C Y. The impact of higher education reform on research performance of Chinese universities [J]. China Economic Review, 2014 (3): 194-105.

［10］李燕．高校科技创新与城市经济高质量发展——基于 19 个副省级及以上城市的实证检验［J］．科技管理研究，2020，40（13）：1-7.
［11］罗志红，熊志琴．高校科技创新对经济高质量发展的影响研究——基于 2009—2018 年 27 省的样本数据分析［J］．中国高校科技，2022（Z1）：29-34.
［12］宋慧勇．长三角高质量发展背景下的高校科技创新水平及趋势分析［J］．江苏科技信息，2023，40（25）：4-9.
［13］王成，杨馨梅，施莉．基于系统动力学视角的成渝供应链枢纽对区域经济发展影响研究［J］．铁道运输与经济，2023，45（12）：131-139.

第 8 章

高校科技创新与物流产业耦合协调发展对策研究

随着全球经济的持续发展和信息技术的快速进步，物流产业作为连接生产与消费的关键纽带，在现代经济体系中扮演着日益重要的角色。同时，高校作为科技创新的摇篮，拥有丰富的研究资源和强大的创新能力，对于推动产业升级和技术革新具有不可替代的作用。在此背景下，探讨高校科技创新和物流产业之间的耦合协调发展，不仅对提升物流产业的竞争力和创新能力具有重要意义，也是实现高等教育服务社会、推动区域经济发展的必然要求。

然而，当前高校科技创新与物流产业在对接合作中仍存在诸多问题和挑战。如何有效整合双方资源，促进产学研用深度融合，实现物流产业与高校科技创新的良性互动和协同发展，已成为一项紧迫课题。本章旨在分析物流产业与高校科技创新耦合协调发展的现状与问题，并在此基础上提出相应的对策建议。通过本章的研究，期望能够进一步深化对高校科技创新与物流产业耦合协调发展的认识，为推动两者之间的深度融合和协同发展提供理论支持与实践指导，进而为促进我国物流产业的转型升级和高等教育的创新发展做出积极的贡献。

8.1 相关研究

国内外学者对科技创新与物流产业相互关系的研究，主要是从科技创新与物流产业的相互影响、科技创新对物流产业以及物流企业的重要性两个方面进行探究。

在科技创新与物流产业相互影响方面，张晏魁等指出科技进步对现代物流产业发展的影响是积极正向的。杨守德借助状态空间模型实证表明科技创新对改善物流产业质量具有显著贡献。Wong 等使用 DEA-Malmquist 指数来评估创新对第三方物流的影响，结果发现创新并不总是伴随着生产率的提高，马来西亚的物流业仍然缺乏创新，需要在技术上加大投资力度并保持财务的健康以加速创新。Cheng 等通过利用 GEE 回归模型分析了 2001—2019 年我国 30 个省份的面板数据，指出技术创新被视为影响物流产业发展的重要因素，技术创新等对绿色物流发展水平具有积极影响。朱青山运用随机前沿生产函数和岭回归模型对 2018 年我国物流产业与科技创新相关省域数据进行分析，研究表明科技创新能够促进物流产业的发展，科研人员、专利质量和专利数量能够正向显著提升物流产业的效率。Moldabekova 等进行了信息技术和创新潜力对各国物流效率影响的实证研究，得出技术准备和创新与物流绩效呈正相关关系，进而指出对创新和技术进步的投资可以提高各国的物流效率的结论。

在科技创新对物流产业以及物流企业的重要性方面，邓淑芬和杨玲通过统计长三角城市群各市的面板数据，并基于构建的 PVAR 模型对物流产业发展与科技创新自身及其相互之间的影响进行实证分析，研究表明，长三角城市群的科技创新与物流产业投入对于彼此的发展都至关重要，它们相互依赖、相互促进，共同推动了该区域的持续发展。Goldsby 和 Zinn 通过探讨商业模式创新与物流技术创新之间的协同关系和相互影响，认为两者的良好结合可以有效促进物流产业的发展和变革。楚耘认为我国的物流产业被视为一个能源消耗巨大的行业，因此亟须通过科技创新来解决核心技术的瓶颈问题，以开发更清洁、更高效、更能够可循环利用的能源。李攀科为了评估物流技术创新水平，选用物流、仓储、配送等各个环节的技术专利数量作为指标，构建不同物流环节专利申请量与物流产业高质量发展间关系的回归模型，分析了不同环节中技术创新对物流产业高质量发展的作用。Gong 等等指出创新对物流产业至关重要，应更加重视移动互联网、云计算、大数据、物联网和 3D 打印等最新技术在物流中的应用和效果研究。Gligor 等指出创新对于物流产业要比以往任何时候都要重要，物流创新驱动因素的现有研究集中在企业层面，提出应从与物流专业人员及其工作环境相关的微观层面提高提升物流创新能力的建议。

综上所述，已有研究揭示了科技创新与物流产业之间的密切关系，多是强调科技创新对物流产业发展的促进作用。在科技创新与物流产业相互影响方面，研究结果表明，科技发展对物流产业产生了积极的影响。在科技创新对物流产业的重要性方面，研究者认为创新体系可以帮助物流企业实现技术创新、销售方式创新和战略文化创新等，从而保持企业的市场竞争优势。这些研究的结论对于促进我国物流产业的发展、提高物流服务质量具有重要参考价值。

通过对现有文献的分析，发现科技创新对物流产业的发展具有正向影响，科技创新能够提高物流产业质量，引领物流产业发展，起到提升物流服务质量的积极作用。由此可以看出，以往的研究结果多是强调了科技创新对物流产业发展的促进作用，而对于物流产业对科技创新的影响以及二者之间可能存在的相互作用关系并未深入研究。因此，本章主要对高校科技创新与物流产业之间的耦合关系进行研究，并以河北省为实证研究对象，进一步探讨二者之间的相互关系，以期为物流产业与高校科技创新的协调发展提供理论支持和实践指导。

8.2 相关概念和理论基础

8.2.1 基本概念

1. 物流产业

田青等认为，物流产业是指从事产品或服务从起始地到消费地的空间位移活动的商业组织。其主要目标是提高运作效率并降低成本，通过不断优化商业模式和提升效益来实现持续发展。赵莉指出物流产业是一个涉及运输业、包装业、配送业、仓储业、物流咨询服务业、物流研究和物流装备制造业的综合性服务产业，应属于第三产业的范畴，同时还兼具第二产业的特征。毛文富认为物流产业是由专业提供物流服务的企业集合而成，是一个融合了仓储、运输、装卸、加工、整理、配送和信息等多环节的产业，致力于提供一体化的服务给客户。还有学者认为物流产业是指专业从事物流活动的企业群体，这些企业提供包括运输、仓储等一系列物流服务，以确保商品和服务的生产和流通顺利进行。物流产业作为现代服务业的核心部分，物流产业的发展水平已经成为衡量一个国家现代化程度和综合实力的关键指标。因此，本章对物流产业定义为：物流产业是由一系列专门从事物流活动的企业所组成的集合，这些企业专注于提供运输、仓储、装卸搬运、配送、包装、信息管理和流通加工等物流服务，以支持商品和服务的生产和流通，是现代服务业的重要组成部分。

2. 高校科技创新

郭俊华等认为高校的创新力是指高校在科学研究、教育培养和社会服务等方面，利用现有资源和平台，通过科研人员的创新性工作，将资源转化为创新产出的能力。刘建昌等指出高校科技创新能力是指高校在科技创新方面的综合能力，包括对科技创新资源的整体规划、优化配置和高效利用，以及在知识创新、技术创新、管理创新等方面的成果转化和人才培养能力。

本章认为高校科技创新是指高校师生通过科学研究、技术创新、成果转化等方式，创造出具有经济效益或社会效益的新理论、新技术、新产品或新服务的过程。它包含科学研究、成果转化、技术创新等多个方面，是高校创新能力的重要组成部分。高校科技创新的目标是推动科技进步、促进经济发展和社会进步，同时也为培养创新型人才提供重要的平台和载体。

3. 耦合协调度

耦合协调度是物理学中的一个概念，指的是多个系统或要素之间在发展过程中产生的相互影响、相互关联的程度。在区域经济发展中，这一概念被用来反映各子系统之间相互作用的强度。当这些子系统之间的耦合协调度较高时，它们之间的良性互动会促进整个系统的发展；反之，如果耦合协调度较低，则会阻碍整个系统的发展。即耦合协调度是一个重要的指标，用于评估系统内部各要素之间相互作用的效果，以及这种相互作用对整个系统发展的影响。

8.2.2 理论基础

1. 系统耦合理论

系统耦合理论最早来源于物理学，是指两个或两个以上子系统之间相互影响，构成新的体系。随着系统耦合理论应用范围的不断扩大，其他学科也开始对其进行推广使用，如农业科学、经济学等。系统耦合在生态学领域是指两个或多个性质相似或存在因果联系的系统，在自然环境或人为干预下，通过能量的流动、物质的交换以及信息的传递等超循环过程，相互融合，形成一个更高层次的结构和功能体。

系统耦合具有多种类型，包括空间形态耦合、时间形态耦合和种间形态耦合等。此外，根据耦合发生的机制，还可以将其分为自然耦合和人为耦合两类。自然耦合是一种普遍存在的现象，但它并不总是能达到最优状态。相比之下，人为耦合则允许通过对干扰的各种参数（如形式、强度、频率和持续时间）进行调控，以实现耦合的优化，从而最大限度地提升生态系统的生产能力。这种调控的能力为人们提供了对生态系统发展的更多控制权，能够更好地满足人类社会的需求。

在经济学中，系统耦合理论被应用于产业耦合的研究。产业耦合是指两种产业打破产业边界，实现产业链过程中的水平或垂直融合，促进资源的最优配置和协调发展，以形成新的耦合循环系统。或者是指两大关系紧密的产业在生产过程中存在要素共享，相互依存影响，从而形成一个系统并实现良性共振发展。通过产业间的耦合，可以实现产业间的调和均衡、互补增进。

总的来说，系统耦合理论是一个涉及多个领域的重要理论，它强调系统之间的相互作用和影响，以及如何通过调控和优化来达到系统的最佳运行状态。

2. 协调发展理论

协调发展理论主要探讨的是如何实现系统或要素之间的和谐、协作与配合，以推动系统整体向更有利的方向发展。这一理论强调在发展过程中，各个部分或子系统之间应相互适应、相互促进，而非相互掣肘或冲突。

协调发展理论的核心在于平衡与协同。它要求各系统或要素在发展过程中保持一种动态的平衡，确保各方都能从整体上获益。同时，这一理论也强调通过协同作用来实现共同的目标，即各部分或子系统应相互配合、相互促进，以推动整体向更高的层次发展。

在区域经济发展中，协调发展理论的应用尤为广泛。例如，区域经济、科技创新和物流产业三个系统之间的协调发展，意味着这三个系统需要在一个框架内相互依赖、相互制约、相互合作，以实现整体区域的良好发展。这种协调发展不仅有助于提升各系统的功能，还能促进资源的高效配置和经济的持续增长。就本章而言，高校科技创新与物流产业的协调发展是指高校与物流产业之间形成一种相互促进、共同发展的关系，这种关系主要体现在以下几个方面：高校为物流产业提供科技支持；物流产业促进高校科研发展；高校与物流产业实现资源共享等。

3. 熵值法

熵值法是一种基于产业基础数据信息的客观权重确定方法，其完全基于数据本身的离散程度，可以避免主观上对评价指标进行赋权，具有更高的可信度。熵则用于度量不确定性，一个指标的离散程度越大，其熵值也越大，表明该指标的不确定性越高。同时，这也意味着该指标所提供的信息量越大。因此，为了更好地反映该指标的重要性，其权重也应该相应地增加。

用值法确定指标权重的过程主要包括以下步骤：

（1）选取评价对象和评价指标。根据问题背景和评价目标，选取合适的评价对象和评价指标，并收集原始数据。

（2）数据标准化处理。在进行数据分析之前，由于各项指标的计量单位不统一，需要通过把指标的绝对值转化为相对值来达到对数据进行标准化处理的目的。

（3）计算指标权重。根据各个指标的信息熵，计算出其熵值权重。熵值权重表示每个指标在综合评价中的重要程度。

（4）计算综合得分。根据各个指标的熵值权重和标准化数据，计算出各个评价对象的综合得分。

（5）结果分析。根据综合得分对评价对象进行排序或者分析各指标对评价对象的影响程度。

8.3　指标体系与模型构建

8.3.1　指标体系构建

1. 物流产业评价指标体系

部分文献研究中的物流产业指标选取参考如表 2-3 所示。

根据对文献资料的统计分析，从物流发展规模、物流基础设施、物流产出效益、物流数字化水平、物流业结构五个维度构建物流产业评价指标，完整指标体系如表 2-4 所示。

2. 高校科技创新评价指标体系

部分文献研究中的高校科技创新指标选取参考如表 2-1 所示。

根据对以往文献资料的统计分析，从三个维度构建了高校科技创新评价指标，完整指标体系如表 2-2 所示。

8.3.2　数据选取

本章研究的是高校科技创新与物流产业间的相互作用关系，把河北省作为实证分析的对象，时间选取 2015—2022 年。具体数据来源于《河北统计年鉴》《河北省国民经济与发展统计公报》等，如表 2-5 和表 2-6 所示。

8.3.3 耦合协调模型构建

1. 发展评价模型

（1）计算指标权重前，应对物流产业与高校科技创新指标的原始数据做标准化处理，以消除指标之间由于计量单位不统一所造成的影响。在此，对指标进行标准化处理时采用极差标准化法。

当指标为正向指标时：

$$x'_{ij}=\frac{x_{ij}-\min\{x_{ij}\}}{\max\{x_{ij}\}-\min\{x_{ij}\}} \tag{8-1}$$

当指标为负向指标时：

$$x'_{ij}=\frac{\max\{x_{ij}\}-x_{ij}}{\max\{x_{ij}\}-\min\{x_{ij}\}} \tag{8-2}$$

式中，符号 x_{ij} 和 x'_{ij}分别表示指标的原始数值和标准化后的数值；max（x_{ij}）和 min（x_{ij}）表示第 j 项指标的最大值和最小值。一般而言，正向指标意味着影响是积极的，值越大评价越好，负向指标值则越小越好。

（2）对数据进行标准化处理后，运用熵值法进行指标权重的计算，步骤如下：

①计算第 i 年第 j 项指标在各自指标中的比重：

$$f_{ij}=\frac{x_{ij}}{\sum_{i=1}^{m}x_{ij}} \tag{8-3}$$

②计算第 j 项指标的信息熵：

$$e_j=-k\sum_{i=1}^{m}f_{ij}\ln f_{ij} \tag{8-4}$$

式中，$k>0$，$e_j \geqslant 0$，其中 k 与样本数量有关，常取 $k=1/\ln m$；此外，补充定义：若 $f_{ij}=0$，则令 $f_{ij}\ln f_{ij}=0$。

③计算第 j 项指标的差异系数 g_j：

$$g_j=1-e_i \tag{8-5}$$

④计算第 j 项指标的权重 w_j：

$$w_j=\frac{g_j}{\sum_{j}^{n}g_j}, \quad \sum_{j=1}^{n}w_j=1 \tag{8-6}$$

综上，用式（8-1）和式（8-2）对原始数据做标准化处理，在此基础上，将标准化后的值代入式（8-3）~式（8-6），计算出物流产业与高校科技创新各指标的权重等数值，如表 2-7、表 2-8 所示。

（3）利用熵值法对指标体系进行权重计算后，通过线性加权的方法，构建物流业子系统（u_1）和高校科技创新子系统（u_2）的评价指数函数：

$$u_t = \sum_{j=1}^{n} w_j x'_{ij} \tag{8-7}$$

计算综合评价调和指数 T：

$$T = au_1 + bu_2 \tag{8-8}$$

式中，u_t 表示产业子系统的综合发展水平值；w_j 表示指标权重值；x_{ij}'是用极差标准化法对原始数据标准化后的值；u_1 和 u_2 分别表示物流产业和高校科技创新的综合发展水平值；T 为综合协调指数，能反映物流产业与高校科技创新之间的协同发展程度；a、b 为待定系数，且 $a+b=1$，因为产业对省域经济发展的重要程度相当，故在本章中取 $a=b=0.5$。

本章借鉴黎孔清和孙晓玲对发展评价值的判别，认为物流产业和高校科技创新的综合水平发展模式主要有以下几种情况（见表 8-1）。

表 8-1 物流产业与高校科技创新综合水平发展模式

序号	u_1 和 u_2 相比较	发展模式
1	$u_1=u_2$	发展同步模式
2	$u_1>u_2$	高校科技创新滞后模式
3	$u_1<u_2$	物流业滞后模式

即当 $u_1=u_2$ 时，物流产业子系统与高校科技创新子系统呈协同发展模式；当 $u_1>u_2$ 时，高校科技创新发展滞后，代表物流产业的发展对高校科技创新的推动作用较大；当 $u_1<u_2$ 时，物流产业发展滞后，代表物流产业子系统发展对高校科技创新的推动作用小于高校科技创新发展对物流产业的推动作用。

2. 物流产业与高校科技创新发展协调度测算模型的构建

耦合度是一个用来描述系统之间或系统内部元素之间相互关联程度的概念。这种相互关联可以表现为相互依赖、相互作用以及彼此影响。当两个或多个系统或元素之间的耦合度较高时，它们之间的变化会相互影响，甚至可能导致整个系统的行为发生改变。要分析物流产业与高校科技创新相互作用的总强度，需要先算出子系统的耦合度，通过查阅耦合度模型研究相关文献，引用廖重斌、刘春林对耦合度模型的定义，构建物流产业与高校科技创新的耦合度：

$$C=\left[\frac{u_1u_2}{(u_1+u_2)^2}\right]^{\frac{1}{2}} \tag{8-9}$$

式中，耦合度 C 的值域介于 0 与 1 之间，C 值越接近 1，表明物流产业和高校科技创新之间的耦合度越高，直至达到共振耦合的状态。在这种状态下，物流产业和高校科技创新相互促进，彼此之间的正面影响达到最大程度。这意味着高校科技创新的发展能够显著推动物流产业的发展，同时物流产业的发展也能够为高校科技创新提供强有力的支持。这种高度的耦合和协同作用有助于实现两个系统的共同发展，提高整体的效率和效益。当 C 值趋于 0 时，表明物流产业和高校科技创新之间的耦合度非常低，几乎不存在相互作用。在这种情况下，高校科技创新的发展不会显著影响物流产业的发展；反之亦然。这可能是因为两个系统之间缺乏有效的联系和协调机制，导致它们各自独立运行，无法形成有效的协同效应。如果长期保持这种状态，可能会对两个系统的发展造成一定的限制和阻碍。

虽然耦合度能够作为衡量物流产业与高校科技创新之间相互作用程度的重要指标，但在进行跨时段的对比研究时，它可能无法完全揭示两者之间的协同增效和整体表现。这是因为耦合度主要关注的是系统间或元素间的相互依赖、相互作用和影响的强度，而并不直接反映它们之间的协调性和整体效能。为了更全面地评估物流产业和高校科技创新之间的协同状况，引入协调度的概念是非常有必要的。协调度不仅考虑了系统间的相互作用强度，还综合了它们所处的层次和整体效果，从而能够更准确地反映两者之间的协同状况。因此，本章引入了协调度公式来量化物流产业和高校科技创新之间的耦合协调程度，进而对它们之间的整体协同状况进行清晰的描述和比较，为制定更合理的发展策略和政策提供科学依据，还可以为预测和规划它们未来的发展方向提供有力支持。耦合协调度的计算公式为

$$D=\sqrt{CT} \tag{8-10}$$

式中，D 为耦合协调度，$D\in[0,1]$，D 值越大，协调度越好。

3. 耦合度和耦合协调度等级划分

通过参考不同学者（刘耀彬、魏金义和祁春节、马聪等）对耦合度类型划分的方法，根据耦合度数值区间，划分了五种耦合类型，如表 8-2 所示。

表 8-2　耦合度区间类型划分

耦合度值区间	耦合类型	耦合程度的评价
$C=0$	耦合度为 0	两系统不相关
$0<C\leqslant 0.3$	低度性耦合	两系统逐渐形成耦合
$0.3<C\leqslant 0.50$	拮抗性耦合	两系统间的耦合已经存在一定程度的发展
$0.50<C\leqslant 0.80$	磨合性耦合	两系统间耦合度较好
$0.8<C\leqslant 1$	高度性耦合	两系统间相互促进，趋于有序发展

在协调理论中，协调度的等级是一个关键的概念，通过它能直观地理解和评估系统或元素之间的协调程度。由于协调度的等级缺乏统一的定性信息，并且在不同的文献中存在不同的划分方法，因此根据具体的研究背景和目标来合理划分协调度等级显得尤为重要。本章借鉴杨世琦等与霍志和的研究，将协调度等级按照数值区间进行划分，并得到 10 个耦合协调度等级，如表 8-3 所示。

表 8-3　耦合协调度等级、区间及类型划分

协调度等级	协调度区间	协调发展类型
1	0~0.09	极度失调
2	0.10~0.19	严重失调
3	0.20~0.29	中度失调
4	0.30~0.39	轻度失调
5	0.40~0.49	濒临失调
6	0.50~0.59	弱度协调
7	0.60~0.69	低度协调
8	0.70~0.79	中度协调
9	0.80~0.89	高度协调
10	0.90~1.00	极度协调

8.3.4　灰色关联度模型的构建

灰色关联度主要是指因素之间不确定性关联的程度，即系统中各因素间在发展过程中随时间变化而变化的关联性大小的量度。其核心任务在于，通

过对比系统统计数列之间的几何关系，深入剖析多个因素在系统中所展现的关联程度。当两个因素在变化趋势上呈现高度的一致性，即它们的同步变化程度较高时，可以认为这两个因素之间存在较强的关联性；反之，若它们的同步变化程度较低，则两者之间的关联度相对较小。灰色关联度分析的意义在于，它通过对系统中部分确定、部分不确定的“灰色”因素进行关联分析，能识别出影响系统主要行为的关键性因素，进而深入理解事物的核心特征，以更加有针对性地引导和促进系统的快速且高效发展，为实现系统的优化和进步提供有力的支持。因此，将此方法运用到物流产业与高校科技创新的综合发展水平与各指标的关联强度、耦合协调度以及各指标之间的关联强度分析中是恰当的。

构建灰色关联度模型的步骤如下：

（1）建立下列矩阵：

$$(X_{1,}\ X_2,\ \cdots,\ X_n)=\begin{bmatrix} x_1^{(1)} & x_2^{(1)} & x_3^{(1)} & \cdots & x_n^{(1)} \\ x_1^{(2)} & x_2^{(2)} & x_3^{(2)} & \cdots & x_n^{(2)} \\ x_1^{(3)} & x_2^{(3)} & x_3^{(3)} & \cdots & x_n^{(3)} \\ \vdots & \vdots & \vdots & \vdots & \vdots \\ x_1^{(m)} & x_2^{(m)} & x_3^{(m)} & \cdots & x_n^{(m)} \end{bmatrix}$$

$$X_i=(x_i(1),\ x_i(2),\ \cdots x_i(m))^{\mathrm{T}},\ i=1,\ 2,\ \cdots,\ n$$

式中，n 为指标的个数，$n=1,\ 2,\ 3,\ \cdots,\ 22$（依次对应 w_1-w_{19}、k_1-k_{16} 这 35 个指标）；m 为对应的年份，$m=1,\ 2,\ 3,\ \cdots,\ 8$，$m=1$ 对应的是 2015 年，$m=8$ 对应的是 2022 年。

（2）确定系统参考序列。可以选取各指标的最优值，也可以根据评价的目的选择参考序列，记作：

$$X_0=(x_0(1),\ x_0(2),\ \cdots,\ x_0(\mathrm{m}))^{\mathrm{T}}$$

（3）由于各指标量纲不同，需要进行无量纲处理。灰色关联度进行数据无量纲处理一般采用初值像法、均值像法等。本章采用均值像法，算法如下：

$$x'^{(k)}_i=x_i^{(k)}/\frac{1}{m}\sum\nolimits_k^m x_i^{(k)}(i=0,1,\cdots,n;k=1,2,\cdots,m) \qquad (8\text{-}11)$$

通过均值像法进行无量纲化处理后得到下列矩阵：

$$(x'_0,\ x'_1,\ x'_2 ...\ x'_n) = \begin{bmatrix} x'^{(1)}_0 & x'^{(2)}_1 & \cdots & x'^{(1)}_n \\ x'^{(2)}_0 & x'^{(2)}_1 & \cdots & x'^{(2)}_n \\ \vdots & \vdots & \vdots & \vdots \\ x'^{(m)}_0 & x'^{(m)}_1 & \cdots & x'^{(m)}_n \end{bmatrix}$$

（4）通过下列公式，求出两系统的关联系数：

$$r_i^{(k)} = \frac{\min\limits_i \min\limits_k \left| x'^{(k)}_i - x_0^{(k)} \right| + \alpha \max\limits_i \max\limits_k \left| x'^{(k)}_i - x_0^{(k)} \right|}{\left| x'^{(k)}_i - x_0^{(k)} \right| + \alpha \max\limits_i \max\limits_k \left| x'^{(k)}_i - x_0^{(k)} \right|},\ \alpha \in (0,\ 1) \tag{8-12}$$

式中，α 为分辨率系数，其直接影响着关联系数的发展态势，α 的取值一般较小，这能让关联系数间的差异度更明显。参考文献［33］［34］等的研究，一般取值为 0.5，因此本章中的取值为 0.5。

（5）计算关联度：

$$r_i = \frac{1}{m} \sum_{k=1}^{m} r_i^{(k)} \tag{8-13}$$

关联度的大小排序情况参考文献［36］，如表 8-4 所示。

表 8-4　关联度大小排序

(0, 0.4]	(0.4, 0.65]	(0.65, 0.85]	(0.85, 1]
关联度小	关联度一般	关联度较大	关联度非常大

8.4　物流产业与高校科技创新耦合协调度实证分析

8.4.1　综合评价值时间序列变化分析

2015—2022 年河北省物流产业与高校科技创新的评价指标值如表 8-5 所示。

表 8-5　河北省物流产业与高校科技创新的评价指标值

年份	物流业子系统 u_1	高校科技创新子系统 u_2	比较 u_1 与 u_2 大小	综合评价指数（T）	发展模式
2015	0.2530	0.0984	$u_1>u_2$	0.1757	高校科技创新滞后模式
2016	0.2331	0.1748	$u_1>u_2$	0.2040	高校科技创新滞后模式

续表

年份	物流业子系统 u_1	高校科技创新子系统 u_2	比较 u_1 与 u_2 大小	综合评价指数（T）	发展模式
2017	0.2857	0.3029	$u_1<u_2$	0.2943	物流产业滞后模式
2018	0.3866	0.3197	$u_1>u_2$	0.3532	高校科技创新滞后模式
2019	0.4316	0.4977	$u_1<u_2$	0.4647	物流产业滞后模式
2020	0.5873	0.4969	$u_1>u_2$	0.5421	高校科技创新滞后模式
2021	0.6920	0.6386	$u_1>u_2$	0.6653	高校科技创新滞后模式
2022	0.7274	0.7931	$u_1<u_2$	0.7603	物流产业滞后模式

通过式（8-7）得到2015—2022年河北省物流产业子系统评价值 u_1 和高校科技创新子系统的评价值 u_2，利用式（8-8）计算出两者的综合评价指数 T（见表8-13）。

从图8-1和表8-13中可以看出，河北省物流产业和高校科技创新的综合评价指数值从2015年到2022年总体处于上升趋势。观察发现，2015—2016年、2018年、2020—2021年，这几年中物流产业子系统的 u_1 大于高校科技创新子系统的 u_2，说明在这几年河北省的发展过程中，物流产业对高校科技创新的推动作用大于高校科技创新发展对物流产业的推动作用，属于高校科技创新发展滞后模式。另外，在2017年、2019年、2022年三个年份，物流产业子系统的 u_1 小于高校科技创新子系统的 u_2，说明这三年物流产业发展对于高校科技创新的贡献度小于高校科技创新发展对物流产业的推动作用，属于物流产业发展滞后模式。

从高校科技创新的动态变化走向来看，高校科技创新子系统的评价值 u_2 变化相对较为显著，增速较快。2022年高校科技创新子系统的评价值为0.7931，是2015年的8倍多，2020年同比降低了0.16%，2021—2022年涨幅相对较大，其他年份都有不同幅度的增长，2015—2022年的年均增长率为33.09%。

从物流产业的动态变化走向来看，河北省物流产业子系统的评价值的变化整体呈上升趋势，2019—2020年的涨幅相对较大，2016年同比下降了7.87%，其他年份都有不同幅度的增长，2015—2022年的年均增长率为15.08%。

综上，可以看到高校科技创新大于物流产业的子系统评价值的增长率，这在一定程度上得益于河北省对于高校科技创新的高度重视。但在 2020 年出现了小幅度的下降，主要原因在于出版科技著作数、科技进步奖励数、国际合作交流派遣数等数量有所下降。在高校科技创新和物流产业子系统评价值下降的年份，相应地，综合评价指数也表现为下降状态。此外，河北省综合评价值 T 在 2015—2022 年的总体数值分布于 0.17 与 0.77 之间，总体表现为逐年上升趋势。与 2015 年相比，2022 年河北省综合评价指数增长了 3 倍多。综合协调指数逐年提高，也表示两个系统在发展的过程中对耦合互动的贡献程度越来越大。

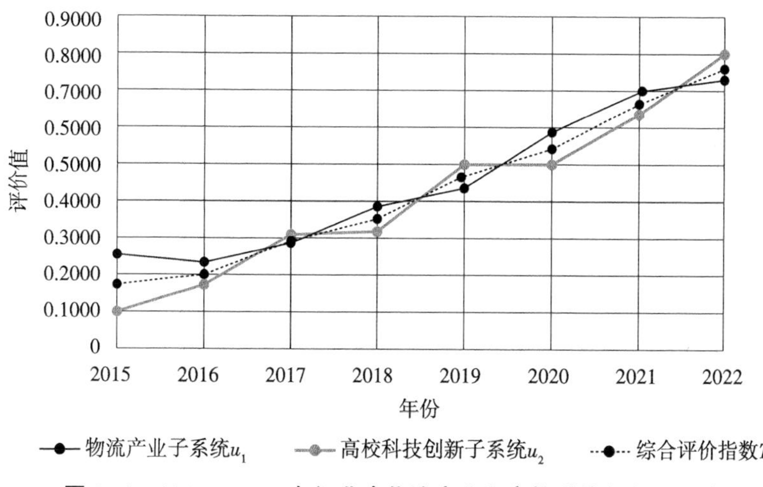

图 8-1　2015—2022 年河北省物流产业和高校科技创新子系统评价值及综合评价值的动态变化趋势

8.4.2　耦合度及耦合协调度时间序列分析

将河北省物流产业与高校科技创新综合发展水平评价值代入构建的耦合度和耦合协调度模型，计算得出耦合度与耦合协调度，所得结果如表 8-6 和图 8-2 所示。

观察图 8-2 发现，河北省物流产业与高校科技创新耦合度呈现轻微浮动的特点，但两者之间的耦合度总体偏低。自 2015 年以来，物流产业与高校科技创新两大子系统一直处于拮抗性耦合阶段，但这也说明物流产业与高校科技创新两个子系统的耦合已经存在一定程度的发展。由表 8-6 可知，耦合度数值从 2015 年的 0.4490 上升到了 2016 年的 0.4949，原因在于河北省在这个时段对高校科技创新在研发人员数和科研经费上的投入力度增大，同时也加大了物流产业的交易业务量和载货汽车投入量；另外，由折线图 10-2 可以看出，两个子系统的耦合协调度整体上呈直线上升趋势，耦合协调水平也逐年升高，耦合协调度值从 2015 年的 0. 2809 逐渐提升到 2022 年的 0. 6163，年均增长率为 10. 47%，共经历了三个阶段。

表 8-6　耦合协调发展数值结果

年份	耦合度（C）	耦合度类型	耦合协调度（D）	耦合协调度的类型
2015	0. 4490	拮抗性耦合	0. 2809	中度失调高校科技创新滞后性
2016	0. 4949	拮抗性耦合	0. 3177	轻度失调高校科技创新滞后性
2017	0. 4998	拮抗性耦合	0. 3835	轻度失调物流业滞后性
2018	0. 4978	拮抗性耦合	0. 4193	濒临失调高校科技创新滞后性
2019	0. 4987	拮抗性耦合	0. 4814	濒临失调物流业滞后性
2020	0. 4983	拮抗性耦合	0. 5197	弱度协调高校科技创新滞后性
2021	0. 4996	拮抗性耦合	0. 5765	弱度协调高校科技创新滞后性
2022	0. 4995	拮抗性耦合	0. 6163	低度协调物流业滞后性

图 8-2　2015—2022 年河北省物流产业和高校科技创新子系统耦合度及耦合协调度的动态变化趋势图

第一阶段：失调阶段。耦合协调度从 2015 年的 0. 2809 过渡到 2017 年的 0. 3835，从中度失调演化到轻度失调等级，这一缓慢的增长表明河北省在这几年中物流产业与高校科技创新的耦合互动能力较弱，相互作用的迹象不明显，两大子系统间的互动能力和协同效应尚待加强。也表明物流产业与高校科技创新均处于独立发展阶段，两者的联动性较差，两者间的互相服务与合作能力没有得到充分的体现，高校科技创新的发展也没有促进物流产业的发展，两个子系统仿佛各自为政，缺乏深度的交融与合作。物流产业的运作仍旧依赖于传统的模式和方法，而高校科技创新则受限于理论研究和实验室环境，未能有效地转化为实际生产力。这种相互独立的发展模式，使两者间的互补优势无法得到充分发挥，进而限制了整体产业效能的提升。这种单向、孤立的发展路径不仅阻碍了产业的升级转型，也限制了河北省经济的整体竞争力。

第二阶段：过渡阶段。2018 年和 2019 年的耦合协调度值分别为 0. 4193、0. 4814，均处于濒临失调等级，这个阶段是河北省物流产业与高校科技创新从失调阶段过渡到协调阶段的重要转折时期。两个子系统在 2018—2019 年得到快速发展，得益于河北省政府办公厅发布的《河北省物流业降本增效专项行动方案（2016—2018 年）》等文件，其中提出实施创新驱动，提升物流智慧化水平等要求，使河北省物流产业得到了快速的发展。文件颁布后得到有效实施，并取得了实质性进展，使河北省物流产业与高校科技创新在该阶段耦合互动效应开始增强。

第三阶段：协调阶段。河北省物流产业与高校科技创新在 2020 年与 2021 年耦合协调度值分别为 0. 5197、0. 5765，处于弱度协调等级；2022 年耦合协调度达到了 0. 6163，处于低度协调等级。主要原因是：首先，河北省委办公厅、省政府办公厅在 2021 年印发《关于大力推进科技创新工作的若干措施》，提出加快提高全社会研发投入水平、加快建立科技人才资源竞争优势、加快提升关键核心技术供给能力等要求，对河北省高校科技创新产生了积极的推动作用。其次，河北省印发《智慧物流专项行动计划（2020—2022 年）》，计划指出：应准确把握新一轮科技革命对物流产业变革产生的重大影响，全面提高我省对国内外物流资源要素的集聚和辐射能力，赋能全省产业转型升级、提质增效，为建设经济强省、美丽河北提供新的战略支撑和基础保障。在促进两业发展等的政策和要求下，科技创新正引领着物流产业朝着智慧化、绿色化、协同化、自动化与智能化仓储以及物流安全等方向发展，为现代物流产业注入新的活力和动力。此外，河北省工信厅印发的《河北省大数据产业创新发展提升行动计划（2020—2022 年）》提出，建设一批创新平台，突破一批关键技术，提升产业链水平，更加突出并强调了科技创新促进产业发展的作用与成效。

8.4.3 耦合协调度影响因素分析——基于灰色关联度模型

1. 以物流产业指标作为系统特征参考序列的分析

分别把河北省物流产业与高校科技创新作为参考序列，把表中物流产业和高校科技创新的原始数据代入式（8-11）~式（8-13）得出两者之间的关联度，如表10-15所示。

通过对表8-15进行整理分析，得出河北省物流产业发展对高校科技创新发展的主要制约因素。

（1）通过观察表8-15可以发现，$\gamma 9$，3（w_9，k_3）= 0.9589，是最大值，处在0.85与1之间，说明研发项目数与物流产业的关联度最大，关系最为密切，也表明一定程度上河北省物流产业的发展能够推动高校创新研发的进步；$\gamma 18$，13=0.5094，是最小值，处在0.4与0.65之间，表明物流产业发展与高校科技创新中专利出售数的关联度一般，两者间的相互影响不明显；物流产业各指标作为参考序列与高校科技创新各指标构成的综合关联度，其关联度均值排序为：

出口总额>邮政业务量>电子商务销售额>物流产业固定资产投资额>载货汽车总量>互联网上网人数>市场流通规模>货物周转量>年末移动用户数>总里程>物流从业人员占全部就业人员比重>邮政营业网点数量>物流业增加值>货运量>物流业贡献率>物流业从业人数>企业拥有网站数>物流产业占GDP比重>物流产业增加值占第三产业比重。

（2）以 w_1（货运量）为参考指标，高校科技创新各指标关联度排序为：k_9（发表学术论文数）>k_{11}（科技进步奖励数）>k_{10}（出版科技著作数）>k_1（研发人员数）>k_7（申请专利数）>k_3（研发项目数）>k_5（研发投入总额）>k_2（R&D成果应用及科技服务人员数）>k_8（授权专利数）>k_6（科研事业费投入额）>k_4（发展机构数）>k_{16}（国际合作交流派遣数）>k_{12}（国家级项目验收数）>k_{15}（其他知识产权数）>k_{14}（出售金额）>k_{13}（出售专利数）。通过排序可以看出，w_1 与 k_9 的关联度最高，关联密切。说明随着物流产业货运量与高校科技创新发表学术论文数的增加，两者共同促进彼此发展，从而一起作用于经济，拉动经济的增长。

表 8-7　以物流产业的指标为参考序列的关联度

	k_1	k_2	k_3	k_4	k_5	k_6	k_7	k_8	k_9	k_{10}	k_{11}	k_{12}	k_{13}	k_{14}	k_{15}	k_{16}	均值
w_1	0. 8347	0. 7494	0. 8003	0. 6639	0. 7560	0. 7438	0. 8048	0. 7460	0. 9117	0. 8614	0. 8773	0. 6438	0. 5602	0. 6320	0. 6420	0. 6631	0. 7432
w_2	0. 8663	0. 7761	0. 8293	0. 6777	0. 7879	0. 7623	0. 8104	0. 7329	0. 9176	0. 8671	0. 8863	0. 6484	0. 5796	0. 6304	0. 6573	0. 6679	0. 7561
w_3	0. 8748	0. 7936	0. 8648	0. 7335	0. 8147	0. 8051	0. 8186	0. 7622	0. 9026	0. 8275	0. 8459	0. 7112	0. 6245	0. 6653	0. 7179	0. 7010	0. 7790
w_4	0. 7815	0. 8298	0. 8069	0. 8183	0. 8383	0. 8007	0. 8649	0. 8374	0. 7679	0. 7268	0. 7384	0. 7052	0. 7565	0. 7336	0. 8290	0. 6590	0. 7809
w_5	0. 8231	0. 7370	0. 7962	0. 6517	0. 7560	0. 7314	0. 8108	0. 7203	0. 8561	0. 8358	0. 8297	0. 6939	0. 5558	0. 6449	0. 6405	0. 6738	0. 7348
w_6	0. 8198	0. 7405	0. 7882	0. 6531	0. 7483	0. 7308	0. 8059	0. 7339	0. 9113	0. 8799	0. 8835	0. 6582	0. 5551	0. 6420	0. 6354	0. 6863	0. 7420
w_7	0. 8012	0. 7238	0. 7747	0. 6475	0. 7385	0. 7176	0. 7880	0. 7017	0. 9271	0. 8943	0. 9082	0. 6870	0. 5641	0. 6337	0. 6320	0. 7123	0. 7407
w_8	0. 8300	0. 7454	0. 7995	0. 6634	0. 7582	0. 7400	0. 8172	0. 7260	0. 9246	0. 8858	0. 8998	0. 6725	0. 5709	0. 6402	0. 6461	0. 6906	0. 7506
w_9	0. 9326	0. 8366	0. 9589	0. 7618	0. 8838	0. 8715	0. 8575	0. 8032	0. 8020	0. 7665	0. 7780	0. 6478	0. 6143	0. 6443	0. 7394	0. 6104	0. 7818
w_{10}	0. 8892	0. 7757	0. 8493	0. 6927	0. 7926	0. 7813	0. 8287	0. 7625	0. 8843	0. 8466	0. 8547	0. 6627	0. 5826	0. 6535	0. 6717	0. 6516	0. 7612
w_{11}	0. 7278	0. 7600	0. 7336	0. 7753	0. 7559	0. 7535	0. 7466	0. 7345	0. 7085	0. 6868	0. 7015	0. 6763	0. 7488	0. 6990	0. 7749	0. 7384	0. 7326
w_{12}	0. 9413	0. 8089	0. 9340	0. 8113	0. 8782	0. 9030	0. 8272	0. 8462	0. 8066	0. 7683	0. 7822	0. 6695	0. 6374	0. 6824	0. 7906	0. 6457	0. 7958
w_{13}	0. 8077	0. 7364	0. 7775	0. 6403	0. 7422	0. 7188	0. 7860	0. 7195	0. 8749	0. 8694	0. 8715	0. 6625	0. 5442	0. 6342	0. 6219	0. 6903	0. 7311
w_{14}	0. 8997	0. 8275	0. 9207	0. 8045	0. 8577	0. 9263	0. 8194	0. 8233	0. 7579	0. 7245	0. 7356	0. 6821	0. 6035	0. 6476	0. 7683	0. 6493	0. 7780
w_{15}	0. 8505	0. 7745	0. 8356	0. 6829	0. 7873	0. 7683	0. 8291	0. 7384	0. 9057	0. 8600	0. 8724	0. 6402	0. 5846	0. 6238	0. 6604	0. 6471	0. 7538
w_{16}	0. 8289	0. 7841	0. 8437	0. 8100	0. 8511	0. 8388	0. 8691	0. 8855	0. 7870	0. 7355	0. 7500	0. 6425	0. 6764	0. 7045	0. 7902	0. 6216	0. 7762
w_{17}	0. 7676	0. 6955	0. 7436	0. 6249	0. 7125	0. 6897	0. 7692	0. 6846	0. 8918	0. 8892	0. 8950	0. 7021	0. 5449	0. 6416	0. 6109	0. 6997	0. 7227
w_{18}	0. 7029	0. 6572	0. 6864	0. 5910	0. 6612	0. 6474	0. 7018	0. 6511	0. 8165	0. 8094	0. 8116	0. 6886	0. 5094	0. 5964	0. 5794	0. 6663	0. 6735
w_{19}	0. 8548	0. 7634	0. 8248	0. 6718	0. 7821	0. 7566	0. 8221	0. 7391	0. 8591	0. 8422	0. 8349	0. 6842	0. 5699	0. 6468	0. 6594	0. 6710	0. 7489

以 w_2（货物周转量）为参考指标，比较指标排序为：$k_9>k_{11}>k_{10}>k_1>k_3>k_7>k_5>k_2>k_6>k_8>k_4>k_{16}>k_{15}>k_{12}>k_{14}>k_{13}$，得出 w_2 与 k_9 存在非常大的关联，说明政府通过出台相关政策来推动物流产业的技术创新和发展，并为高校提供科研支持和创新环境。这种政策支持和创新环境促进了物流业和高校科技创新的共同发展。

以 w_3（物流产业固定资产投资额）为参考指标，比较指标排序为：$k_9>k_1>k_3>k_{11}>k_{10}>k_7>k_5>k_6>k_2>k_8>k_4>k_{15}>k_{12}>k_{16}>k_{14}>k_{13}$。通过排序可以看出，$w_3$ 与 k_9 的关联度较大。是因为随着物流产业固定资产投资额的增加，往往意味着对新技术、新设备和新基础设施的投资增加。这种投资需求可能源于物流技术的快速发展和创新，如自动化、智能化、物联网等技术的应用。这些技术创新需要高校和科研机构进行相关的研究与开发，从而推动了高校科技创新活动的增加和学术论文的产出。

以 w_4（邮政业务量）为参考指标，排序为：$k_7>k_5>k_8>k_2>k_{15}>k_4>k_3>k_6>k_1>k_9>k_{13}>k_{11}>k_{14}>k_{10}>k_{12}>k_{16}$。通过排序可知，$w_4$ 与 k_7 的关联度非常大。原因是物流业邮政业务量的增加反映了物流活动的频繁和物流需求的增长，对于高效、智能、便捷的物流解决方案的需求也在增加。高校科技创新，尤其是与物流技术、物流管理相关的创新，能够满足这些需求，推动物流产业的进步。因此，物流产业邮政业务量的增加会激发高校在这些领域的科技创新，进而促进专利申请的增加。

以 w_5（物流业从业人数）为参考指标，排序为：$k_9>k_{10}>k_{11}>k_1>k_7>k_3>k_5>k_2>k_6>k_8>k_{12}>k_{16}>k_4>k_{14}>k_{15}>k_{13}$。通过排序可知，$w_5$ 与 k_9 关联度最大。原因是物流业的从业人数增加反映了该行业对具备专业知识和技能的物流人才的需求不断增加。高校作为人才培养的重要基地，通过教育和培训为物流行业提供专业人才。因此，物流业从业人数的增加可能促使高校加强相关领域的科研和教育工作，进而增加学术论文的产出。

以 w_6（物流业增加值）为参考指标，排序为：$k_9>k_{11}>k_{10}>k_1>k_7>k_3>k_5>k_2>k_8>k_6>k_{16}>k_{12}>k_4>k_{14}>k_{15}>k_{13}$。通过排序可知，$w_6$ 与 k_9 的关联度大。原因是物流业增加值反映了该行业对国民经济的贡献程度，当物流业增加值增加时，意味着该行业在经济中的地位和作用更加重要。这种经济贡献的增加可能激发了高校对物流领域科技创新的兴趣和投入，进而促进了学术论文的产出。

以 w_7（邮政营业网点数量）为参考指标，排序为：$k_9>k_{11}>k_{10}>k_1>k_7>k_3>k_5>k_2>k_6>k_{16}>k_8>k_{12}>k_4>k_{14}>k_{15}>k_{13}$。通过排序可知，$w_7$ 与 k_9 的关联度大。原

因是高校作为科技创新的重要场所，其研究人员和学生需要利用邮政服务进行学术交流、资料传递等。因此，邮政营业网点数量的增加在一定程度上满足了高校科技创新的需求，进而促进了学术论文的产出。

以 w_8（总里程）为参考指标，排序为：$k_9>k_{11}>k_{10}>k_1>k_7>k_3>k_5>k_2>k_6>k_8>k_{16}>k_{12}>k_4>k_{15}>k_{14}>k_{13}$。通过排序可知，$w_8$ 与 k_9 的关联度最大。这是因为物流产业总里程的增加反映了物流活动的频繁和物流网络的扩展。随着物流活动的增加，对高效、智能、环保的物流技术和解决方案的需求也会相应增加。高校作为科技创新的重要源泉，通过研究和开发新技术、新方法，为物流产业提供支持和解决方案。这种物流活动与科研创新的互动关系会使物流产业总里程与高校发表学术论文数之间产生一定程度的关联。

以 w_9（载货汽车总量）为参考指标，排序为：$k_3>k_1>k_5>k_6>k_7>k_2>k_8>k_9>k_{11}>k_{10}>k_4>k_{15}>k_{12}>k_{13}>k_{14}>k_{16}$。通过排序可知，$w_9$ 与 k_3 的关联度是最大的。物流业载货汽车总量的增加反映了物流运输需求的增长。物流产业的发展需要技术的推动，高校通过研发项目来探索和开发新技术、新方法和新设备，以满足物流运输需求。因此，物流运输需求的增长能激发高校在相关领域的科技创新活动，增加了研发项目的数量。

以 w_{10}（市场流通规模）为参考指标，排序为：$k_1>k_9>k_{11}>k_3>k_{10}>k_7>k_5>k_6>k_2>k_8>k_4>k_{15}>k_{12}>k_{14}>k_{16}>k_{13}$。通过排序可知，$w_{10}$ 与 k_1 的关联度很大。物流业市场流通规模的扩大意味着物流市场的活跃度和交易量增加，这会促使物流企业加大在技术研发和创新方面的投入，以适应市场需求的不断变化和提升竞争力。而高校是科技创新的重要基地，其研发人员数量会随着物流市场流通规模的扩大而增加，以应对更多与物流相关的研发项目。

以 w_{11}（物流业贡献率）为参考指标，排序为：$k_4>k_{15}>k_2>k_5>k_6>k_{13}>k_7>k_{16}>k_8>k_3>k_1>k_9>k_{11}>k_{14}>k_{10}>k_{12}$。通过排序可知，$w_{11}$ 与 k_4 的关联度是最大的。理由是物流产业的贡献率反映了该行业对国民经济的重要性和地位，当物流产业的贡献率提高时，意味着该行业在经济中扮演着更加重要的角色。这种地位的提升能促使政府、企业和社会各界更加重视物流产业的科技创新和发展。因此，高校作为科技创新的重要力量，应增加与物流产业相关的科技创新发展机构的数量，以提供更多的支持和资源。

以 w_{12}（出口总额）为参考指标，排序为：$k_1>k_3>k_6>k_5>k_8>k_7>k_4>k_2>k_9>k_{15}>k_{11}>k_{10}>k_{14}>k_{12}>k_{16}>k_{13}$。通过排序可知，$w_{12}$ 与 k_1 关联度最大。原因是物流产业出口总额的增长意味着国际市场对物流服务和产品的需求增加，为了满足这种增长的需求，物流企业需要引入更先进的技术和设备，提高服务质量和效率，这种需求能促使高校增加在相关领域的研发人员数量，以便进行技术创新和研发，为物流企业提供支持。

以 w_{13}（企业拥有网站数）为参考指标，排序为：$k_9>k_{11}>k_{10}>k_1>k_7>k_3>k_5>k_2>k_8>k_6>k_{16}>k_{12}>k_4>k_{14}>k_{15}>k_{13}$。通过排序可知，$w_{13}$ 与 k_9 有较大关联度。这是因为物流业企业拥有网站数反映了该行业对信息化的重视程度，随着信息技术的发展，物流企业越来越多地利用网站进行在线业务处理、信息发布、客户互动等。而高校的研发人员致力于开发新技术、新方法和新应用。这种信息化与科技创新的互补性能促使物流企业增加对信息技术的投入，同时也鼓励高校增加在相关领域的研发人员数量，以满足物流企业对先进技术的需求。

以 w_{14}（互联网上网人数）为参考指标，排序为：$k_6>k_3>k_1>k_5>k_2>k_8>k_7>k_4>k_{15}>k_9>k_{11}>k_{10}>k_{12}>k_{16}>k_{14}>k_{13}$。通过排序可知，$w_{14}$ 与 k_6 关联度最大。原因是物流业互联网上网人数的增加反映了该行业对互联网技术的广泛应用和普及，随着互联网的普及，物流业对数字化、智能化的需求也在增加，这能促使物流企业加大对科技创新的投入，进而能影响高校增加科研事业费投入额。

以 w_{15}（年末移动用户数）为参考指标，排序为：$k_9>k_{11}>k_{10}>k_1>k_3>k_7>k_5>k_2>k_6>k_8>k_4>k_{15}>k_{16}>k_{12}>k_{14}>k_{13}$。通过排序可知，$w_{15}$ 与 k_9 关联度最大。物流产业年末移动用户数的增加，反映了物流行业对移动信息技术和设备的广泛应用。随着物流信息化水平的提高，物流企业对于先进信息技术的需求增加，这能激发高校在相关领域的研究兴趣，使高校研究人员通过深入探索和实践，将研究成果以学术论文的形式发表。

以 w_{16}（电子商务销售额）为参考指标，排序为：$k_8>k_7>k_5>k_3>k_6>k_1>k_4>k_{15}>k_9>k_2>k_{11}>k_{10}>k_{14}>k_{13}>k_{12}>k_{16}$。通过排序可知，$w_{16}$ 与 k_8 有较大关联度。物流产业电子商务销售额的增长反映了电子商务在物流领域的广泛应用和发展。随着电子商务的快速发展，物流企业需要更加高效、智能的物流解决方案来满足市场需求。这种需求推动了高校在相关领域进行科技创新，产生了更多的专利成果。

以 w_{17}（物流产业占 GDP 比重）为参考指标，排序为：$k_{11}>k_9>k_{10}>k_7>k_1>k_3>k_5>k_{12}>k_{16}>k_2>k_6>k_8>k_{14}>k_4>k_{15}>k_{13}$。通过排序可知，$w_{17}$ 与 k_{11} 有较大关联度。物流产业占 GDP 比重的高低反映了其在国民经济中的重要性和地位。当

物流产业在 GDP 中占据较大比重时，意味着该产业对经济增长的贡献较大。为了保持这种增长势头，物流产业需要不断引入和应用先进的科技与创新技术。高校作为科技创新的重要源泉，科技进步奖励数反映了其科技创新的活跃程度和水平。因此，物流产业占 GDP 比重与高校科技创新的科技进步奖励数存在关联。

以 w_{18}（物流产业增加值占第三产业比重）为参考指标，排序为：$k_9>k_{11}>k_{10}>k_1>k_7>k_{12}>k_3>k_{16}>k_5>k_2>k_8>k_6>k_{14}>k_4>k_{15}>k_{13}$。通过排序可知，$w_{18}$ 与 k_9 有较大关联度。物流产业增加值占第三产业比重的提升，意味着物流产业在第三产业中的地位和贡献不断增强。这种增长趋势能促使更多的学者和研究人员关注物流领域的研究，进而增加关于物流产业的学术论文产出。

以 w_{19}（物流从业人员占全部就业人员比重）为参考指标，排序为：$k_9>k_1>k_{10}>k_{11}>k_3>k_7>k_5>k_2>k_6>k_8>k_{12}>k_4>k_{16}>k_{15}>k_{14}>k_{13}$。通过排序可知，$w_{19}$ 与 k_9 有较大关联度。物流从业人员占全部就业人员比重的增加，反映了物流行业对专业知识和技术人才的需求增长。随着物流行业的快速发展和数字化转型，越来越多的物流企业开始重视科技创新和人才培养。高校作为科技创新和人才培养的重要基地，其发表的学术论文代表了最新的科研成果和理论知识，为物流行业的创新发展提供了重要的支撑和参考。

（3）从物流产业与高校科技创新投入能力关联度来看，物流发展规模与高校科技创新投入能力关联度的平均值为 0.7774，物流基础设施与高校科技创新投入能力的关联度平均值为 0.7881，物流产业的产出效益与高校科技创新投入能力关联度平均值为 0.8091，物流数字化水平与高校科技创新投入能力的关联度平均值为 0.8048，物流业结构与高校科技创新投入能力关联度平均值为 0.7130。从物流产业的五个维度来看，其与高校科技创新的投入水平关联度都较大，其中物流产业的产出效益与高校科技创新投入能力的关联度最大，这表明物流产业的产出效益与高校科技创新投入能力较同步发展，高校科技创新投入能力的提高在一定程度上促进了物流产业的产出效益的增加。

（4）从物流产业与高校科技创新产出能力关联度来看，物流发展规模与高校科技创新产出能力关联度平均值为 0.8010，物流基础设施与高校科技创新产出能力的关联度平均值为 0.8048，物流产业的产出效益与高校科技创新产出能力关联度平均值为 0.7663，物流数字化水平与高校科技创新产出能力的关联度平均值为 0.7851，物流产业结构与高校科技创新产出能力关联度平均值为 0.7829。从上述五个维度来看，其与高校科技创新产出能力关联度都较大，其中物流基础设施与高校科技创新产出能力的关联度最大，这表明完善的物流基础设施能够降低物流成本，提高物流效率，从而加快科技创新成果的转化和应用。高校作为科技创新的重要源头，其研究成果的商业化、产业化过程往往需要依赖高效的物流体系来实现。因此，物流基础设施的完善程度直接关系到高校科技创新成果的市场竞争力和应用效果。

（5）从物流产业与高校科技创新成果转化能力的关联度来看，物流发展规模与高校科技创新成果转化能力关联度平均值为 0.6564，物流基础设施与高校科技创新成果转化能力的关联度平均值为 0.6415，物流产业的产出效益与高校科技创新成果转化能力关联度平均值为 0.6897，物流数字化水平与高校科技创新成果转化能力的关联度平均值为 0.6542，物流产业结构与高校科技创新成果转化能力关联度平均值为 0.6163。从上述五个维度来看，物流基础设施、物流产业结构与高校科技创新成果转化能力关联度一般；物流发展规模、物流产业的产出效益、物流数字化水平与高校科技创新成果转化能力关联度较大，其中物流产业的产出效益与高校科技创新成果转化能力的关联度最大。这表明高校科技创新成果转化能力的提升有助于推动物流产业的技术进步和效率提升。高校作为科技创新的源头，拥有大量的人才和科研成果。当这些创新成果成功转化为实际应用时，可以为物流产业带来新的技术、设备和管理方法，从而提升物流服务质量。例如，通过应用智能化、自动化的物流设备和技术，可以减少人工操作、优化仓储和运输流程，进而实现物流业的降本增效。物流产业的快速发展也为高校科技创新成果转化提供了广阔的市场和应用场景。随着电子商务、智能制造等领域的蓬勃发展，物流产业对科技创新的需求日益旺盛，这促使高校更加注重与物流产业相关的科研工作，加大成果转化力度，以满足市场需求并获得经济效益。同时，物流产业还为高校提供了丰富的实践基地和合作机会，有助于推动产学研深度融合，加速科技创新成果的转化和应用。

通过上述对不同维度的分析，进而对物流产业中每个维度和与之对应的高校科技创新所有维度的关联度均值进行汇总，得出物流产出效益是河北省高校科技创新发展的主要制约因素，详见表 8-7。

表 8-8　物流产业各维度与高校科技创新关联度均值

维度	高校科技创新投入能力	高校科技创新产出能力	高校科技创新成果转化能力	合计
物流发展规模	0.7774	0.8010	0.6564	2.2348
物流基础设施	0.7881	0.8048	0.6415	2.2344
物流产出效益	0.8091	0.7663	0.6897	2.2651
物流数字化水平	0.8048	0.7851	0.6542	2.2441
物流产业结构	0.7130	0.7829	0.6163	2.1122

2. 以高校科技创新指标作为系统特征参考序列的分析

以高校科技创新的各个指标作为系统参考序列，计算各指标与物流产业的关联度，见表 8-8。

通过对表 8-8 进行整理分析，得出河北省高校科技创新发展对物流产业发展的主要制约因素。

（1）通过观察表 8-17 可以发现，$\gamma3，9=0.9682$，是最大值，处在 0.85 与 1 之间，说明载货汽车的发展与高校科技创新的关联强度最强，关系最为密切；也表明在一定程度上，河北省高校科技创新的发展能够推动载货汽车量的增加，其通过降本增效、优化产品设计等方式，使载货汽车更加经济、高效、可靠，从而增加其市场需求和使用量。$\gamma12，11=0.6185$，是最小值，处在 0.4 与 0.65 之间，表明高校科技创新发展与物流业贡献率的关联度一般，两者间的相互影响不明显。把高校科技创新各指标作为参考序列，其与物流产业各指标构成的综合关联度的均值排序为：发表学术论文数>科技进步奖励数>出版科技著作数>研发人员数>研发项目数>申请专利数>科研事业费投入额>授权专利数>研发投入总额>R&D 成果应用及科技服务人员数>国际合作交流派遣数>发展机构数>专利出售金额>其他知识产权数>国家级项目验收数>专利出售数。

表 8-9 以高校科技创新指标为系统特征参考序列的关联度

	w_1	w_2	w_3	w_4	w_5	w_6	w_7	w_8	w_9	w_{10}	w_{11}	w_{12}	w_{13}	w_{14}	w_{15}	w_{16}	w_{17}	w_{18}	w_{19}	均值
k_1	0. 8624	0. 8924	0. 8754	0. 743	0. 8598	0. 8528	0. 834	0. 859	0. 9457	0. 9088	0. 6343	0. 946	0. 8468	0. 9108	0. 8802	0. 8317	0. 8066	0. 7343	0. 8838	0. 8478
k_2	0. 7962	0. 8212	0. 8043	0. 8075	0. 7932	0. 7906	0. 7736	0. 7925	0. 8712	0. 8198	0. 6957	0. 8316	0. 7902	0. 8542	0. 8221	0. 7975	0. 7513	0. 701	0. 8121	0. 7961
k_3	0. 8382	0. 8662	0. 8685	0. 7765	0. 841	0. 8305	0. 8152	0. 837	0. 9682	0. 8799	0. 647	0. 941	0. 8259	0. 9308	0. 8717	0. 8496	0. 7902	0. 7241	0. 8623	0. 8402
k_4	0. 7443	0. 7616	0. 7649	0. 8103	0. 7436	0. 7385	0. 7286	0. 7431	0. 8265	0. 7701	0. 7294	0. 8482	0. 7341	0. 8489	0. 7663	0. 8346	0. 7114	0. 6642	0. 7574	0. 7645
k_5	0. 7924	0. 8234	0. 8132	0. 8052	0. 799	0. 7878	0. 7747	0. 7932	0. 9040	0. 8252	0. 6699	0. 8857	0. 7868	0. 8713	0. 8245	0. 8515	0. 7532	0. 6907	0. 8188	0. 8037
k_6	0. 7978	0. 8183	0. 8184	0. 7787	0. 7959	0. 7899	0. 7748	0. 7944	0. 9030	0. 8304	0. 687	0. 9174	0. 7853	0. 9401	0. 8235	0. 8508	0. 7531	0. 6989	0. 8139	0. 8090
k_7	0. 8436	0. 8508	0. 8271	0. 8457	0. 8509	0. 8446	0. 8263	0. 8513	0. 8882	0. 8636	0. 6709	0. 8463	0. 8319	0. 8437	0. 8669	0. 8769	0. 8109	0. 7409	0. 8591	0. 8337
k_8	0. 8104	0. 8060	0. 7904	0. 8298	0. 7972	0. 8025	0. 7735	0. 7940	0. 8576	0. 8258	0. 6771	0. 8756	0. 7962	0. 8598	0. 8111	0. 9003	0. 7605	0. 7174	0. 8101	0. 8050
k_9	0. 9370	0. 9418	0. 9148	0. 7528	0. 9005	0. 9377	0. 9480	0. 9464	0. 8545	0. 9165	0. 6358	0. 8388	0. 9142	0. 8036	0. 9349	0. 8122	0. 9227	0. 8555	0. 9007	0. 8773
k_{10}	0. 9056	0. 9111	0. 8571	0. 7261	0. 8914	0. 9189	0. 9284	0. 9215	0. 8361	0. 8948	0. 6302	0. 8180	0. 9155	0. 7883	0. 9066	0. 7788	0. 9265	0. 8612	0. 8931	0. 8584
k_{11}	0. 9187	0. 9255	0. 8750	0. 7399	0. 8903	0. 9237	0. 9393	0. 9328	0. 8474	0. 9027	0. 6489	0. 8312	0. 9179	0. 7999	0. 9175	0. 7937	0. 9316	0. 8633	0. 8914	0. 8679
k_{12}	0. 7325	0. 7406	0. 7543	0. 7050	0. 7754	0. 7462	0. 7659	0. 7546	0. 7315	0. 7457	0. 6185	0. 7275	0. 7547	0. 7458	0. 7353	0. 6936	0. 7790	0. 7587	0. 7656	0. 7384
k_{13}	0. 7112	0. 7263	0. 7219	0. 7952	0. 7128	0. 7087	0. 7070	0. 7148	0. 7534	0. 7283	0. 7481	0. 7535	0. 7056	0. 7366	0. 7304	0. 7674	0. 6945	0. 6552	0. 7213	0. 7259
k_{14}	0. 7637	0. 7681	0. 7568	0. 7763	0. 7779	0. 7708	0. 7615	0. 7678	0. 7787	0. 7804	0. 6990	0. 7896	0. 7692	0. 7693	0. 7636	0. 7897	0. 7643	0. 7250	0. 7795	0. 7659
k_{15}	0. 7307	0. 7488	0. 7547	0. 8254	0. 7368	0. 7277	0. 7195	0. 7325	0. 8105	0. 7566	0. 7338	0. 8328	0. 7231	0. 8213	0. 7520	0. 8205	0. 7037	0. 6591	0. 7495	0. 7547
k_{16}	0. 7807	0. 7860	0. 7859	0. 7110	0. 7900	0. 7946	0. 8095	0. 7961	0. 7470	0. 7725	0. 7337	0. 7491	0. 7982	0. 7607	0. 7761	0. 7223	0. 8050	0. 7759	0. 7858	0. 7726

（2）从高校科技创新与物流发展规模的关联度来看，高校科技创新投入能力与物流发展规模关联度平均值为 0. 8084，高校科技创新产出能力与物流发展规模关联度平均值为 0. 8395，高校科技创新成果转化能力与物流发展规模关联度平均值为 0. 7568。从高校科技创新的三个维度来看，高校科技创新产出能力与物流发展规模关联度的平均值最大。这表明随着物流行业的快速发展，市场对于高效、智能的物流技术和服务的需求不断增加。高校作为科技创新的重要源头，通过不断推动物流技术的突破和进步，为物流行业的发展提供了有力支持。因此，随着物流发展规模的扩大，高校科技创新产出能力也相应提升，两者呈正相关关系。

（3）从高校科技创新与物流基础设施的关联度来看，高校科技创新投入能力与物流基础设施关联度平均值为 0. 8299，高校科技创新产出能力与物流基础设施关联度平均值为 0. 8554，高校科技创新成果转化能力与物流基础设施关联度平均值为 0. 7582。从高校科技创新的三个维度来看，关联度均较大，其中高校科技创新产出能力与物流基础设施关联度的平均值最大。这表明高校科技创新团队在物流技术、物流管理、智能物流等方面的突破和创新，为物流基础设施的建设和升级提供了技术支持与解决方案。例如，高校研发的高效分拣系统、智能化仓储管理系统等创新成果，可以有效提升物流基础设施的运作效率和服务质量，进而推动物流产业的整体发展。

（4）从高校科技创新与物流产出效益的关联度来看，高校科技创新投入能力与物流产出效益关联度平均值为 0. 8037，高校科技创新产出能力与物流产出效益关联度平均值为 0. 7760，高校科技创新成果转化能力与物流产出效益关联度平均值为 0. 7565。从高校科技创新的三个维度来看，关联度均较大，其中高校科技创新投入能力与物流产出效益关联度的平均值最大。这表明高校作为科技创新的重要主体，通过不断增加科研投入、优化科研资源配置、提升科研团队能力等方式，推动了一系列物流技术的突破和创新。这些创新技术不仅提高了物流运作的效率和质量，还推动了物流行业的转型升级，从而带来了更高的产出效益。

（5）从高校科技创新与物流数字化水平的关联度来看，高校科技创新投入能力与物流数字化水平关联度平均值为 0. 8387，高校科技创新产出能力与物流数字化水平关联度平均值为 0. 8333，高校科技创新成果转化能力与物流数字化水平关联度平均值为 0. 7629。从高校科技创新的三个维度来看，高校科技创新投入能力与物流数字化水平关联度的平均值最大，这表明高校作为科技创新的重要源头，通过增加投入等，推动了物流技术的创新。这些创新技术，特别是在数字化、智能化和自动化技术方面的突破，为物流产业的数字化转型提供了有力支撑。高校科技创新投入不仅推动了物流数字化技术的研发和应用，还促进了物流产业数字化水平的整体提升。

（6）从高校科技创新与物流产业结构的关联度来看，高校科技创新投入能力与物流产业结构关联度平均值为 0.7626，高校科技创新产出能力与物流产业结构关联度平均值为 0.8360，高校科技创新成果转化能力与物流产业结构关联度的平均值为 0.7349。从高校科技创新的三个维度来看，高校科技创新产出能力与物流产业结构关联度的平均值最大，这表明高校作为科技创新的重要源泉，通过不断研发新技术、新方法和新理论，为物流产业提供了更多的创新解决方案。这些创新成果不仅提高了物流运作的效率和质量，还推动了物流产业向高端化、智能化、绿色化方向发展，进而优化了物流产业的结构。

通过对上述不同维度的分析，进而对高校科技创新中各个维度和与之对应的物流产业所有维度的关联度均值进行汇总，得到高校科技创新产出能力是河北省物流产业发展的主要制约因素，详见表 8-9。

表 8-10　高校科技创新各维度与物流产业关联度均值

维度	物流发展规模	物流基础设施	物流产出效益	物流数字化水平	物流产业结构	合计
高校科技创新投入能力	0.8084	0.8299	0.8037	0.8387	0.7626	4.0433
高校科技创新产出能力	0.8395	0.8554	0.7760	0.8333	0.8360	4.1402
高校科技创新成果转化能力	0.7568	0.7582	0.7565	0.7629	0.7349	3.7693

综上，本章选择的物流产业与高校科技创新指标之间的关联度从整体上看是显著的，两者的关系较为密切，具有较强的动态关联性。在促进两者的发展上，要正确对待两者的关系。高校科技创新应加大投入水平，扩大发展规模，提高科技创新产出能力；物流产业要加大投入水平和基础设施建设，进而提高物流产出效益，最终实现物流产业与高校科技创新协调发展的目标。

8.5　促进物流产业与高校科技创新耦合协调发展的对策建议

在上述运用耦合模型对物流产业与关系科技创新进行定量分析的基础上，

发现物流产业与高校科技创新的耦合协调发展存在一些问题，故本节将结合上文的分析从以下几个层面给出促进河北省物流产业与高校科技创新耦合协调发展的对策建议。

8.5.1　结合关联度数值，基于政府角度的对策建议

1. 物流产业发展层面

通过上文的分析可以发现，研发项目数与物流产业关联度数值为 0.9589，关联度最大，关系最为密切。这在一定程度上说明物流产业的发展带动了高校科技创新的研发投入。因此，政府部门应该采取一系列措施进一步促进物流产业与高校科技创新的融合发展，推动社会经济持续健康发展。

（1）促进物流业与高校紧密合作。

鼓励物流企业与高校建立产学研合作关系，共同开展项目研发，特别是与科技创新相关的物流技术和流程优化项目。

支持高校和物流企业联合建立实验室或研发中心，推动双方在技术研发、人才培养、成果转化等方面的深度合作。

（2）为物流产业提供研发资金支持。

设立物流产业研发专项资金，支持物流企业在科技创新方面的投入，特别是与高校合作的项目。

提供贷款优惠、税收减免等政策措施，降低物流企业的研发成本，鼓励其增加研发投入。

（3）加强物流产业科技创新能力建设。

支持物流企业引进和培育科技创新人才，提升其自主研发能力。

推动物流产业应用新技术、新工艺和新设备，提高物流运作的智能化、自动化水平，为高校科技创新提供更多应用场景。

（4）优化物流产业创新环境。

简化审批流程，降低市场准入门槛，为物流企业保持创新活动提供便利。

加强知识产权保护，保障物流企业在科技创新过程中的合法权益。

建立物流产业创新服务平台，提供技术咨询、成果转化等一站式服务，推动物流产业创新成果的商业化应用。

（5）推动物流产业与高校人才交流。

鼓励物流企业在高校设立实习实训基地，为学生提供实践机会，同时吸引更多优秀人才加入物流行业。

支持高校开设物流管理专业和课程，培养具备现代物流知识和技能的人

才，为物流产业的发展提供人才保障。

2. 高校科技创新发展层面

由上文分析可知，基于维度层，高校科技创新产出能力与物流基础设施的关联度均值最大为0.8554；基于指标层，物流产业中的载货汽车与高校科技创新的关联度数值为0.9682，关联度最大。这些充分说明物流产业基础设施的发展对高校科技创新具有显著的带动作用。基于这一结论，政府部门在推动高校科技创新发展层面可以采取以下措施。

（1）加大物流产业基础设施投资。

由于物流产业基础设施对高校科技创新有显著的促进作用，政府应进一步增加对物流基础设施，特别是载货汽车和相关配套设施的投资。这不仅可以提升物流产业的整体效率，还能为高校科技创新提供更加稳定和高效的物流支持。

（2）促进物流产业与高校深度合作。

鼓励高校与物流企业建立深度的产学研合作关系，共同开展项目研发，推动技术创新和应用。这可以通过政策引导、资金支持等方式实现，以促进双方资源的共享和优势互补。

（3）优化科技创新环境。

为高校科技创新提供更加宽松和有利于创新的环境，包括简化审批流程、提供税收优惠、加强知识产权保护等。这些措施可以激发高校科研人员的创新热情，促进科技创新成果的产出。

（4）培养和引进优秀人才。

加大对高校科技创新人才的培养力度，同时积极引进国内外优秀的科研人才和团队。通过人才的引进和培养，提升高校科技创新的整体水平和竞争力。

（5）加强国际合作与交流。

鼓励高校和物流企业积极参与国际交流与合作，引进国际先进的物流技术和管理经验，提升高校科技创新的国际化水平。这有助于高校和物流企业更好地融入全球创新网络，提升其在国际竞争中的地位。

8.5.2 基于耦合度类型划分情况的对策建议

物流产业与高校科技创新间的耦合度数值为0.49，表明两者之间存在一定程度的关联，但这种耦合度相对较低，且属于拮抗性耦合。拮抗性耦合意味着两者之间可能存在某种程度的冲突或不相容性，需要采取相应措施来促进两者的协调发展。针对这种情况，提出以下建议。

（1）加强物流产业与高校科技创新的沟通与协作。

尽管两者之间存在拮抗性耦合，但通过加强沟通与协作，可以增进彼此之间的了解，找到共同点和合作的可能性。双方可以定期举行交流会议、研讨会等活动，分享最新的研究成果和技术进展，探讨合作的可能性。

（2）促进物流产业与高校科技创新的资源共享。

双方可以共享资源，包括设备、场地、人才等，以提高资源利用效率。例如，高校可以向物流企业提供先进的物流技术和人才支持，而物流企业则可以提供实践机会和实际需求，促进科研成果的转化和应用。

（3）建立物流产业与高校科技创新的合作平台。

双方可以共同建立合作平台，如实验室、研发中心等，以推动科技创新和物流业的融合发展。通过合作平台，可以加强双方在技术研发、人才培养、成果转化等方面的合作，实现资源共享和优势互补。

（4）鼓励物流产业与高校科技创新的联合研究项目。

双方可以共同开展联合研究项目，针对物流产业发展中的关键技术难题和创新需求，进行深入研究。通过联合研究，可以推动科技创新在物流产业中的应用，提高物流产业的科技含量和竞争力。

（5）加强政策引导和支持。

政府可以出台相关政策，引导和支持物流产业与高校科技创新的融合发展。例如，可以采取设立专项资金、提供税收优惠等措施，鼓励双方开展合作，推动科技创新在物流产业中的应用和发展。

8.5.3　基于耦合协调度等级划分情况的对策建议

在研究时间内，截至 2022 年，河北省物流产业与高校科技创新的耦合度数值为 0.6163，说明耦合协调度等级发展到了低度协调阶段，表明两者之间的协调发展已经取得了一定的成果。为了进一步推动这一趋势并提升协调度等级，提出以下建议。

（1）持续监测与评估。

建立一个持续监测和评估机制，定期对河北省物流产业与高校科技创新的耦合协调度进行量化和定性分析，以便及时了解两者之间关联度的动态变化，并为政策制定和调整提供数据支持。

（2）加强政策引导。

政府应继续出台相关政策，支持物流产业和高校科技创新的深度融合，包括财政补贴、税收优惠、项目支持等，旨在鼓励双方加强合作，共同推动技术创新和产业升级。

（3）促进产学研一体化。

鼓励高校与物流企业建立更紧密的产学研合作关系，推动科技成果的转化和应用。这可以通过建立联合实验室、研发中心或产学研合作基地等方式实现，以促进技术创新和加强人才培养。

（4）人才培养与交流。

加强物流产业和高校之间的人才培养与交流。高校可以设立与物流产业相关的专业和课程，培养具备现代物流知识和技能的人才；同时，鼓励物流企业为高校提供实习和就业机会，促进人才流动和知识共享。

（5）推动信息化建设。

加强物流产业信息化建设，提高物流运作的智能化和自动化水平。高校可以在物流信息技术、大数据分析等领域进行研发和创新，为物流企业提供技术支持和解决方案。

（6）加强国际合作与交流。

鼓励河北省的物流产业和高校积极参与国际合作与交流，学习借鉴国际先进经验和技术，提升自身的竞争力和创新能力。

（7）营造良好的创新环境。

为物流产业和高校科技创新营造良好的创新环境，包括加强知识产权保护、提供创新资金支持、简化审批流程等，以激发创新活力，促进两者之间的协调发展。

8.6 本章小结

通过对河北省物流产业与高校科技创新耦合协调发展情况进行分析，得出如下结论：

从综合评价值来看，2015—2022 年河北省物流产业与高校科技创新综合评价值及两大子系统的综合评价指数总体上呈稳步增长的趋势，但存在微小的波动，物流产业子系统的评价值为 0.2530～0.7274，评价值增长率为 15.08%，高校科技创新子系统的评价值为 0.0984～0.7931，评价值增长率为

33.09%，即高校科技创新子系统评价值上升速度比物流产业子系统快，表明相对于物流产业子系统，河北省在高校科技创新方面的活跃度有明显提升，这也意味着河北省物流产业的发展在一定程度上滞后于高校科技创新的步伐。

从耦合度来看，2015—2022 年，两者的耦合度处于 0.49 左右，物流产业和高校科技创新两大子系统一直处于拮抗耦合阶段，整体上两者之间的耦合度偏低，表明物流产业与高校科技创新两大子系统之间已经开始形成某种程度的关联和互动，尽管这种互动尚不够紧密和高效，但也说明两系统间的耦合已经存在一定程度的发展。

从耦合协调度来看，河北省 2015—2022 年物流产业与高校科技创新存在交互耦合的复杂关系，其耦合协调度总体上呈现直线上升趋势。从 2015 年的 0.2809 增加到了 2022 年的 0.6163，从中度失调阶段逐渐过渡到低度协调阶段，共经历了三个阶段：第一阶段为失调阶段，耦合协调度从 2015 年的 0.2809 过渡到 2017 年耦合 0.3835，从中度失调等级演化到轻度失调等级；第二阶段为过渡阶段，2018—2019 年的耦合协调度值分别为 0.4193、0.4814，处于濒临失调等级，是过渡阶段；第三阶段为协调阶段，由弱度协调等级过渡到低度协调等级。综上，在所研究的时间范围内，两个子系统的耦合协调度最终演变为低度协调状态，表明物流产业与高校科技创新融合发展的空间还很大。

通过灰色关联度模型，首先把物流产业各指标作为参考序列，对高校科技创新进行了灰色关联度分析；其次以高校科技创新各指标作为参考序列，对物流产业进行了灰色关联分析，分别得出物流产业对高校科技创新的主要制约因素和高校科技创新对物流产业的主要制约因素。具体为：①分别以河北省物流发展规模、物流基础设施、物流产出效益、物流数字化水平、物流产业结构五个维度的指标作为参考序列，计算出物流产业各维度与高校科技创新的关联度情况，其中除了物流基础设施与高校科技创新成果转化能力的关联度为 0.6415，以及物流产业结构与高校科技创新成果转化能力的关联度为 0.6163，关联程度为一般，其余各维度与高校科技创新的关联度都较大，在对物流产业各维度与高校科技创新的关联度均值汇总后，得到物流产出效益是高校科技创新发展的主要制约因素。②分别以高校科技创新投入能力、高校科技创新产出能力、高校科技创新成果转化能力三个维度的指标作为参考序列，计算出高校科技创新与物流产业的关联度情况，其中除了高校科技创新产出能力与物流基础设施的关联度为 0.8554，关联程度非常高，其余各维度与物流产业的关联度都较大。对高校科技创新各维度与物流产业的关联度均值进行汇总，可知高校科技创新的产出能力是物流产业发展的主要制约因素。

耦合度的发展是一个动态的过程，需要持续监测和评估。在未来的发展中，随着物流产业和科技创新的不断发展，两者之间的耦合度有望逐渐提升。通过优化政策、推动创新、加强产学研合作等措施，推动两大子系统之间的耦合进入更高的发展阶段，为河北省乃至全国的经济发展注入新的活力。

本章参考文献

[1] 张晏魁. 科技进步对现代物流产业发展的影响研究［J］. 科技进步与对策，2020，37（9）：164.

[2] 杨守德. 技术创新驱动中国物流业跨越式高质量发展研究［J］. 中国流通经济，2019，33（3）：62-70.

[3] WONG W P，SOH K L，GOH M. Innovation and productivity：Insights from Malaysia's logistics industry［J］. International journal of logistics research and applications，2016，19（4）：318-331.

[4] CHENG C，HAN Y，REN X. Analysis of technological innovation on provincial green development levels of logistics industry in China［J］. Environmental science and pollution research，2023，30（18）：53020-53036.

[5] 朱青山. 科技创新对物流业效率的影响实证分析：基于岭回归模型［J］. 商业经济研究，2021（9）：91-93.

[6] MOLDABEKOVA A，PHILIPP R，SATYBALDIN A A，et al. Technological readiness and innovation as drivers for logistics 4.0［J］. The journal of Asian finance，economics and business，2021，8（1）：145-156.

[7] 邓淑芬，杨铃. 长三角城市群科技创新与区域物流的互动关系研究：基于PVAR模型的实证分析［J］. 江苏科技信息，2020，37（25）：8-11.

[8] GOLDSBY T J，ZINN W. Technology innovation and new business models：Can logistics and supply chain research accelerate the evolution?［J］. Journal of business logistics，2016，37（2）：80-81.

[9] 楚耘. 科技创新，推动物流业高质量发展［J］. 中国储运，2023（9）：12.

[10] 李攀科. 技术创新赋能我国物流业高质量发展探讨［J］. 商业经济研究，2020（12）：97-100.

[11] GONG Y, CHEN L, JIA F, et al. Logistics innovation in China: The lens of Chinese daoism [J]. Sustainability, 2019, 11 (2): 545.
[12] GLIGOR D, RUSSO I, MALONI M J. Understanding gender differences in logistics innovation: A complexity theory perspective [J]. International journal of production economics, 2022, 246: 108420.
[13] 田青，郑力，缪立新．物流产业经济学［M］．南京：南京大学出版社，2010.
[14] 赵莉．中国物流产业与区域经济协调发展研究［D］．哈尔滨：哈尔滨商业大学，2013.
[15] 毛文富．我国物流产业与区域经济的协调发展评价研究［D］．北京：首都经济贸易大学，2017.
[16] 郭俊华，孙泽雨．基于因子分析法的中国高校科技创新能力评价研究［J］．科技管理研究，2016 (3): 66-71.
[17] 刘建昌，石秀，江燕．高校科技创新能力评价方法比较研究［J］．中国高校科技，2014 (6): 51-53.
[18] 刘娜．云南省物流业与农业耦合协调发展研究［D］．昆明：昆明理工大学，2020.
[19] 张杰．区域经济、科技创新与物流产业耦合协调发展研究［D］．天津：天津理工大学，2022.
[20] 李淑静．新疆现代物流业发展水平评价研究［D］．乌鲁木齐：新疆财经大学，2021.
[21] 王辉，陈敏．高校科技创新与工业企业创新的耦合协调发展：基于我国 27 个省份的实证分析［J］．现代大学教育，2019，(4): 105-111, 113.
[22] 王晓东，史丽敏，王亚子．基于因子分析的高校科技创新能力评价［J］．管理工程师，2016，21 (6): 48-51, 74.
[23] 侯静，郑召丽．基于主成分分析的我国高校科技创新能力评价方法研究［J］．智库时代，2019 (51): 61-63, 79.
[24] 王金国，张经强，王娇．北京市属高校科技创新能力评价研究［J］．科技进步与对策，2017，34 (20): 108-112.
[25] 黎孔清，孙晓玲．南京都市农业发展与资源环境承载力协调性研究［J］．长江流域资源与环境，2018，27 (6): 1242-1250.
[26] 廖重斌．环境与经济协调发展的定量评判及其分类体系：以珠江三角洲城市群为例［J］．热带地理，1999 (2): 76-82.

[27] 刘春林. 耦合度计算的常见错误分析 [J]. 淮阴师范学院学报（自然科学版），2017，16（1）：18-22.
[28] 刘耀彬. 江西省城市化与生态环境关系的动态计量分析 [J]. 资源科学，2008（6）：829-836.
[29] 魏金义，祁春节. 农业技术进步与要素禀赋的耦合协调度测算 [J]. 中国人口·资源与环境，2015，25（1）：90-96.
[30] 马聪，刘黎明，任国平，等. 快速城镇化地区农户生计策略与土地利用行为耦合协调度分析 [J]. 农业工程学报，2018，34（14）：249-256.
[31] 杨世琦，杨正礼，高旺盛. 不同尺度下区域农业系统协调度的评价 [J]. 西北农林科技大学学报（自然科学版），2008（5）：64-72.
[32] 霍志和. 城镇化与农业现代化协调发展研究 [D]. 晋中：山西农业大学，2014.
[33] 张红. 基于灰色理论的物流产业与经济协调发展研究 [D]. 南昌：华东交通大学，2011.
[34] 陈文. 以安徽省为例分析区域物流与经济增长关联性 [D]. 上海：上海师范大学，2014.
[35] 蒋莉莉. 贵州物流业的产业关联分析 [D]. 贵阳：贵州财经大学，2014.

结　语

在本书交付印刷之际，内心非常激动，本书为作者于2023年承担的石家庄市科技计划项目“河北省高校创新链与石家庄产业链协同发展对策研究”（项目编号：235790115A）和河北省教育厅人文社会科学研究重大课题攻关项目“数字化转型赋能河北省高等教育高质量发展策略与实施路径研究”（项目编号：ZD202307）的研究成果。在此对石家庄市科技局的资助表示感谢，同时也对在本书写作过程中给予过帮助的同事和研究生们表示感谢！

本书从高校科技创新与物流产业耦合协调发展的角度出发，对高校科技创新与物流产业耦合作用机理、高质量发展视角下联动分析等方面进行研究，并将河北省作为实证研究对象，提出高校科技创新与物流产业耦合协调发展的对策建议。

由于时间关系，本书还有一些不足之处，比如随着物流数智化的发展，物流高质量发展影响因素的全面识别等，这也正是我们下一步研究的动力和方向。